Dimension poétique
Caractères & états poétiques de l'expérience

Ce livre est le 78ème livre de la

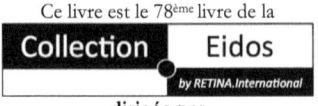

dirigée par
François Soulages & Michel Costantini

Comité scientifique international de lecture

Argentine (Silvia Solas, Univ. de La Plata), (Alberto Olivieri, Univ. Fédérale de Bahia,), *Bulgarie* (Ivaylo Ditchev, Univ. de Sofia St Clément d'Ohrid), *Chili* (Rodrigo Zuniga, Univ. du Chili, Santiago), *Corée du Sud* (Jin-Eun Seo (Daegu Arts University, Séoul), *Espagne* (Pilar Garcia, Univ. Sevilla), *France* (Michel Costantini & François Soulages, Univ. Paris 8), *Géorgie* (Marine Vekua, Univ. de Tbilissi), *Grèce* (Panayotis Papadimitropoulos, Univ. d'Ioanina), *Japon* (Kenji Kitamaya, Univ. Seijo, Tokyo), *Hongrie* (Anikó Ádam, Univ. Pázmány Péter, Egyetem), *Russie* (Tamara Gella, Univ. d'Orel), *Slovaquie* (Radovan Gura, Univ. Matej Bel, Banská Bystrica), *Taïwan* (Stéphanie Tsai, Unv. Centrale de Taiwan, Taïpei)

Série RETINA
3 François Soulages (dir.), *La ville & les arts*
11 Michel Gironde (dir.), *Les mémoires de la violence*
12 Michel Gironde (dir.), *Méditerranée & exil. Aujourd'hui*
13 Eric Bonnet (dir.), *Le Voyage créateur*
14 Eric Bonnet (dir.), *Esthétiques de l'écran. Lieux de l'image*
17 Manuela de Barros, *Duchamp & Malevitch. Art & Théories du langage*
18 Bernard Lamizet, *L'œil qui lit. Introduction à la sémiotique de l'image*
30 François Soulages & Pascal Bonafoux (dir.), *Portrait anonyme*
31 Julien Verhaeghe, *Art & flux. Une esthétique du contemporain*
35 Pascal Martin & François Soulages (dir.), *Les frontières du flou*
36 Pascal Martin & François Soulages (dir.), *Les frontières du flou au cinéma*
37 Gezim Qendro, *Le surréalisme socialiste. L'autopsie de l'utopie*
38 Nathalie Reymond *À propos de quelques peintures et d'une sculpture*
39 Guy Lecerf, *Le coloris comme expérience poétique*
40 Marie-Luce Liberge, *Images & violences de l'histoire*
41 Pascal Bonafoux, *Autoportrait. Or tout paraît*
42 Kenji Kitayama, *L'art, excès & frontières*
43 Françoise Py (dir.), *Du maniérisme▯ à l'art post-moderne*
44 Bernard Naivin, *Roy Lichtenstein, De la tête moderne au profil Facebook*
48 Marc Veyrat, *La Société i Matériel. De l'information comme matériau artistique, 1*
49 Dominique Chateau, *Théorie de la fiction. Mondes possibles et logique narrative*
51 Patrick Nardin, *Effacer, Défaire, Dérégler... entre peinture, vidéo, cinéma*
55 Françoise Py (dir.), *Métamorphoses allemandes & avant-gardes au XXe siècle*
56 François Soulages & Sandrine Le Corre (dir.), *Les frontières des écrans*
57 Agathe Lichtensztejn, *Le selfie aux frontières de l'egoportrait*
58 François Soulages & Alejandro Erbetta (dir.), *Frontières & migrations Allers-retours géoartistiques & géopolitiques*
60 François Soulages & Aniko Adam (dir.), *Les frontières des rêves*
61 M. Rinn & N. Narváez Bruneau (dir.), *L'Afrique en images.*
62 Michel Godefroy, *Chirurgie esthétique & frontières de l'identité*
63 Thierry Tremblay, *Frontières du sujet. Une esthétique du déclin*

Suite des livres publiés dans la Collection *Eidos* à la fin du livre

Publié avec le concours de

Sous la direction de
**Clément Bodet, Alain Chareyre-Méjan
& Ludovic Iacovo**

Dimension poétique
Caractères & états poétiques de l'expérience

Secrétariat de rédaction Clément Bodet & Angèle Ferrere

© L'Harmattan, 2016
5-7, rue de l'Ecole-Polytechnique, 75005 Paris

http://www.harmattan.fr
diffusion.harmattan@wanadoo.fr

ISBN : 978-2-343-09027-6
EAN : 9782343090276

Avant-propos

Dimension poétique
Caractères & états poétiques de l'expérience

Les textes rassemblés dans ce livre reprennent les propos des intervenants au Colloque sur La Dimension Poétique qui s'est tenu à la Faculté des Lettres d'Aix – en – Provence les 13 et 14 Juin 2014. Le colloque lui-même prolongeait – et clôturait – les travaux poursuivis pendant quatre ans dans un séminaire d'Esthétique intitulé « Résistance du Poétique » (Master II, UFR Lettres et arts, 2010-2014). Ce dernier présupposait l'existence d'un « état poétique » de l'expérience et souhaitait en interroger la nature et l'objet. L'idée d'une « résistance » du poétique s'entendait comme une entrave aux logiques instrumentales en général. Elle posait la question du pouvoir de résistance de la poésie à la démesure que l'on voit à l'œuvre dans la modernité tardive. Celle-ci, en présentant le visage d'un emballement vide et pour ainsi dire ensorcelé (I. Stengers) se signale comme étrangère à la question même du sens de l'existence et paraît la dénier. Comme la désinhibition poétique détache les choses de leurs significations pour les regarder seulement exister, elle incite à parier, au contraire, contre l'ordre logique de la Représentation et de l'Échange généralisé, sur ce que Toni Negri appelle dans *Empire* « la joie de l'être » pour autant que celle-ci constitue, comme il dit, « une révolution qu'aucun pouvoir ne contrôlera ». Dans le prolongement de cette perspective, le colloque interrogeait aussi la définition que propose Jean-Luc Nancy du discours poétique lui-même comme « discours qui résiste au discours[1] ». Le poétique est peut-être, dans le langage, la résistance du langage à sa propre infinité, à « la démesure qu'il constitue par lui-même.[2] »

Plus généralement, les différentes interventions ont envisagé la disposition poétique comme l'expérience d'un geste complet (qu'est-ce que faire – *poïen* – réellement quelque chose qui tienne ?) et comme une conversion esthétique générale (une *métanoïa*). C'est que, en tant que « révélation sans transcendance », suivant la définition que lui donne Michel Deguy, elle possède les caractères d'une manière plénière d'être, une « éthique » capable de fonder les principes de la « bonne vie ».

L'écueil à éviter consistait à parler de la puissance de réenchantement des états poétiques sans jouer le rôle de l'agent d'ambiance et en évitant la « pose poétique » insouciante qu'Adorno définit dans *Sans paradigme* comme « illusion de la clôture bienheureuse ». Car il ne fallait pas oublier que « dans le monde de la marchandisation autoritaire, tous les éloges naïfs du désir sont immédiatement des éloges de la servitude[3] ». Mais il a été nécessaire de dépasser aussi, à l'opposé, l'enfermement dans la seule interrogation réductrice de la poésie de la poésie (du genre « qu'est ce qu'un énoncé poétique ? » ou « produisons maintenant un énoncé poétique inédit »). On est bien obligé de reconnaître qu'en dernier lieu *poétique* ne se dit pas seulement d'un type d'énonciation mais aussi et surtout d'une épreuve de vérité irréductible à la forme linguistique. Hans-Georg Gadamer a défini le problème de l'expérience comme celui de l'accès à la vérité. À quelle vérité conduit l'expérience poétique, si elle est possible ? N'est-ce pas à ce qu'il appelle « une vérité qui réside seulement dans ce qui arrive[4] » ? Le *fait* d'arriver n'étant pas

---

[1] Jean-Luc Nancy, *Résistance de la poésie*, Paris, Bordeaux, William Blake & Co., 1997.
[2] *Idem.*
[3] Tiqqun, *Premiers matériaux pour une Théorie de la jeune fille*, Paris, Fayard, 2001.
[4] Hans-Georg Gadamer, *Nietzsche l'antipode : le drame de Zarathoustra*, Paris, Allia, 2000.

une *raison* d'arriver, la dimension poétique pourrait être l'accès à « l'arrivage » (Dominique Fourcade) en tant qu'il porte en lui-même sa propre justification et illustre la confusion wittgensteinienne de l'événement esthétique avec « le miracle que ce qui est soit ». En même temps qu'une mise à l'épreuve particulière du langage, le mot de poésie recouvre une façon de vivre dans le monde et d'y faire ce qui l'on y fait. Gœthe illustrait déjà cette idée en disant que « poésie » renvoyait à la même expérience qu'une fête populaire en l'honneur du passage des saisons[5]. Expérience « essentiellement réaliste » selon ses termes, c'est-à-dire portée à considérer les choses « sans éprouver le moindre désir d'y ajouter ou d'en retrancher quoi que ce soit ». L'esthétique de nos expériences tient, quand il y a lieu, non à ce qu'elles permettent de représenter mais à leur pouvoir poétique d'offrir un monde meilleur. C'est aussi dans les pratiques non artistiques que le poétique trouve son origine et son accomplissement. En ce sens, la poésie désigne la façon dont l'espèce humaine occupe son temps autrement et change ce faisant quelque chose à l'expérience même de l'expérience qu'elle constitue.

Les contributions sont proposées sans ordre thématique et, en cela, laissées à leur seule ambition problématisante. Elles demeurent néanmoins reliées par l'affinité intellectuelle et sensible d'une définition commune de le poésie comme « manière de vivre ». Chaque texte faisant entendre à ce propos une note singulière – une voix – qui fait écho aux autres de façon polyphonique, comme une longueur d'onde dans un champ de résonance. Au bout du compte, rien n'empêche le lecteur d'entrer dans le livre comme on poussait il y a encore peu de temps les portes des ces anciens cinémas dont l'entrée restait libre à tout moment du film…

**Clément Bodet, Alain Chareyre-Méjan
& Ludovic Iacovo**

---

[5] Johan Wolfgang Gœthe, *La fête de St Roch à Bingen*, Paris, Allia, 1996.

L'autre sens du sens
Principes de l'économie poétique

*J'ai cherché à connaître, durant ma vie,
bon nombre de situations poétiques,
et **aussi** la satisfaction de quelques-uns de mes vices
annexes mais importants.*
Guy Debord

*La beauté étrangement poignante de tant de métaphores
est liée au fait qu'elles éveillent en nous le souvenir du moment
où nous avons pris conscience pour la première fois
que le monde extérieur était au dehors,
que l'écart qui nous en sépare est infranchissable.*
Harold Searle

Flash back

Il y a assez longtemps, avec certains des amis présents à ce colloque, je m'étais penché sur ce qu'il me paraissait alors vraisemblable et juste de mettre sous l'idée d'une dimension poétique de quelque chose – ou d'un événement. Ma surprise a été de me retrouver, encore aujourd'hui, dans ce que j'écrivais à l'époque. J'aurais pu reprendre dans le Séminaire que j'ai organisé pendant trois ans sur cette question à l'Université de Provence certaines des réflexions que l'on va lire et dont j'ai tiré l'esprit – et parfois la lettre — de ce qui est au cœur de mes préoccupations les plus contemporaines. Une fois parti, j'ai d'ailleurs décidé de conserver pour l'ensemble de mon propos, de ce fait, la forme d'une mosaïque, avec ses éléments intempestifs (mais il n'y a que moi qui le sache) et ses incises récentes, empruntées au cœur du séminaire…

Ce que l'on aime *faire*

De là où je suis pour écrire ces lignes – un salon de thé dans une ville du Midi de la France – je peux lire, sur une pancarte accrochée à un palmier dans le jardin mitoyen au salon : « Merci de ne pas nourrir les pigeons ». Cette inscription possède pour moi une importante dimension « poétique ». Mais non pas en vertu de la façon dont elle dit ce qu'elle dit. Plutôt par la manière dont elle introduit dans son propre contexte une situation de présence qui lui est hétérogène : les pigeons ne peuvent pas lire quant à eux la pancarte, qui redouble pour cette raison le côté pour ainsi dire insignifiable de leurs apparitions et de leurs disparitions alternées… Ce que nous mettons sous l'idée d'une « situation poétique » a peut-être à voir avec quelque chose qui laisse maintenant flotter le sens des choses – un flou artistique si l'on veut – comme si elles portaient en elles-mêmes la justification de ce qu'elles font là. Évidemment, cela ne veut pas dire qu'il y a du « poétique-en-soi » dans ce qui existe mais plutôt que l'expérience que nous faisons en trouvant « poétique » une chose ou un événement constitue une forme de « révélation sans transcendance » (Michel Deguy). L'objet de cette révélation laïque est *un autre du sens* qui trouve, si l'on peut dire, son bonheur non dans un acte de connaissance ou dans un jugement mais dans ce que Merleau-Ponty appelle dans une conférence célèbre donnée à l'I.D.H.EC[6], « une manière spéciale d'être au monde ».

---

[6] Maurice Merleau-Ponty, *Le cinéma et la nouvelle psychologie*, Paris, Gallimard, 2009.

En quoi « l'état poétique », comme il dit aussi, est-il donc une façon singulière d'être au monde ? Justement par son pouvoir d'arrêter le sujet dans ses représentations pour le laisser seulement « jouir du présent ». « S'arrêter pour jouir du présent » c'est, soit dit en passant, la définition que Francis Ponge donne en tout et pour tout quant à lui de la poésie dans ses *Proêmes* :

> L'on devrait pouvoir à tous poèmes donner ce titre : Raisons de vivre heureux. Pour moi du moins, ceux que j'écris sont chacun comme la note que j'essaie de prendre, lorsque d'une méditation jaillit en mon corps la fusée de quelques mots qui la rafraîchit et la décide à vivre quelques jours encore.[7]

Si ce qu'on aime faire a à voir avec ce qu'évoque le mot de poésie c'est parce qu'il est impossible de trouver une signification et une vérité à quoi que ce soit sans éprouver le plaisir de le sentir, en plus, *être*. En ce sens la poésie est ce qui nous rend sensible au sensible en tant qu'il est par définition toujours pleinement ce qu'il est. Gianni Vattimo a tout dit quand il a écrit qu'elle est ce qui nous rend sensible « au fait qu'il existe des moments de plénitude que nous aimons vivre », son rôle consistant en quelque sorte à « isoler » le principe qui les rend palpables…

Index

La poésie *indexe*, au fond, sans *signaler*. L'index pose quelque chose dans l'existence en général (« c'est là ») avant de le déterminer (« c'est ceci qui est là et pas cela… »). D'une certaine façon elle ne signifie plus ce dont elle parle qu'en le renvoyant à son seul caractère existant. Comme Hölderlin, dans *Mnemosyne* quand il se contente de noter : « La lumière du soleil, sur le sol nous la voyons, et la poussière sèche ». Il y a un chosisme poétique, une

---

[7] Francis Ponge, « Raisons de vivre heureux », in *Proêmes*, Paris, Gallimard, 1948.

« égalation » (François Fédier) de tout à sa position d'existence, que Platon a désigné au plus tôt comme le danger le plus grand pour la pensée et l'exercice même de la civilité. On comprend la hantise qui lui fait censurer, dans *La République*, le discours du poète dès lors qu'il prétend imiter « le fracas de la mer, le tonnerre, le bruit des poulies, le cri des chiens…[8] » Laissée à elle-même sans l'entremise de l'idée qui la rend appréhensable, la chose emplit de force une perception devenue inhumaine. Mais c'est précisément cette « non-humanité » qui donne à ce que touche la poésie sa dimension ordalique, son pouvoir de faire apparaître ce qui serait là de toute façon même s'il n'était pas dit. Les vitres qui « redeviennent sable » chez Prévert ou « la violence des fleurs » qui « étonne » le fermier quelque part chez Giono exaltent le spectacle de ce qui existe déjà — à la façon d'un Homère ou d'un Pindare – en oubliant d'y ajouter le jeu des relations qui permettrait d'en rendre raison. L'indexation poétique n'est pas une indication. La poésie annule sa possibilité en disant ce qui est.

Effet de profondeur

Il y a, dans le passage de la signification, ce que Jean-François Lyotard avait l'habitude d'appeler des « effets de profondeur ». Ce sont ces effets de profondeur qui donnent à ce que nous faisons et disons sa dimension poétique. Autant dire que cette dernière implique bel et bien – à tort ou à raison – une impression de connaturalité, de continuité, de résonance entre les choses et les significations. Cette continuité, Mikel Dufrenne lui donnait le nom *d'expressivité*. Ça se tient. Par exemple, « le mot est expressif lorsqu'il nous accorde à ce qu'il désigne, lorsqu'en sonnant il nous fait résonner comme nous résonnerions à l'objet avant même de le connaître selon un aspect déterminé, dès qu'il se présente dans cette plénitude encore ambiguë de la première rencontre ». *L'expression*, dans sa

---

[8] Platon, *La République*, Livre III, Paris, Flammarion, 2002.

dynamique poétique, réconcilie, à la limite, l'ordre des significations avec le monde lui-même. C'est cela sa « profondeur ». L'idée d'une continuité poésie-monde n'est pas forcément l'avatar d'une métaphysique de type romantique. Elle habite notre rapport au sensible dans sa réalité phénoménologique. Tant pis si elle porte avec elle une douceur peu propice à l'instrumentalité critique et dialectique : l'élément poétique, pour le meilleur ou pour le pire, n'est pas *critique* dans son essence (« ceci est en réalité cela ») mais seulement *résonnante* ; et c'est ce qui lui permet d'être rebelle sans être réactive. L'effet poétique de profondeur, pour autant qu'il privilégie l'accord des présences dans un rythme, pour autant qu'il pense donc le sens en tant que rythme en fin de compte, accorde de ce fait aussi le vrai, le réel et le vivant. L'existence, comme telle, pourrait bien s'y assurer d'elle-même – un peu à la façon dont l'éternuement rétablit, chez Aristote, la continuité du souffle de vie. En général, tout effet de sens garantit la place d'une instance transcendante : tout sens est secrètement religieux. « Poésie » pose au contraire l'absolue laïcité d'une signifiance démarquée des significations structurées par un tiers exclu. Julia Kristeva formule la chose en introduisant l'idée d'une hétérogénéité consubstantielle des intonations des variations d'onde, des écholalies naturellement associées à l'expression de la prégnance poétique en général à l'égard de la fonction signifiante dans son acception structurale et transcendante. Poétiquement, pour elle, fonction *sémiotique* et fonction *symbolique* ne se recoupent pas. Comme il en va dit-elle, et par exemple, dans le *Timée* de Platon avec la *Chora*, antérieure à la nomination, maternelle et asyllabique[9]. La « poésie » pourrait être le lieu d'expériences limites justement au sens où, frisant l'inceste, elles passent outre la différence signifiant-signifié. Elle constituerait « l'erreur », le vers dans le fruit du sens. Comme on voit avec les anagrammes d'Hans Bellmer, quand il laisse flotter la

---

[9] Julia Kristeva, *Le langage poétique*, Séminaire de Lévi-Strauss sur « l'Identité », Paris, Grasset, 1979.

« Rose au cœur violet » de Nerval dans un jeu collectif où elle devient « Rose ouverte la nuit » ou « Sœur à voile courte » suivant l'inspiration des uns et des autres[10].

Qu'est ce qui résonne, alors, là où le poétique intervient ? La *chose* avant ses raisons. Du moins si nous choisissons de le dire avec Lacan quand il s'avise – de façon étrangement peu analytique quand on y pense – de nous renvoyer à Ponge pour comprendre ce qu'il appelle « l'étrangeté du Sens » : « Écrivez r.é.s.o.n, faites moi plaisir. C'est une orthographe de Francis Ponge. Étant poète et étant ce qu'il est, il n'est pas tout à fait sans qu'on doive, en cette question, tenir compte de ce qu'il raconte[11] ». Celui qui, au plus près de ce qui ressort de ces analyses, a définitivement compris la « jouissance poétique dans sa radicalité[12] » est Jean Baudrillard. S'il parle en effet justement de « jouissance » à propos du sentiment poétique, c'est pour en pointer le *caractère totalement non pervers*, autrement dit sans secret et sans « butée de sens ». Ce que l'adjectif poétique veut dire s'épuise dans l'effet d'abolition jouissif du sens auquel il renvoie. Il n'y a plus de langage latent à retrouver : le monde poétique implique à la fois liquidation du signifié et résolution anagrammatique du signifiant[13]. À la place vide du référent, à celle abolie de sa relation avec le signe, ce qui fait événement c'est « le vertige de la résolution parfaite[14] ». Poétiquement parlant, la profondeur est vertigineuse *a minima*, signalant en somme seulement l'éloignement momentané de son objet à l'égard de l'*idée* qui le met habituellement en vue. C'est cela que laisse poindre la « réson » : la décroissance catégoriale. Dans ses entretiens avec Philippe Sollers, Francis Ponge invalide – et balaie d'un revers de la main – la définition que proposait Paul Valéry du poète comme « celui auquel la difficulté inhérente à son art donne des idées » :

---

[10] Hans Bellmer, *25 reproductions*. Paris, Christian d'Orgeix, 1950.
[11] Jacques Lacan, *Je parle aux murs*, Paris, Seuil, 2001, p. 93.
[12] Jean Baudrillard, *L'échange symbolique et la mort, VI*. Paris, Gallimard, 1975, pp. 285-307.
[13] *Ibid.*, p. 303.
[14] *Idem.*

Donne des idées ! Quelle pitié ! Hélas Valéry prouve ici qu'il n'est pas poète. Cela semble évident, trop évident.[15]

On pense à Malherbe, quand il répond aux reproches de Racan de ne pas connaître les règles du sonnet : « Si ce n'est un sonnet, c'est une sonnette ». À la place de la métaphore, « poésie » met le signe entièrement efficace…

Décroissance poétique

Si « *le signe efficace n'a pas d'inconscient*[16] », c'est parce que son effectuation ne laisse pas de résidu : il est entièrement performatif ; comme on le voit avec le geste sorcier. D'une certaine façon, le « faire » magique – le poïen totalement efficace – se présente comme une opération du réel lui-même. Et c'est là qu'il rejoint l'efficace poétique. En tant que *phénomène*, et non pas *signe*, ce dernier produit de la vie en tirant les symboles de l'économie de leurs seuls échanges. C'est pourquoi, si l'Économique en général désigne bien l'imposition du principe d'équivalence généralisé, le Poétique détermine l'unique possibilité de sa subversion. En tant que déconstruction des opérations structurales de représentation-par-les-signes, la poésie-des-présences – si c'est possible, est éventuellement le seul socle de l'insurrection contre ce que Walter Benjamin appelait la « religion-capitaliste ». Robert Fillou proposait de substituer aux principes de l'Économie Politique ceux d'une Économie Poétique[17]. L'idée *d'économie poétique* est assez proche de quelque chose qui ne pouvait que plaire à Baudrillard. Comment sortir de l'accaparement du monde par le signe ? Comment échapper à l' « horreur économique » (Rimbaud) : cela a à voir avec l'exténuation, pour commencer, de l'accaparement du réel par la symbolique de l'échange. La *décroissance poétique* est une grève

---

[15] Francis Ponge, *Entretiens avec Philippe Sollers*. Paris, Points, 1970.
[16] Jean Baudrillard, *op.cit*, p. 297.
[17] Robert Filliou, « Combattez la pauvreté à la manière américaine : travaillez, 1970 », in *Trouble* n° 1, 2002.

de l'Univers de la Représentation, une sieste ontologique. Assez proche, qui sait, du refus situationniste de « la société spectaculaire marchande », mais en plus ample. Un rejet de la peur métaphysique et productiviste d'un monde qui serait lui-même la valeur, et en cela inévaluable. Maria Zambrano, qui sait de quoi elle parle parce qu'elle le fait en toute antipathie (même s'il s'agit en l'occurrence de sa part d'une antipathie pleine d'indulgence et de fascination) ; Maria Zambrano donc met tout de suite l'expérience poétique du côté du paganisme et de l'immanentisme. Pour elle, et exclusivement pour cette raison, Poésie et Philosophie s'opposent à l'origine et renvoient à des expériences hétérogènes du Monde et de la Présence : « Le fait est que la poésie a consisté à toutes les époques à vivre selon la chair. Elle a été le péché de chair fait mot, objectivé par l'expression[18] ». La Philosophie est une violence théorique, une déchirure à l'égard de la présence immédiate des choses et de leur façon d' « être-là-comme-ça » (Jean Beaufret) avant d'ouvrir un sens. C'est pourquoi, pour Maria Zambrano, Platon est le philosophe par excellence, et le premier. Qu'elle s'égare et se trompe en la matière n'est pas notre propos. Ce qui est intéressant c'est sa « vista » pour ce qui concerne la poésie : en tant que force d'engagement dans *le monde comme unique ressource*, est poème tout ce qui revient sur l'importance d'une « monnaie d'échange » pour comprendre et aimer les choses. En tant qu'antidote aux métaphysiques de la valeur, à l'empire de l'Économie totale, « la poésie n'admet rien de réciproque. Elle affirme l'accès absolu et exclusif, immédiatement présent, concret, et comme tel inéchangeable[19] ». « Poème » désigne incognito ce qui remplace aussitôt – et justifie – « tous les bienfaits de la vie » (André Breton). Et l'auteur de Nadja a raison, là, de dire, comme on sait, que l'énoncé même du mot « décrète la fin de l'argent ». L'économie poétique n'a pas le pouvoir de changer la guerre en paix et la détermination de la planète

---

[18] Maria Zambrano, *Philosophie et Poésie*, Paris, Corti, 2003, p. 63.
[19] Jean-Luc Nancy, *Résistance de la* poésie, Bordeaux, William Blake, 1997, p. 11.

comme marchandise en paisible jardinage. Mais elle doit pouvoir permettre « d'imaginer un monde hors du capitalisme » en nous orientant vers « des espaces où nous exerçons des facultés autres que celles qui constituent à gagner de l'argent[20] ».

Éducation poétique

À quel moment les choses commencent-elles à être là ? Les idéologies et les métaphysiques de la Représentation répondent : dès lors qu'elles ont pu être dites. Au commencement est le verbe... Nous sommes pourtant, et malgré tout, sensibles, en même temps qu'à leurs propriétés et à leurs manières de devenir manifestes pour nous, à l'impression que les choses existeraient même s'il n'y avait personne pour les voir et les dire. Au fond, nous ne sommes pas naturellement idéalistes et constructivistes : nous admettons une différence limite, quoiqu'imperceptible, entre exister et être déduit, entre être et être dit et pensé. C'est cette différence qui travaille la poésie.

Comme il est sans propriété, le fait d'être pris en lui-même ne désigne rien. Ce qui fait que c'est une erreur, comme le répète si souvent – et de façon si bénéfique – Merleau-Ponty, de « fermer le langage » sur lui-même « comme s'il ne parlait que de soi ». Et il faut admettre en fin de compte qu' « il ne vit que du silence[21] ». Pour définir ce qui résiste proprement à toute « prédication » et ce devant quoi cette dernière cède toujours à un moment donné, Gérard Granel parlait des « craquelures » qui l'habitaient : « quelque chose résonne dans le craquement silencieux de tous les énoncés[22] ». En

---

[20] Ben Lerner, Entretien accordé aux *Inrockuptibles* à propos de son roman : *Au départ d'Atocha*. Paris, Éditions de l'Oliver, 2014.
[21] Maurice Merleau-Ponty, *Le visible et l'invisible*. Paris, Gallimard, 1964, p. 167.
[22] Gérard Granel, « Les craquelures du texte – Sur les traductions de *Sein und Zeit* », in *Revue de Métaphysique et de Morale*, n° 1, 1989, pp. 37-57.

tant que *conversion existentielle*, la poésie est ce qui ne cesse de revenir sur *l'erreur qui a consisté à introduire du négatif dans l'exister lui-même* (Gilson). D'où, sans doute, la nécessité d'introduire dans l'apprentissage du langage le soupçon salutaire de l'irréductibilité du réel au message. Le poète, et le philosophe, sont là pour nous apprendre à « feindre de n'avoir jamais parlé[23] ». Là, ce qui nous vient à l'esprit est devenu très clair : le langage indique bien, seul, la présence des choses. Mais il l'indique précisément comme cela qui résiste au langage. Et c'est pourquoi la poésie est résistance : la poésie « résiste » au sens où elle est « la résistance à la démesure que le langage est par et pour lui-même[24] ».

Le poète Roger Laporte explique qu'il a compris pourquoi le dernier Heidegger se sentait « si proche du Zen » en lisant ces lignes de sa conférence intitulée *Der Feldweg* : « Lentement, presque en hésitant, onze coups expirent dans la nuit. La vieille cloche tremble sous les coups du battant. Le silence après le dernier coup devient plus silencieux encore[25] ». Soit la poésie du Koan (bouddhique). Ce que la culture Zen appelle Koan peut prendre la forme d'un énoncé ou celle d'un geste. À la limite de tout un pan de vie. Il y a Koan dès lors qu'une signification est performée à l'extérieur de tout ce qui pourrait être (avant ou après) son métalangage. En somme : lorsque quelque chose est dit – ou fait – sans affirmer ni nier. Exemple de Koan entièrement poétique : « Comment sans nier, ni affirmer, l'appelleriez-vous ? ». L'illumination poétique est-elle comparable au Satori ? Mais il faudrait encore pouvoir la comparer à quelque chose (d'autre). S'il y avait un enseignement poétique, il n'aurait rien à voir avec l'apprentissage d'un poème, ou quelque chose de ce genre. Cela serait plus proche de la situation d'être « entièrement là » ou celle de « devenir totalement né ». Il faudrait que tout à coup, rien ne soit pas là. On aurait envie d'applaudir

---

[23] Maurice Merleau-Ponty, *op. cit.*, p. 167.
[24] Jean-Luc Nancy, *Résistance de la poésie*, Bordeaux, William Blake, 1997, pp. 1-10.
[25] Roger Laporte, in *Misère de la littérature*, Paris, Christian Bourgois, 1978, p. 79.

(mais il faudrait peut-être alors arriver à le faire d'une seule main…). Pour en finir sur ce point : à propos des énoncés qui n'en sont pas, Heidegger fait souvent comme on sait la remarque que « Être est » n'est pas un énoncé. Il faut accepter de dire que c'est un Koan…ou une proposition poétique.

Nous sentons que la finesse d'une éducation a à voir avec le fait de comprendre ce que les « non-énoncés » nous apportent. Au sens actif, une éducation a pour but de rendre présentable des sentiments en les figurant socialement par des paroles ou des actes qui en sont la cérémonie. Poétiquement parlant, éduquer c'est donc apprendre à quelqu'un à « imiter le verbe être » (Milozs). Il y a là comme le socle de toute *tenue* – et de toute dignité. Cela ferait en tout cas la détermination idéale de la noblesse qu'il y aurait maintenant à former le petit d'homme à autre chose qu'à « gagner de l'argent »…

Alain Chareyre-Méjan
Professeur des universités,
directeur de recherche en esthétique, Aix-Marseille

La mélodie des choses

Nous sommes, vois-tu, au commencement.
Comme avant toute chose,
avec mille et un rêves derrière nous
et sans action
Rainer Maria Rilke[26]

Nous sommes au commencement sans langage, sans voix, sans aucun signe tourné vers nous, dans une nuit de la pensée où rien ne peut s'émettre si ce n'est l'existence dans son obscurité. Il n'y a rien. Rien que le monde. Une immense plénitude. Un espace sans issue. Et des bruits qui résonnent, des bruits traversés l'un par l'autre, l'un dans l'autre, jetés dans un vide qui parfois résonnent et parfois se meurent au moment même de leur souffle.

Le bruit appartient au silence : silence du monde dans sa réalité brute, silence de nos voix qui n'en comprennent pas le sens. Et le monde se tait, définitivement muet. Sa musique est silencieuse. Elle est sans parole, sans langage, sans rien pour apaiser nos pensées. Des bruits, seulement des bruits immenses et prodigieux, et l'éclosion d'un sentiment poétique pour qui sait se faire commençant.

---

[26] Rainer Maria Rilke, *Notes sur la mélodie des choses*, trad. Claude David, Paris, Gallimard, Pléiade, 1993.

> Je ne peux imaginer plus voluptueux savoir
> Que celui-là :
> Quelqu'un qui écrit le premier mot derrière un
> Point de suspension
> Long de plusieurs siècles.[27]

Le mot mais surtout avant que la parole n'arrive et ne vienne interrompre le monde, le silence, le bruit et sa déflagration en points de suspension. Le bruit c'est la sonorité brute, brutale, laissée à elle-même, le son nu, dénudé, comme défait de tout objet qui en dit la provenance, le son confus, vague, indécis comme si ce qu'il émettait ne provenait que de lui-même. Le bruit et non pas le bruyant qui est sa forme négative, excessive, répétitive mais le bruit, avant tout, comme présence sonore en deçà de tout langage et de tout signe : le bruit de la mer, du vent, du fracas de la terre qui glisse, se déchire, gronde, le bruit de la glace qui craque et se fend, le bruit comme sonorité qui ne représente rien, ne signifie rien, et n'exprime peut-être que cela : la pierre qui tombe au fond du ravin.

Le bruit est un vent, un vent invisible et nocturne qui se glisse par surprise dans le creux de l'oreille et surgit avant même que l'on puisse s'en représenter la venue. Car le bruit dans son intrusion, dans sa manière d'interrompre et de surprendre nos représentations n'est plus un ensemble de sens à *comprendre* mais davantage de sons à *entendre*. Le bruit retentit et dans son éclatement il déchire le ciel de la pensée qui demeure interdite et muette. L'étonnement du bruit, c'est la venue d'un son que la pensée ne peut expliquer sans venir en insonoriser la présence.

Le bruit résonne. Nulle paupière ne vient l'interrompre.
Il vient à nous.
Il arrive.

Il y a des bruits qui habitent la nuit comme si l'obscurité devait en redoubler l'étrangeté, des bruits qu'on

---

[27] Rainer Maria Rilke, *Notes sur la mélodie des choses*, op. cit.

ne voit pas et s'étendent aussi étrangement qu'une puissance environnante et sans lieu. D'où l'angoisse qui survient lorsqu'au réveil on se demande si les bruits qui habitaient nos cauchemars ne se tiennent pas encore quelque part tapis dans l'obscurité de notre chambre. Et nous avons beau reconnaître au craquement du bois la présence d'un animal familier, aux battements des volets le souffle du vent, le bruit rend toute chose à son étrangeté. Le réel bascule alors dans un abîme et fait craquer la représentation des choses. Il ne se laisse pas appréhender : c'est lui qui nous appréhende.

S'il existe comme le pense Freud un « ombilic des rêves » qu'on ne peut saisir et échappe à toute interprétation, parce qu'au fond ce que l'on voit en rêve c'est le bruit de l'image, il existe de même un « ombilic du monde » qu'on ne peut traduire et résonne.

> Il faut avoir discerné les deux éléments de la mélodie vitale dans ses formes primitives ; il faut avoir extrait des tumultes grondants de la mer le rythme de la vague et dégagé de l'entrelacs confus des paroles quotidiennes la ligne vivante qui porte les autres.[28]

Du bruit, il y en a toujours, de partout, tout le temps, jusque dans les moindres recoins du monde y compris lorsque nous nous coupons de lui, repliés en nous-mêmes à l'écoute des battements de notre propre corps. Le bruit se laisse d'autant plus entendre que le silence s'étend autour de nous et fait taire nos bavardages incessants. Nous croyons que le vide n'est rien, que le silence est un gouffre, que la nuit est invisible alors qu'ils demeurent habités par d'infimes bruissements que nous n'entendons pas. Nous sommes devenus sourds à ces bruits-là. Nous croyons en la parole et la raison, et nous avons oublié que le bruit précède nos voix, que nous sommes notre vie durant traversés par lui, du premier cri au dernier souffle de notre existence. Mais le corps nous rappelle à ce fond qui précède nos

---

[28] Rainer Maria Rilke, *Notes sur la mélodie des choses, op. cit.*

pensées et répond malgré lui aux bruits du monde en leur faisant écho : cris de joie ou d'effroi, de souffles ou d'essoufflements, de suffocations ou d'extase, la voix n'est que l'onde d'un fond primitif qui la porte. Et l'écriture qui semble si muette, si lointaine de cela, n'est que la continuation de ce mouvement dont la mesure se tient confinée dans une attente, ne s'éveillant que lorsque le lecteur redonne à l'écrivain son timbre de voix, son grain de mots, sa mélodie des phrases. Ainsi pas de sens véritable sans l'éclat d'un son ou l'émotion d'une syllabe. Même à voix basse, même intériorisé, le langage devient alors bruissement de la gorge, intonation d'un souffle. Le sens se fait son ; le son *est* le sens.

> Que tu sois environné par le chant d'une lampe ou par la voix de la tempête, par le souffle du soir ou le gémissement de la mer, toujours veille derrière toi une vaste mélodie, tissée de mille voix, où de temps à autre seulement ton solo trouve place.[29]

Dans le tumulte du monde, le bruit nous rappelle à une existence plus vaste dans laquelle nos voix s'égarent et parfois se retrouvent. Mais n'est-ce pas la poésie qui, en définitive, nous fait voir le monde autrement ? N'est-ce pas la voix du poète qui nous ramène dans la mélodie des choses plus que l'existence elle-même et ses vacarmes incessants ? Car le monde en soi n'est pas poétique. Le monde « est » voilà tout, mais c'est de le voir *tel qu'il est*, dans sa singularité et sa manière de nous surprendre, qui nous le rend infiniment poétique. Et le poète redonne au bruit son importance, se tenant à l'écoute de ses murmures les plus discrets, de ses soubresauts les plus imperceptibles mais seulement là où l'envie et le hasard lui rendent le monde un tant soit peu fascinant. Nul souffle poétique qui ne soit une respiration à deux voix, deux poumons, deux gorges pour un même corps résonant. Et les choses arrivent comme elles arrivent. Que nous allions à leur rencontre ou

---

[29] Rainer Maria Rilke, *Notes sur la mélodie des choses, op. cit.*

qu'elles viennent à nous cela importe peu. Importe seulement le fait que cela ait lieu.

Où commence alors le poétique et où s'arrête-t-il ? Au poème ? Aux balbutiements du monde ? Non, le poétique arrive dans l'accompagnement des choses entre elles. Le monde nous fait entendre sa rumeur et ne fait écho vers aucun fond à venir. Le fond se donne seulement comme surface à entendre, rien d'autre. C'est un bruit et le poème n'en représente pas la venue, il n'en est ni le souvenir ni l'image mais se donne à son tour comme un son à part. Ce que la poésie nous donne à éprouver c'est bien l'expérience d'un monde qui survient là où nous demeurons sourds à sa présence.

Si Orphée est le poète-musicien c'est parce qu'il interrompt les bruits alentour et ne laisse entendre que sa seule mélodie. Sa musique fait silence. Elle laisse place à la venue d'un réel que nous sommes amenés à éprouver sans que nous ayons besoin pour cela de le comprendre ou de le traduire. Le poème comme le bruit résonne. Il ne dit pas les choses. Il est comme le monde : un chant d'oiseau. Chaque mot est une note à entendre, un rythme à écouter et la musique comme le dit si justement Clément Rosset est avant tout « irruption de réel à l'état brut[30] ». La voix du poète souffle comme le bruit du vent, sa résonance est sans « raison ». Et si le poème désigne encore par le langage un objet du monde, ce n'est pas tant pour nous le représenter que pour mieux nous le faire voir ou entendre car le poète, faut-il encore le rappeler, parle « avec des mots à l'échelle du vent[31] ».

> Car jouer la mélodie de l'infini sur les mêmes touches que celles où reposent les mains de l'action signifie que l'on fait descendre au niveau des mots ce qui est grand et se situe au-delà des mots.[32]

---

[30] Clément Rosset, *L'objet singulier*, Paris, Éditions de Minuit, 2011, p. 63.
[31] Louis Aragon, « Je ne connais pas cet homme », in *La Diane française*, Paris, Gallimard, Pléiade, vol. 1.
[32] Rainer Maria Rilke, *Notes sur la mélodie des choses*, op. cit.

Ainsi le bruit malgré sa résonance, son fracas, sa barbarie - le barbare, *bárbaros*, celui qui fait du bruit – porte en lui le moment premier de toute poésie, son origine même. Il le porte comme une sonorité qui vient interrompre nos habitudes et nos représentations usuelles si bien que sa singularité l'apparente avec l'art dont il partage le même sentiment d'étrangeté. Et ce n'est qu'en descendant dans le brouhaha et le tumulte des cités, dans le fond sourd et aveugle des machines, dans le bruit strident et grossier des bistrots, que se réconcilie à nouveau l'expérience poétique et la vie elle-même. C'est ce que Pierre Sansot s'est efforcé de penser en dissociant le beau de toute esthétique arrêtée pour mieux retrouver dans nos villes une « poétique urbaine ». Et Roger Caillois, autrement et à sa manière, a pressenti plus que tout autre que le monde sauvage dans le bruissement qui le parcourt n'est pas la poésie en soi mais cette ressource du monde que l'on nomme *poétique*. Ces objets-surprises comme il aime tant à les appeler, ces pierres, ces morceaux de bois, ces formes animales ou végétales qui font partie de ce grand cabinet de curiosité qu'est le monde, ont pour lui une force d'évocation « d'autant plus efficace qu'ils ne rappellent rien et qu'on en ignore l'usage [...] Aucun sacré ne les habite [...] Ils ne sont pas des symboles, ils ne signifient rien qu'eux-mêmes[33] ». Ainsi l'existence n'est plus une image à reconnaître mais cette *ressource* à saisir, cette « retournée » vers le fond poétique des choses qui sont peut-être « le premier retentissement du monde en l'homme[34] ».

> Beaucoup ne l'entendent plus du tout. Ils sont comme des arbres qui ont oublié leurs racines et croient maintenant que le bruissement de leurs branches est leur force et leur vie. Beaucoup n'ont pas le temps de l'écouter.[35]

Écouter : se tenir dans l'étonnement du bruit qui résonne, devenir cette peau de tambour qui tremble, cette

---

[33] Roger Caillois, *Le fleuve Alphée*, Paris, Gallimard, pp. 102-103.
[34] Mikel Dufrenne, *Le poétique*, p. 135.
[35] Rainer Maria Rilke, *Notes sur la mélodie des choses, op. cit.*

corde vibrante qui s'agite, cette caisse de résonance qui accueille tous les bruits alentour et se veut désormais l'instrument d'un musicien dont nous ignorons le nom et auquel nous accordons nos gestes aux siens. Car dans l'écoute je ne suis plus sujet de ce qui arrive mais tourné vers cette résonance qui devient sujet à entendre.

L'écoute du son, l'écoute de ce qui traverse le corps et va au-delà des frontières, est sans nul doute le propre de toute expérience – *expereri*, hors de la périphérie – et peut-être dans un mouvement de renvoi, de résonance, toute expérience a-t-elle quelque chose de sonore, est-elle porteuse d'un sens aussi aveugle qu'un bruit. Car ce qui fait événement précède toujours nos intentions et ne se laisse ressaisir qu'au prix d'un certain effort sans que nous sachions si au passage nous nous détournerons ou non de son sens véritable. Raison pour laquelle écouter et non pas seulement tendre l'oreille est une expérience poétique parce qu'elle m'ouvre à la singularité d'un monde qu'il m'est donné d'éprouver.

C'est ainsi que l'expérimente Chris Watson dans sa pratique du *Field recording*[36] lorsqu'il parcourt le monde à la recherche des bruits les plus étranges muni de micros et d'un enregistreur autour du cou. Là, assis dans le wagon d'un train ou sur un glacier qui dérive et craque à mesure qu'il avance, il en enregistre chaque sonorité tel un ready-made qu'il suffirait de capter dans les entrailles de la terre. L'écoute devient alors, comme il le dit lui-même, une manière d'habiter les choses, « un acte créatif » qui le transforme alors même qu'il demeure immobile et réceptif à sa présence. Métamorphose qui, à la limite, ne produit en retour aucune œuvre particulière si ce n'est celle de son corps résonant. Mais dans cette gestuelle où les bruits les plus infimes semblent se révéler, s'ouvre alors une *peau-étique* sensuelle qui transforme notre rapport au monde de manière ondulatoire et gravitaire.

---

[36] Enregistrement de terrain.

Il y a un rebond du poétique qui est toujours à double sens : aller et retour, ouverture et saisissement, une élasticité du sensible qui fait résonner les corps entre eux. Écouter nous fait éprouver le bruit qui sonne, le bruit contenu dans la voix de celui qui s'adresse à nous, le bruit qui retentit dans le rythme d'une musique, pour saisir « l'être brut, l'être pur et simple dans son évidence irrécusable[37] ». En faisant taire nos propres voix et nos propres jugements notre souffle devient celui d'un monde que nous ignorions et qui au passage redonne vie à notre propre existence. N'est-ce pas alors cela que nous nommons poétique et que cherche le poète à travers le monde : une inspiration ?

> Souviens-toi d'êtres humains que tu as trouvés ensemble sans qu'ils eussent jamais eu autour d'eux une heure en commun. Des parents qui se rencontrent autour du lit de mort d'une personne vraiment aimée. Leurs mots se croisent sans soupçonner mutuellement leur existence [...][38]

Et de poursuivre :

> Ils s'asseyent, baissent le front et se taisent. Il y a comme le bruissement d'une forêt au dessus d'eux. Et ils sont plus proches l'un de l'autre qu'ils ne l'ont jamais été.[39]

Être ensemble à l'écoute des bruits qui nous entourent, dans le bruissement d'une existence qui nous dépasse et s'abat sur nous dans sa réalité brute et insaisissable, cela n'appartient pas au langage mais au silence, silence du monde qui habite chacune de nos expériences, silence de la vie dans sa fragilité ou de l'art encore dans sa lueur singulière. Silence que nous partageons bien mieux que tout discours qui nous serait donné d'avance car parler la même langue ne nous fait pas mieux

---

[37] Mikel Dufrenne, *Le poétique*, p. 164.
[38] Rainer Maria Rilke, *Notes sur la mélodie des choses, op. cit.*
[39] *Idem.*

comprendre les uns des autres. Le langage dit la compréhension, le nécessaire, l'utile, il ne dit pas le fond, la résonance au-delà des mots, la sensibilité qui nous lie ou nous défait les uns des autres. Et rien de ce que le monde d'aujourd'hui tend à recouvrir en uniformisant nos voix ne nous rend plus proches ou plus sensibles alors même que nous vivons dans l'espoir ou l'illusion d'un univers commun.

Camille de Toledo s'est d'ailleurs interrogé sur la possibilité d'une poétique européenne qui viendrait réconcilier nos incompréhensions mutuelles reprenant alors l'idée d'Umberto Ecco pour qui la langue de l'Europe serait la *traduction*, le moyen privilégié de créer un espace où la voix de l'autre deviendrait en quelque sorte la nôtre. Pour autant suffit-il de parler la même langue pour se faire comprendre alors que nous voyons bien que les incompréhensions demeurent y compris lorsque nous partageons la même voix, la même parole donnée à entendre ? L'idée d'une poétique européenne, en fin de compte, réside bien plus dans l'art et les expériences de vie commune que dans les exigences froides et rationnelles de toute politique. L'*Ode à la joie* de Beethoven réconcilie plus facilement nos différences que toute traduction ou langage commun. Elle nous rappelle que les expériences que nous partageons vraiment sont toujours « inhumaines », toujours en deçà du langage et des aspirations sociales. La musique nous rassemble plus que n'importe quel discours parce qu'elle a ceci de commun avec la poésie, l'amour, et même le devoir : « elle n'est pas faite pour qu'on en parle, elle est faite pour qu'on en fasse ; elle n'est pas faite pour être dite, mais pour être jouée[40] ». Il n'y a donc que deux issues :

> Ou bien les êtres humains doivent se lever et tenter de dire ce qu'ils ont vécu […] ou bien je ne change rien à la profondeur de leurs actes et j'y ajoute moi-même ces mots : « Ici est un autel sur lequel brûle une flamme

---

[40] Vladimir Jankélévitch, *La Musique et l'Ineffable*, Paris, Seuil, pp. 101-102.

sacrée. Vous en voyez l'éclat sur le visage de ces deux êtres ».[41]

La poésie ne traduit rien, au contraire, elle ne fait que redoubler l'impossibilité même de toute interprétation. Elle dit les choses mais ne les explique pas. Elle montre et fait entendre sa mélodie, rien d'autre. Ce que nous partageons, c'est justement cela que nous ne pouvons pas traduire, cela que nous sommes amenés de vivre et d'éprouver ensemble, nous, avec les autres, avec le monde, avec cet au-delà du langage qui résonne. Peut-être même que toute communication, tout lien véritable ne repose pas plus que sur le timbre d'une voix, le ton d'une phrase ou l'humeur d'une pensée. On a beau être conciliant envers ce qui nous déplaît, faire tenir le langage dans son expression la plus neutre, quelque chose dans la voix s'entend et fait retentir le sens comme son. Il y a une symphonie des sensibilités qui apparaît dès lors que le monde qui nous entoure délaisse ses prétentions à l'ordre et la raison et retrouve enfin sa musicalité. Là où l'utile et le nécessaire importent plus que la vie aucune poésie ne peut voir le jour tandis qu'ailleurs, devant un paysage par exemple, devant un bord de mer, le monde se rassemble pour écouter le bruit des vagues.

Alors quelque chose vient à nous et résonne.

Alors la poésie vibre dans ce « sentiment du oui[42] ».

Ludovic Iacovo
Écrivain, docteur en esthétique

---

[41] Rainer Maria Rilke, *Notes sur la mélodie des choses*, *op. cit.*
[42] Julien Gracq, *Préférences*, Paris, Corti, 1961.

La poésie comme ruissellement

Non pas par le commencement, mais le recommencement qui envoie sans cause, sans pourquoi, sans nostalgie la force de l'éternel retour du futur.

Le poème est toujours en avance sur lui, il se précède dans son rythme dans sa traversée fluente, il s'emporte et se perd, nous perd.

Le ruissellement fait que le passé s'ouvre en nous dans l'avenir. Paradoxe du poétique mais aussi pratique de cette invention de la langue.

Suivre le texte poétique comme profération nous engage à un dialogue avec les moments de ce ruissellement.
Hölderlin : « est-il sur terre une mesure,
il n'en est aucune
jamais le monde du créateur n'a suspendu le cours du tonnerre ».

Dans le flot discontinu des poèmes le ruissellement commence avec la pluie avec ces gouttes qui ruissellent et qui effacent leurs traces en les faisant.

Image évanescente, imprenable à l'ordre du discours, la pluie rejoint le ravinement et tous deux donnent cette image en mouvement du poème.

Pessoa : « sentir la vie ruisseler en moi
comme un fleuve en son lit ».

Le poète répond à distance à Tadamine (945 ap. J.-C.) : « les herbes flottantes sans racines ne peuvent s'arrêter dans le remous de la cascade,
de même mon cœur dérive sans parvenir à se fixer ».

Suivre la trace du poème, trace qui n'est pas la forme du contour mais au contraire contourne la forme pour la transformer et la déformer, trace, parce qu'effacée. Dès lors l'inscription laisse libre l'espace qu'elle envoie, alors l'espace espace.

Le poème est le baptême de la langue. À la fois conque qui accueille et donne dans l'inversion la voûte étoilée qui devient goutte suspendue en concrète dissémination, attestant que tout passe et que la totalité est une offense à la poésie.

Le ruissellement s'écarte de cette lourdeur des fonds opposée à la surface de la toile, de la pellicule, de la page même. Le ruissellement ni ne garde, ni ne perd ; il ne représente rien. Il ne supporte aucune image et ne se supporte d'aucune figure. Parce que nous sommes dans l'espace du poétique toujours de l'autre côté du monde et de l'immonde. Entre la peinture qui ajoute qui pose et qui dépose, la photographie qui impressionne, le poème comme ruissellement de la langue implique au geste ce mouvement qui coule de source parce que littéralement ou littoralement il y a un mot qui se lit en premier puis qui se perd dans les autres, qui eux-mêmes dérivent, laissant la trace de leur disparition, de l'auteur et de tout. Parce qu'intotalisable, le ruissellement fluence la langue dans son envoi qui n'est jamais sémiotique ou sémantique.

En poème elle n'institue rien sinon la puissance infinie de l'impropre, le poème coule et donne dans l'excès cette rareté en profusion. Par « poème » s'entend aussi la sculpture qui avec la gravine et le burin, ravine jusqu'à la déclosion et nous le livre.

C'est ce qui délivre du bloc : l'œuvre naît d'un reste perdu. Les sculpteurs de pierre le savent, la pierre est vide, elle attend le remplissement en forme enclose et déclose en son sein.

Puis, caresse et fluidité sont au-delà du contact la dérive qui suit l'effleurement qu'elle dessine, adonne et s'adonne au corps de l'amante.

Parfois le poème renoue avec la page, cette rencontre au bout de la plume ou du stylet érotise la virginité que la lecture efface. Au passage, si j'ose, nous questionnons l'histoire de l'art comme une vengeance adressée au ruissellement du poétique.

Sans cesse elle écrit sur l'écrit, elle parle par procuration, au lieu d'alléger elle alourdit. La peinture chinoise métaphorise ce ruissellement comme l'envoi supposé originaire de la naissance de l'art. Peindre à l'époque archaïque c'est donner l'image en réalité de ce que le ravinement a laissé sur la montagne. La trace de sa disparition comme inscription de la trace elle-même. Le trait chinois produit ce geste qui en même temps ferme et ouvre l'espace de l'horizon, lieu impossible à dépasser, l'infini du ruissellement, la puissance du temps laisse à l'espace la forme de sa rencontre avec le peintre. J'aurais pu aujourd'hui cheminer à travers les peintures de Mylène Duc, développer et poursuivre, dans l'effacement qu'elle propose, cette idée que quelque part l'expérience de la présence du poétique nous amène à la limite extrême du détachement et de l'effacement. Si le poétique, le poème érotisent les corps qui ne sont plus dès lors ni support ni surface mais transport, écrire comme peindre ou sculpter c'est s'appuyer sur des inconsistances où le virtuel ce vieux concept, se décline et s'oppose à la puissance porective de l'abolition d'où prend source mais sans appui, le sans fond et l'impropre.

Pour traverser l'histoire comme le ruisseau des poèmes laissons venir vers nous quelques moments de ces ruissellements. Appelle, dans la Grèce antique clame qu'il n'aimait peindre que les orages et la foudre parce qu'ils échappent à la permanence. Ce ruissellement, Bonnard le repère dans la peinture du Titien « Titien avec une seule goutte d'huile, il peint tout le bras d'un bout à l'autre sans s'arrêter ». Ruissellement en acte, comme figure traversée par la rencontre avec Eros. C'est Arnaud Daniel qui écrit « amour pleut dans mon cœur ».

Arrêter le fleuve, nul ne le peut, et pour reprendre l'idée d'Alain Chareyre-Méjan, l'expérience du poétique provient de ce paradoxe qui inconsiste infiniment à suivre, en le faisant, ce ruisseau de la dépossession. Si tu regardes trop où tu marches tu ne marcheras que là où tu regardes et je sais que toi tu marches sur une route qui avance.

Bernard Salignon
Professeur des universités, Montpellier III

Kisses

Marge

Après plusieurs mois hors de la mesure poétique du monde je commencerai par parler de celui qui fut, avant moi, à l'hospice de Saint-Rémy-de-Provence : Vincent van Gogh. La mise hors mesure éprouvée dans cet endroit comme une absence au monde, peut reprendre sa gravité et son poids grâce à l'attention des psychiatres et psychanalystes qui encadrent aujourd'hui les personnes dépressives. Pour ma part j'ai eu la chance d'être entendue par le Docteur Samantha Livolsi-Ganivet, qui a fait le choix de me placer auprès du Docteur Richard Brunner et de son équipe. Je tiens donc à remercier tout particulièrement le Docteur Brunner qui a cru à ma capacité à reprendre le mouvement de la vie, dont il précise sans hésitation qu'elle est grave mais qu'elle ne cesse de s'accompagner de joie. C'est à cette joie retrouvée dans le verbe anglais « to kiss » que j'ai senti la nécessité de vous la transmettre.

Alors qu'à ses débuts, les paysages hollandais de Vincent van Gogh possèdent une palette assourdie et sombre dans la tradition picturale hollandaise, et de ceux, plus symbolistes de Millet, il change radicalement sa manière lorsqu'il s'installe à Paris. C'est là qu'il exerce son regard à l'instar des post-impressionnistes, dont l'atomisme coloré de Seurat et de Signac reflète davantage sa recherche se distanciant ainsi de l'instantanéité aérienne et phénoménologiques des paysages impressionnistes de Claude Monet.

Très vite la ligne des contours éclate, par la juxtaposition et l'isolement de touches. Cependant dans une attitude quasi-opposée, Van Gogh déplace l'exigence de la planification presque conceptuelle des pointillistes, suivant les théories coloristes de Chevreul, en juxtaposant la touche non pas uniquement de points mais de traits emportés par le rythme de ses intensités émotionnelles.

C'est en arrivant à Arles que Van Gogh effectue sa propre synthèse. En effet, sa partition graphique rassemble le sentiment nordique chargé de romantisme avec la force colorée et lumineuse qu'il découvre en extérieur à Arles et à Saint-Rémy-de-Provence. Ses peintures et ses dessins sont donc une transcription de la légèreté des espaces paysages hollandais, à l'infini profondeur emprunts d'une puissance inédite de traits colorés et expressifs : Van Gogh, contrairement aux impressionnistes tente d'unir aussi bien le phénomène perçu que la sensation et les sentiments provoqués par les intensités extérieures traversant l'œil jusqu'au bout des doigts.

Cette synthèse balbutiante à ses débuts s'affirme après deux ans passés à Arles et à Saint-Rémy-de-Provence : l'artiste parvient ainsi à relier cette danse des petits gestes, juxtaposés et isolés, propre à la partition musicale, dans une relation unifiée et transperçante. Le corps de l'artiste retranscrit en un seul mouvement les forces externes traversant son regard qui s'expose dans la toile par un envol corporel de sa main glissant de la racine des pins jusqu'aux tourbillons tant centripètes que centrifuges produits par le Mistral. Dans une lettre à Théo datant de 1888, Van Gogh le décrit ainsi :

> L'idée de s'enraciner convulsivement dans la terre et de se trouver néanmoins arraché en partie par les tempêtes. J'ai voulu exprimer un reflet de la lutte pour la vie ; plus

exactement, j'ai essayé de rester fidèle à la nature qui s'offrait à mon regard, sans philosopher.[43]

Dans le reflet de cette lutte gigantesque, les touches glissent les unes dans les autres, poursuivant le mouvement naturel. L'œil est pris entre les flux et les rythmes internes et externes, le corps est tout entier pénétré, et en lutte :

> Qu'est-ce que le dessin ? Comment y parvient-on ? Il s'agit de franchir un mur de fer invisible qui semble se dresser entre ce qu'on éprouve et ce qu'on peut faire. Comment traverser ce mur ? Puisqu'il ne sert à rien de tambouriner dessus. Selon moi, il faut miner ce mur et le limer lentement et avec patience.[44]

Van Gogh voulait faire des passages dans le mur, des passages à la limite de ce qui est la limite de son corps et de sa vie pour trouver la poésie:

> La poésie nous environne de partout, mais malheureusement, il n'est pas aussi facile de la transcrire sur le papier que de la regarder.

Regarder pour y trouver la poésie, et non pas la philosophie, c'est là tout le problème de van Gogh. Voici notre point de départ. La poésie du monde, comment la voir ?

L'exil en terre étrangère aura été pour Van Gogh le moyen de déconstruire sa formation et de s'approprier une manière singulière de s'exposer dans le monde. Cependant cette décantation par l'exil et cette exposition auront été le voyage sans repos d'une souffrance psychologique impossible à soigner, comme tout le monde sait. Nous connaissons les soins qui lui ont été prescrits à la clinique de Saint-Rémy : avant d'être parole et voix, le soin passait

---

[43] *Vincent Van Gogh, entre terre et ciel, les paysages,* catalogue d'exposition, Basel, Kunstmuseum, du 26 avril au 27 septembre 2009, Éditions Ostfildern : Hatje Cantz, Bâle, 2009.
[44] Lettre n° 274 du 22/10/1882, in *Vincent Van Gogh, Lettres à son frère Théo,* trad. Louis Roëdlant, Paris, Gallimard, 1988.

par la flagellation. Ce qui a manqué à Van Gogh pour trouver du repos dans l'exposition de son mal-être, c'est la parole d'un autre : une parole de passage, de passe et de transfert, pour reprendre des termes freudiens. Et Van Gogh en avait conscience. Il écrit dans une lettre à Émile Bernard, datant du 19 avril 1888 (n°599), c'est-à-dire durant son hospitalisation :

> Il y a tant de gens surtout dans les copains qui s'imaginent que les paroles ne sont rien. Au contraire, n'est-ce pas, c'est aussi intéressant et aussi difficile de bien dire une chose que de peindre une chose. Il y a l'art des lignes et couleur mais l'art des paroles y est et restera pas moins.

Si Van Gogh a eu cette difficulté à gérer la traversée des intensités, c'est que la voix adressée à un autre lui était impossible. Du mouvement qui s'emparait de lui, la voix n'advenait pas vers un autre, elle restait emprisonnée dans son corps. Or, comme le souligne Derrida, ce qui surprend, questionne, et nous traverse, doit pouvoir passer vers un au-delà immanent à son propre corps pour s'adresser à un autre :

> Un jour...telle question me prit ou me surprit, et s'empara de moi, elle me toucha avant de se laisser voir [...] Celle-ci n'a pu m'arriver qu'à être *dite* autant que *touchée* : par l'autre. Appartenant d'abord à l'autre, venue à moi de l'autre, qui déjà l'adressait à l'autre.[45]

Dans les propos de Derrida, ce qui traverse n'est pas le mouvement naturel, mais une voix qui touche le corps. Elle s'éprouve de la même manière que les flux naturels venus de l'extérieur. Une question est une intensité *traversante* qui nous rapproche du monde, et qui laisse la pensée en suspens. Mais il ajoute que ce qui s'adresse, questionne pour être poursuivi vers un autre. Le corps est passage de voix et transfert d'adresse. Nous comprenons aisément que sans pouvoir être dite la question s'éprouve.

---

[45] Jacques Derrida, Anne Dufourmantelle, *De l'hospitalité*, Paris, Calmann-Lévy, 1997.

Nous avons tous un jour entendu une telle adresse. En voici un exemple personnel : **t**raversant la rue, encombrée par le pronom interrogatif « pourquoi », qui m'empêchait d'avancer dans la vie, j'ai été arrêtée frontalement par un jeune guitariste, qui s'exclama à deux reprises :

« I want to kiss you ! »

Une « telle question me prit ou me surprit, et s'empara de moi [...] elle me toucha avant de se laisser voir ». Joyeusement !

Quel pourrait être le ressort de cette question ? De manière évidente elle interrompt le « pourquoi » et permet de rencontrer l'autre. D'aller et venir vers l'autre dans la joie. Le lieu de la voix : hors de moi, lieu de l'étranger, est le lieu d'une traversée que je qualifierai dans ce cas de « poétique », et que je vais tenter maintenant de démontrer. Jean-Luc Nancy, dans *Le poids d'une pensée*, évoque :

> Le désert de la voix au désert, sa clameur, ça part toujours du dehors, sans présence à soi, sans conscience de soi [...] seulement une présentation au dehors.[46]

« Une différence singulière qui vibre [...] », donc, destinée à être entendue. Ça résonne en soi-même, mais ce n'est pas fait pour revenir à soi : ça reste ouvert sans conscience à soi, donc sans contenu. Seule la traversée m'ouvre à ce qui reste toujours questionnant, et sans solution. La question affecte tout en me laissant suspendue à elle : « L'autre vient et me traverse [...] il ne part que pour venir encore ». Et parce que l'étranger ou l'étrange me traverse cela implique que le « rapport à soi en tant qu'à un autre, ou à de l'autre » constitue un entrelacs de soi à l'autre, entre-là, et frayent des passages qui partagent et écartent celui qui entend la voix : la voix passe, et se fait passager dans le corps de celui qui est touché. Aragon le fait

---

[46] Jean-Luc Nancy, *Le poids d'une pensée*, Strasbourg, La Phocide, 2008, p. 88.

remarquer dans son dernier paragraphe du « Passage de l'Opéra » :

> Le monde moderne est celui qui épouse mes manières d'être. Le beau, le bien, le juste, le vrai, le réel... Bien d'autres mots abstraits dans ce même instant font faillite. Leurs contraires une fois préférés se confondent bientôt avec eux-mêmes.[47]

Et l'auteur de poursuivre :

> Je suis une limite, un trait. Que tout se mêle au vent, voici tous les mots dans la bouche. Et ce qui m'entoure est une ride, l'onde apparente d'un frisson.[48]

Si comme le dit Aragon « Je » est une limite, alors « Je » s'écarte à partir de là, étranger à soi-même, en exil de soi, par la touche d'un mouvement extérieur venue de la fréquence d'une voix adressée à l'autre. La question du jeune homme m'a été adressée tel un « éclair ». C'est pourquoi, elle m'a fait sentir le « fugace » à l'état pur, que Jean-Luc Nancy nomme « l'instant », et dont il dit : « l'instant est toujours trop bref pour être saisi [...] La vocation de l'instant, ce pour quoi on l'appelle - « ô temps, suspends ton vol ! » -, c'est le des-saisissement [...] sans présence à soi, sans conscience de soi ».

Ainsi, la rencontre induit un mouvement qui est suspension du pourquoi, et implique un envoi vers le monde ; elle est ce qui me traverse et affecte l'ipséité. Le *moi* écarté de *soi*. Traversée je fuis, ce qui permet l'évasion hors de soi. Je deviens, non pas uniquement un être de passage, mais je suis aussi un passager-transit et traversée par ce que Levinas nomme l' « excendance » dans *De l'évasion*[49], un mouvement fugace et traversant. La voix qui m'atteint est une voix *excendante*, qui m'expose à « l'errance, l'exil, ou

---

[47] Louis Aragon, *Le Paysan de Paris*, Paris Gallimard, 2001, pp. 135-136.
[48] *Idem.*
[49] Emmanuel Levinas, *De l'évasion*, Fata Morgana, 1982, p. 98.

encore l'oscillation de soi à soi⁵⁰ », et ne s'effectue pas sans une résonance frissonnante, comme le déclare Jean-Luc Nancy, à la suite d'Aragon, « le soi tremble d'être touché, éveille suscité [...] il vient à soi, il vient et il s'en va, il vient comme il s'en va : en tremblant⁵¹ ».

Ainsi, frissonner ou même trembler à cause d'une adresse comme « I want to kiss you », ou face à une œuvre de Van Gogh, c'est être touché par un champ intense *excendant* qui ne peut qu'être senti, et à partir duquel la pensée fait l'expérience traversante de « l'inappropriable⁵² », nous écartant d'une possible appropriation de notre conscience. Cette traversée par de l'inappropriable *excendance* est : un « espace nocturne, mais ce n'est plus l'espace vide ; [...] L'obscurité la remplit comme un contenu, il est plein, mais plein de néant du tout⁵³ ». L'espace, venu de l'écart de soi à soi, nous fait toucher à une nuit pleine. Il y a donc un certain quelque chose, et non pas rien dans cet écart. Cette pensée spacieuse et opaque, comme ce qui me dés-saisi, n'est pas, comme le précise Levinas, une venue de l'inconscient dans le conscient : « Dans l'activité même de la pensée, bourdonne l'arrière pensée [...] c'est le clin d'œil fait de regard et de non-regard ». Mais attention l'arrière-pensée est « impersonnalité qui est tout le contraire de l'inconscience⁵⁴ ».

La pensée dés-saisi n'est pas en prise avec un intérieur inconscient : il s'agit d'y percevoir une obscurité de la pensée, son impersonnalité, et son *inappropriabilité*, comme une venue externe. Le mouvement *excendant* est un passage opaque, qui ouvre l'*ipséité* par l'extérieur. Au lieu d'être forclose sur elle-même, elle est ce que Freud nomma, à la fin de sa vie dans une note laissée en suspens, une « psyché étendue⁵⁵ ». La pensée étendue touche non pas à un espace

---

⁵⁰ *Idem.*
⁵¹ Jean-Luc Nancy, *Hegel, l'inquiétude du négatif,* Paris, Hachette, 1996, p. 65.
⁵² Jean-Luc Nancy, *Le poids d'une pensée, op. cit.,* p. 18.
⁵³ Emmanuel Levinas, *De l'existence à l'existant,* Paris, Vrin, 2004, p. 95.
⁵⁴ *Ibid.*, p. 116.
⁵⁵ Propos de Sigmund Freud cité par Jean-Luc Nancy, in *Corpus,* Paris,

de la nuit tourné vers l'inconscient mais « toujours tissées dans son opacité, dans sa consistance et dans sa résistance aux percées de l'esprit [...] L'obscurité, - en tant que présence de l'absence [...] est l'événement impersonnel, a-substantif de la nuit et de l'il y a. Il n'y a rien, mais il y a de l'être, comme un champ de forces[56] ». À l'opposé d'une lumière universelle, voici l'obscurité qui fait éclater le sens. Baigné dans la vie sensible de la nuit, là où le discours éclairant s'absente, du sens émerge. Aussi cette psyché étendue ne se résorbe pas en savoir mais touche à une épaisseur matérielle. C'est pourquoi, une pensée qui se répand dans le monde est une pensée localisante dans un champ libre.

Le mouvement *excendant* a été incarné, notamment, par le corps du danseur Sidi Larbi Cherkaoui[57] dans une de ses chorégraphies nommée *Ondos do mar* : du corps se dessine dans un champ libre, une onde tourbillonnante partant de l'enracinant sur le sol, comme point de départ poursuivi par un ensemble de gestes glissant les uns dans les autres : chorégraphie d'un mouvement en spirale cette traversée d'une traversée obscure apparaît à la limite du corps dans une temporalité spatialisée. Le corps-psyché est étendu, ici, dans le désert de la mer, et donne opacité et épaisseur aux sens, telle la main ondoyante de Van Gogh.

La venue de « l'il y a », arrive chaque fois que la pensée se fait localisante, mais selon le lieu paradoxal de l'exil et de l'errance : un lieu qui n'est donc pas utopie ou dis-topie[58], mais un « ici » oscillant et fuyant, un lieu comme passage, qui permet d'échanger du sens. C'est dans l'obscurité de la nuit que l'expérience a lieu. Que l'être

---

Métailié, 2006, p. 22 ; « *Res cogitans est res extensa* . *Cogito, ergo extendor. Res* étendue, écartée de soi, *partes extra partes*, mais pas d'extase ici : libre disposition des lieux, ouvertures, circulations des perceptions, conceptions, affectations, volitions, imaginations. Rien de cela ne prend du temps. Toute pensée est extemporanée » p. 84.

[56] Jean-Luc Nancy, *Le poids d'une pensée, op. cit.,* pp. 15 et 104.
[57] Chorégraphie, James O'Hara et Sidi Larbi Cherkaoui, musique par Micrologus, *Ondos do mar*, Cross Connections Gala, Copenhagen 2010.
[58] À l'inverse des recherches utopiques d'Ilya et d'Emilia Kabakov.

touche au poids du monde et à sa gravité. Levinas dirait « La nuit est l'expérience même de l'il y a[59] », et Nancy en réponse : « Il y a le à chaque fois anarchique [...] d'une survenue existante singulière. Il n'y a pas d'exister sans existant, et il n'y a pas d'exister tout court [...] L'obscurité est le jeu même de l'existence qui se jouerait même s'il n'y avait rien[60] ».

Exister serait éprouver l'errance de la nuit. Levinas décèle chez Rimbaud un plongeur de la nuit : il plonge dans la chose, et donc il plonge dans l'existence. Traversant la chose, il oscille de soi à l'extérieur dans un mouvement d'évasion, donc d'excendance, parce qu'il touche l'opacité, et le chaos de la chose. Dans cette « proximité avec l'indétermination inquiétante », il répond à la réalité hallucinante des choses les plus singulières, il plonge dans le *res*, la chose, c'est-à-dire, dans le *rien* du monde.

Insistons cependant sur un point, Rimbaud ne supporte pas de se fixer, de fixer son corps ; il traverse et erre, voyage à l'étranger, et c'est comme cela que le silence du monde le porte. C'est donc par des traversées, et des passages de la nuit que se situe le corps du poète et celui d'Aragon : passage du « je » qui erre dans l'obscurité du monde.

Ce que Nancy, Levinas, et Derrida décrivent, et qu'Aragon, Van Gogh, Rimbaud, et Sidi Larbi Cherkaoui éprouvent, se résume dans la chanson d'Iggy Pop « I *am the passenger*[61] ». Un passager dont la pensée est espacée et passagère. Des passages de l'opéra nous en traversons tous les jours si nous nous laissons prendre au jeu d'un « agir passif » : « Un agir passif, comme dit Nancy[62], qui fait seulement vibrer les corps, qui inquiète la substance ». Je dirais même qu'en tant que précipitée dans une vigilance impersonnelle, en tant qu'origine et fin, qui n'a ni de cause ni d'effet, cette rencontre survenue de rien, arrive comme

---

[59] Emmanuel Levinas, *De l'existence à l'existant, op. cit.* p. 91.
[60] Jean-Luc Nancy, *Une pensée finie*, Paris, Galilée, 1990, p. 261.
[61] Iggy Pop, « The Passenger » sur l'album *Lust for Life*, 1977.
[62] Jean-Luc Nancy, *Hegel, l'inquiétude du négatif, op. cit.*

évènement de rien de moins et de plus que ce qu'elle imprime. Elle marque celui qui envoie et celui qui reçoit de rien d'autre que cet appel à l'absence de contenu. Et ce champ de force est précisément ce que Giorgio Agamben appelle « l'image immémoriale », effrayante et inquiétante, dont la voix résonne comme parole spectrale, prenant les traits de l'« éternel retour du même » nietzschéen[63]. Le passage excendant ouvert par la voix spectrale ne peut qu'inquiéter. Le corps d'Aragon, se mesure au champ traversant des passages parisiens, et c'est dans cette errance, qu'il perçoit et touche « l'image immémoriale », fantastiquement étrangère et hallucinante et pourtant au plus proche de la réalité, que communément nous nommons sur-réalisme, mais que nous pourrions aussi bien nommer, par jeu de mot : passe-réel.

La difficulté pour Van Gogh à se saisir de la poésie, tient au fait que la poésie est une échappée dans le monde, elle se dérobe, et Van Gogh voulait montrer ce toucher qui le faisait frissonner et l'inquiétait. Une inquiétude non pas issue de l'inconscient, mais venue de l'opacité du monde, et qui le saisissait hors de lui. Il s'est fabriqué en se détruisant, par un excès existentiel où s'était nichée une forme de folie qui servait la force de ses paysages. Perte de réalité ou gain de réalité ? La question restera ici en suspens. Mais la dimension surréelle de la poésie du monde l'a conduit à peindre son embrassé avec le réel : Van Gogh s'est servi de la toile non comme d'une fenêtre ouverte, fixée et fixante, mais comme un champ accueillant la mesure de l'opacité spectrale de l'image immémoriale par les va-et-vient entre soi et le monde. À la bordure du « je » qui fuit de toute part, les bords de la toile mesurent la pensée étendue de l'artiste tout en déposant un « corps jouissance parce que retiré, étendu à l'écart et ainsi offert au toucher[64] ».

Revenons sur ma rencontre, il ne s'agissait pas d'une chose, ni d'un passage parisien architecturé, mais d'une

---

[63] Giorgio Agamben, *La puissance de la pensée : essais et conférences*, Paris, Payot & Rivages, 2011, p. 292.
[64] Jean-Luc Nancy, *Corpus, op. cit.*, p. 102.

adresse. La voix imprime un champ de force qui met en présence une absence à la fois repoussante, et attirante. Elle est traversante. Quelque chose s'échange, et lie l'entre-nous, porte l'un vers l'autre, et fait entrer dans la danse de l'*excendance*. Nous sommes des « êtres de passage qui allons de l'un à l'autre » - des êtres avec et en partage - qui tremblons de perdre le sens, mais sentons ensemble que du sens passe. Dans mon cas, cette voix a été reçue comme un « Welcome ! », un bien-venue, ce qui signifie selon Derrida que cet « acte d'hospitalité ne peut être que poétique[65] ».

Reprenons, alors, la question suivante : qu'est-ce qui fait poème dans l'adresse « I want to kiss you » ?

Pour Levinas, la voix de l'étranger est celle qui permet, comme il est précisé dans *Totalité et infini*[66], d' « offrir le monde à autrui par la parole ». L'adresse « I want to kiss you » surprend par son caractère impersonnel, et par son agir dérobant, qui tient à l'absence de maitre, donc à de l'être qui n'est l'être de personne, mais à un être sentant et inquiété parce que le monde lui est offert, et qu'en un éclair il se mesure à l'il y a. L'expérience des passages est cette expérience de la nuit du monde qui est comme une affection sans forme, ni signification. Levinas précise : « L'obscurité ne modifie pas seulement les contours pour la perception, mais les ramène à l'être indéterminé, anonyme qu'elles suintent ». Ainsi la nuit de la voix touche non depuis l'inconscient, mais depuis un passager extérieur : l'étranger de l'*Un-heimlichkeit*, serait plutôt « indétermination inquiétante », et le familier à proximité. En disant « I want to kiss you » une parole m'a été adressée depuis l'*Un-heimlichkeit*. Arrivant en même temps qu'elle repart, la fugacité de cette voix est si banale, et futile qu'elle s'adresse fantastiquement du fait de sa totale insignifiance : n'ayant aucun contenu elle « agit passivement », et c'est en cela

---

[65] Jacques Derrida, Anne Dufourmantelle, *De l'hospitalité, op. cit.*
[66] Emmanuel Levinas, *Totalité et infini : essai sur l'extériorité*, Paris, Librairie générale française, 2012.

qu'effectivement, elle inquiète. Passage de sensation poétique, elle nous fait toucher à l'épaisseur du monde, par laquelle ma *psyché étendue* « jouit d'être pressé, pesé, pensé des autres corps [...] dans l'allée-venue au monde[67] ». La poésie est une mesure de l'obscurité du monde en tant qu'elle est une voix traversée de l'image immémoriale que nous éprouvons comme surgissement d'une pesée étendant la psyché. À chaque instant nous pouvons *jouir* de cette voix poétique en prenant les traits du personnage chanté par David Bowie dans « Space Oddity », et qui se caractérise par sa pensée de l'ici, comme champ ouvert : « Can You hear … here[68] ». Voici un dialogue situé dans *Le poids d'une pensée* et qui résume ce que nous avons dit du poème, et qui n'était qu'une allée-venue à la présence de la voix de Jean-Luc Nancy, partant de lui et revenant à lui :

> Une étendue ouverte, ça ne parle pas mais ça appelle l'autre à parler » : ça ébranle : « la voix définit la poésie pure ; - la poésie ne parlerait donc pas ? ; - si elle parle, mais elle parle de cette parole qui n'exécute pas une langue.[69]

Et l'auteur de poursuivre :

> La voix est la précession du langage, elle est l'imminence du langage dans le désert où l'âme est encore seule : non pas solitaire, mais avec l'autre, dans l'appel de l'autre [...] C'est l'âme qui émeut l'autre dans l'âme. C'est cela une voix.[70]

Pour conclure : ex-scendance et amour.

Dans la nuit Cupidon s'adressait à Psyché : à partir d'elle les passagers n'échangent rien, ou sinon amour, comme le dit Hélène Cixous « l'amour c'est ce rien qui fait tout ». Nous touchons ainsi l'intime de la psyché par le

---

[67] Jean-Luc Nancy, *Corpus, op. cit.*, pp. 102-103.
[68] David Bowie, *Space Oddity*, 1969.
[69] Jean-Luc Nancy, *Le poids d'une pensée, op. cit.,* p. 36.
[70] *Idem.*

transfert d'un toucher à distance, c'est-à-dire un baiser à distance. Et en effet, le poème reste silencieux, car un baiser ça ne communique pas, ça touche. C'est à cette touche de la flèche que nous nous mesurons et que nous sommes mesurés. Une voix qui appelle l'autre : qui met en branle sans discours... pèse de toute son âme étrangère sur un autre « corps qui s'ouvre et qui s'exhale, une âme s'étend[71] ». Si nous plongeons dans le quotidien des mots et des corps, nous embrassons la nuit poétique par des « kisses » à distance.

Juanita Kirch
Agrégée d'arts plastiques, doctorante en esthétique,
Aix-Marseille

---

[71] « À propos de Marguerite Duras », entretien entre Hélène Cixous et Michel Foucault, in *Cahiers Renaud-Barrault*, octobre 1975, repris dans *Dits et écrits*, Paris, Gallimard, vol. 1, p. 1630 et p. 35.

Dimension poétique en trois actes
Dépossession, provocation & gestes troubadours

Cet article est la restitution sous forme écrite de mon intervention lors des journées d'étude. Je n'ai pas tenté d'argumenter une thèse sur le sujet ni cherché à établir une définition de ce que serait la dimension poétique ou de ce que pourraient être les caractères et états poétiques de l'expérience. J'ai tenté de faire *quelque chose, non pas de faire arriver quelque chose mais peut-être de faire en sorte que ce qu'il se passe ne se passe pas. J'ai travaillé avec l'espace du* où cela ne se passe-t-il pas ? *de nos expériences. Si j'en arrive ensuite à une thèse, cette dernière ne concerne pas la dimension poétique mais cherche à « être » avec elle.*

Je vous annonce que mon intervention consistera en une succession d'actes sans ordre de passage. Et même je n'en ferai qu'un aujourd'hui. Je n'ai pas choisi l'acte Dépossession, il est mieux à lire tranquillement chez soi. Ça parle de la dimension poétique comme résistance au pouvoir, ça parle de *l'autre du faire*, ça parle d'un *faire pour de faux*. Alors après, l'acte gestes troubadours, il est clair, il dit directement ce que j'ai très envie de vous dire mais je n'ai pas choisi celui-là. Pourtant, il est aussi le plus confortable pour moi car en choisissant l'acte provocation je ne vais pas parler de gestes troubadours, je vais devoir faire en même temps ce que je dis.

En ce qui concerne l'acte Dépossession et l'acte Gestes Troubadours, une feuille va circuler pour que vous puissiez inscrire votre adresse mail si vous souhaitez que je vous les envoie pour que vous puissiez les lire.

Alain Chareyre-Méjan : « On saura ce qu'est un geste dépossédant et un geste troubadour comme ça ».

– Oui, chez vous.

Je vais vous lire les dernières lignes de l'acte Gestes Troubadours avant de continuer l'acte Provocation : La dimension poétique change le désir de savoir en une pratique du hors de soi. Cette pratique du hors de soi n'est pas un aller en dehors de soi mais une pratique de notre part de hors de nous. Quelle est donc cette pratique ?

Acte provocation

Je ne vais pas parler. J'ai écrit ce que je vais vous dire. Je vais lire mais il ne faut pas écouter. On ne peut pas le dire comme ça ce que je vais vous dire. Ce ne sont en rien des affirmations de quelque chose à penser comme ceci ou cela. Peut-être que ça invente des pistes, des interrogations ?

D'abord deux mots sur le sens que je donne à la provocation : elle est provocation en tant que geste (qui peut prendre toutes formes : une parole, une photographie, une peinture, un film, un texte, une chanson, une performance, une danse et bien d'autres choses encore). Ce geste dénonce un jugement et des idées que l'on a à priori, en morale au lieu de les avoir en pensée. Le but du provocateur, pour que cela reste de la provocation et non pas de la dictature, est de donner à penser et non pas de donner une autre morale faite avec de l'immoralité. La provocation invente une dimension au lieu de dicter une pensée.

La provocation est un geste qui donne à penser à côté de ce geste.

Je vais partir sur un article qui m'a incité à la provocation. Il s'appelle : « Splendeurs et misères de la provocation : une esthétique de la limite respectée ? ». Cet article a été publié suite à un colloque organisé par l'université (et je remercie beaucoup l'université pour cette belle salle où nous sommes aujourd'hui). L'article s'appuie sur le travail de deux artistes, Cindy Sherman et Wangechi Mutu. Je vous laisserai aller voir les images et je vous laisse imaginer ce que vous vous souvenez de ce que vous pouvez avoir vu de ces artistes ou de ce que vous pouvez en inventer là avec ce que je vais vous dire. Alors pour ceux qui connaissent mon travail, vous imaginez bien que l'idée de limite respectée et aussi celle de splendeurs et misères que propose l'article ça n'est pas du tout ce que je propose avec l'Acte Dépossession et l'Acte Gestes Troubadour que j'espère vous lirez peut-être bientôt. Je vais vous dire des choses non pas pour aller contre cet article ni dire que ce qui y est dit est faux. Je vais vous lire des passages de l'article et après chacun d'eux je vais vous dire quelque chose, un peu comme cet instituteur du livre *Palomar* d'Italo Calvino (cet instituteur se ballade avec ses élèves dans les ruines de Tula au Mexique et puis il y a un grand connaisseur qui parle à Palomar puis aux élèves de toute la symbolique et toute la connaissance qu'il a de ces ruines et l'instituteur dit à ses élèves : « no es verdad : ce n'est pas vrai ce que vous dit le señor. On ne sait rien de ce que cela signifie[72] »).

Là je vais faire un acte et si vous me posez la question je vous dirais d'où l'écho de cet acte, c'est une référence à une personnalité du siècle dernier. Mettre du rouge à lèvre en tremblant c'est encore plus dur que sans trembler. Ça va ? (rires des auditeurs).

Je vous propose une sorte de scène. La première voix je l'appellerais e-lla (le nom d'une universitaire qui avait publié cet article) et puis la seconde, moi, dans mon propre rôle, qui convoque d'autres voix.

e-lla : *La provocation dans le travail de Cindy Sherman est une stratégie marketing, un choc visuel qui s'évanouit rapidement. La*

---

[72] Italo Clavino, *Palomar*, Paris, Point, 2000, p. 99.

provocation se renverse en une nouvelle norme : la provocation. Les corps sont dénués de tout érotisme dans une logique pornographique qui montre un sujet dans sa réalité la plus crue devenant alors objet. Il y a une beauté du laid.

moi : Le travail de Cindy Sherman pose la question de l'objet poétique. Non pas parce qu'il y aurait une beauté du laid mais parce que ces photographies coupent le langage du corps pour renvoyer à un *corps-geste*, un geste qui ne fait rien, peut-être un geste fétiche. Peut-être une statue de déesse grecque telle qu'en parle Camille Paglia dans *Vamps et Tramps, pour une théorie païenne de la sexualité* ? Camille Paglia est professeur américaine et figure provocatrice. Dans ce livre elle développe, entre autre, une pensée avec laquelle certaines prostituées incarneraient la figure de la déesse grecque. Elle dit que « Nous devons repenser et nous réapproprier les anciens modèles de la grande dame et de la femme fatale pour les faire revivre aujourd'hui[73] ». Aujourd'hui « la prostituée demeure notre point de contact avec la nature païenne désormais refoulée[74] ».

e-lla : *Les photographies de Cindy Sherman posent une dialectique entre exhibitionnisme et voyeurisme, dirigeant le regard du spectateur.*

moi : Dans une vidéo Arte[75], Cindy Sherman nous dit d'une de ses expositions de sa série *Contes et désastre* : « Regarder ces photos ça me fait penser à un tour de manège dans une fête foraine. C'est comme les montagnes russes, vous avez peur tout en sachant que vous êtes en sécurité. Vous savez que c'est truqué. Ces photos ont un côté amusant, divertissant ». Je pense aussi ici aux photographies de l'artiste avec ces corps et prothèses : c'est du faux, c'est truqué, c'est un tour érotique comme un tour

---

[73] Camille Paglia, *Vamps et Tramps, pour une théorie païenne de la sexualité*, Paris, Édition Denoël, 2009, p. 101.
[74] *Ibid.*, p. 103.
[75] http://www.dailymotion.com/video/x4twy4_arte-cindy-sherman_creation

de manège qui ne dirige pas le spectateur mais l'implique. C'est un tour érotique car il fait appel au spectateur et son corps, spectateur qui fait ses propres liens fantasmatiques.

e-lla : *Sherman rejoint le territoire de l'obscène en dévoilant ce qu'on ne veut pas voir. La laideur est mise en vitrine et supplante l'idée classique de la beauté. En renversant les codes elle reconstruit de nouvelles valeurs et lois.*

moi : Pensons à la montagne russe dont parle l'artiste. Il n'est pas question de renverser les lois mais de leur faire faire un tour de manège. Et choquer, non. Je dirais provoquer le visible oui, voir le visible et pas l'invisible, un tour de magie. Ces photographies proposent la pensée esthétique suivante : L'érotisme tient dans ce tour de magie, dans ce *voir le visible*. Et c'est ça qui est dit obscène, de voir le visible au lieu de l'invisible.

e-lla : *Les artistes réalisent des productions toujours plus provocantes qui sont à leur tour acceptées par l'institution ce qui annule toute leur portée transgressive.*

moi : Cette annulation montre bien que ce n'est pas ça que cherche l'artiste. Et là j'ai envie de vous parler du « et » (e.t.) du poète. Le « et » du poète n'est pas un « plus » ou un « toujours plus » mais un « et ». Il n'y a pas une recherche de pouvoir mais une sorte de puissance, pour choisir un autre mot qui aurait rien à voir. Et là je pense à Agamben dans *Puissance de la pensée*. Le *et* du poète est « à la fois destructif (*et* remplace *est* et désarticule l'ontologie) et créatif (le *et* fait « filer la langue », il introduit un agencement et un bégaiement[76] ». Agamben continue ainsi : Le poète « confie ici à la vie une puissance que l'on exerçait d'habitude dans les sphères sacrées ». Il « naît quelque chose de nouveau, un mystère du quotidien et du mondain qui appartient en propre au poète ». Les « hommes [...] se confient

---

[76] Giorgio Agamben, *Puissance de la pensée, essais et conférences*, Paris, Bibliothèque Rivages, 2006, p. 324.

mutuellement l'absence de secret comme leur geste le plus propre[77] ». Agamben parle de puissance poétique qui est tout autre chose qu'un pouvoir. Et c'est bien sûr qu'avec le mystère profane, on n'est plus dans l'au-delà, on n'est plus dans le progrès, le progrès vers le salut.

Pour simplifier ce que j'essaye de vous dire je dirais que : d'un côté il y aurait le Pouvoir, c'est-à-dire le « toujours plus ». Et la domination par le pouvoir rabaisse l'autre, le moins. On est là dans le rapport, une sorte de commerce des choses. D'un autre côté il y aurait la Puissance (ce n'est pas la même chose). Exemple, si je dis (et là je vais entrer dans un paysage) : « la montagne domine la rivière », il n'y a pas de rabaissement de la rivière mais une élévation de la puissance de la rivière jusqu'à la montagne.

Et si je reviens à l'érotisme des photographies de Cindy Sherman, je dirais qu'elles posent cette question : L'érotisme ne serait-il pas la puissance du pornographique ?

Vous allez peut-être me dire : « Et que vient faire cette question dans la problématique de la dimension poétique ? ». Le poétique est sens et sensation et émotion et image aussi, fantasme. En posant la question de l'érotisme du poétique (de l'artistique) on pose la question de l'érotisme de la dimension poétique et (attention c'est là que c'est important) on pose la question de l'érotisme de la dimension poétique et non pas la question de savoir quelles dimensions le poétique possède ou crée.

Et alors, là où je veux en venir c'est ça : il n'est pas question d'un changement de dimension. La dimension poétique est dans l'acte de provoquer le visible au lieu de l'invisible, elle est érotique. Et si Cindy Sherman expose des images avec un caractère pornographique ce n'est pas pour chercher à faire plus provoquant qu'une autre image mais pour provoquer le visible et pour faire de l'érotisme un tour pornographique. La dimension est dans le tour, ce tour qui n'est pas un commerce.

---

[77] *Ibid.*, p. 212.

Et si l'on revient là à Camille Paglia et sa question de la prostituée, on peut se poser cette question : La prostitution fait-elle un commerce du sexe comme dans cette idée du commerce des choses dont je parlais tout à l'heure ? C'est plus compliqué que ça : oui, le pouvoir s'en empare pour en faire un commerce. Et là, en prenant la parole de révoltés comme on peut en lire, on peut dire « oui ça, ça s'appelle l'esclavage ». Si on laisse les choses en marge, ça résiste. Donc bien sûr, le pouvoir peut se mettre là-dedans et d'un coup on est dans l'esclavage comme au début je vous disais « on est dans la dictature, on n'est plus dans la provocation ». Si je reprends la montagne et la rivière de tout à l'heure : la montagne apporte des pierres au lit de la rivière (le lit de la rivière, ce qui l'entoure et en fait partie en même temps si non ce ne serait pas une rivière) et puis la rivière caresse les pieds de la montagne.

Et vous pouvez aussi me dire « et l'argent alors ? C'est du côté du pouvoir ». Je peux déjà répondre ça : « y a pas besoin d'argent pour que ça soit pas poétique ».

Là, je sors de la scène une seconde. Vous voyez bien que ce que je vous donne ici n'est pas un élément logique en tant que tel de la réponse à la question que je vous ai posée « et l'argent alors ? ». Ce n'est pas un élément logique qui parle là, ni ce qu'il pourrait y avoir de caché dedans, et il n'est pas question d'interprétation. L'*à-côté* dont je vous parle ce n'est pas ça. Qu'est-ce que c'est ? Je ne vais pas vous le dire tout de suite, il y a e-lla qui parle d'abord.

e-lla : *Dans ces photographies il y a un côté esthétisant, un maniérisme : le spectateur consomme l'image qui perd sa charge critique.*

moi : Je pourrais dénoncer comment le capitalisme peut faire voir l'art à son image. Je pourrais dire d'une manière très provocante : cet article en est le témoignage. Mais je ne vais pas le faire. Je pense profondément que le travail que propose Cindy Sherman n'a rien à voir avec de la consommation. Il n'y a qu'à voir ses portraits photographiques pour les cosmétiques Mac (c'est un contrat publicitaire). La question qui se posait avec la prostitution est la même ici, et la compréhension de la démarche de l'artiste est déterminée par la pensée même de la dimension poétique.

Revenons à cette idée du tour érotique. Je dois préciser que l'érotisme n'est pas une consommation passive dans le sens où celui qui regarde s'implique. Sur Radio France Culture, un jour, Ovidie parle d'un film qu'elle a réalisé, et ce qui revient tout le long de l'interview, est qu'elle dit bien que son film est pour un spectateur et pas un consommateur. C'est qu'il n'y a pas d'exclusion entre les deux termes même s'ils peuvent être aussi séparés.

Alain Chareyre-Méjan : Je t'interromps une petite seconde, Ovidie est une grande star du porno contemporain, peut-être tout le monde ne le sait pas. *(rires)*

moi : Je vous disais, c'est qu'il n'y a pas d'exclusion entre les deux termes même s'ils peuvent être aussi séparés. Et on peut même aller jusqu'à faire un lien ici avec l'intérêt qu'a l'art contemporain ces dernières années pour la cuisine par exemple. Si on tape cuisine sur le site de *La Friche* à Marseille on a des pages pleines. Et le Pop Art aussi, dans l'imaginaire que je m'en fais, posait déjà cette question.

Bref revenons aux photographies de Cindy Sherman. Elles nous amènent à réfléchir sur l'érotisme du pornographique. Et la question est celle-ci : « Reste-t-il un espace pour penser un érotisme du pornographique lorsqu'il n'est pas censuré par l'idée du pornographique de consommation ? » Le pornographique n'exclut pas nécessairement l'érotisme. Et Cindy Sherman ne cherche pas à érotiser l'horreur mais bien plutôt à aller chercher l'érotisme là où le visible est le plus visible. Il ne s'agit pas d'érotiser le pornographique mais d'aller le chercher dans la pornographie même.

Il n'est pas question de limite entre l'érotique et le pornographique. Quoi alors ?
Le problème de la dimension poétique déjoue cette censure qu'opère le rapport ou commerce des choses. La censure

tient dans le fait que s'impose d'emblée l'espace des limites à la place de celui de la dimension.

e-lla : *s'attarde ensuite sur le travail de l'artiste Wangechi Mutu en tant que provocation subversive.* Pour vous décrire rapidement son travail : elle fait un mélange de dessins (principalement des corps féminins) et de collages avec des images qu'elle découpe dans les magazines et précisément pour certaines œuvres dans des magazines pornographiques, automobiles ou motos. Ces images sont fondues aux figures si bien qu'il faut s'approcher pour les voir. *e-lla parle de stratégies de création : Le message de l'œuvre doit être caché pour déjouer toutes formes de censure et d'attaque possible.*

moi : Je dis : *Wangechi Mutu* joue sur la proximité et pas sur le caché et engage ainsi notre corps comme si nous devions nous coller le nez dessus. On est obligé de s'approcher pour voir ce tour qui s'opère entre le collage et le dessin. Rien n'est caché, tout est exhibé au contraire !! Et même, cela nous engage à venir plus près. Ce n'est pas déjouer la censure mais simplement créer un espace privé au sein de l'espace public, non pas pour l'y mélanger mais pour trouver son espace privé au sein même de l'espace public.

Je pense que la prostituée de Camille Paglia nous fait poser aussi cette question : Comment l'espace public et privé peuvent-ils cohabiter ? Et je pense que le poétique, l'art, jouent beaucoup avec ça. La question de la dimension avec le poétique se pose parce que cette question de la cohabitation interroge parce qu'elle ne peut pas se penser en termes de limite et d'échange et de pouvoir. Je dis que la dimension poétique donne à penser une imagination sans pouvoir. Le pouvoir c'est le rapport de pouvoir dans les échanges. Le poétique : c'est une puissance et non pas un pouvoir *sur* ou *par* les choses.

e-lla : *Wangechi Mutu joue avec le spectateur, le trompe et en même temps l'émancipe, le libère de ses préjugés.*
moi : Ce n'est pas pour nous tromper et nous dire que les apparences sont trompeuses que l'artiste travaille ainsi

l'image et la composition, jouant avec notre perception, mais c'est juste pour proposer l'expérience de la complexité du visible où tout est imbriqué : il n'y a pas un tout et des parties mais plutôt un champ. Ce qu'il y a c'est que la question de la limite ne se pose pas.

Je vais faire un petit point sur ce que je vous ai dit avant de continuer. Le travail de Cindy Sherman n'est pas de rendre beau l'horreur. Et là je pense à ce film de Roberto Benigni, *La vie est belle*. Le réalisateur ne rend pas beaux les camps de la mort. C'est : il y a les camps et il y a la vie, il ne faut pas mélanger. C'est la vie qui est belle et pas les camps.

C'est ce *il ne faut pas mélanger* que nous donne la provocation (que ce soit celle de Cindy Sherman ou celle de Wangechi Mutu). C'est ce *il ne faut pas mélanger* que la dimension poétique rend possible.

Lorsque nous ne sommes plus acteur dans ce qu'il se passe c'est là qu'il y a consommation. Le poétique est justement ce qui résiste au consommable. Bon c'est très simple de dire ça. Il y a spectacle, mais spectacle ob-scène, qui ne nous prend pas à témoin mais nous prend le *corps dehors*, cela ne se passe ni en nous ni devant nous. Le poétique nous prend dans *notre part de hors de nous*. Il n'y a pas de propriété, même abstraitement. Il y a un nomadisme du poétique. Le poétique est dimension poétique.

Voir *où ?*, avec son point d'interrogation, ça serait peut-être ça la dimension poétique.

Maintenant j'ai envie de vous parler de ce *voir où ?*. Ce *voir où ?* serait un *faire l'impossible* et il serait par conséquent *l'autre de l'espoir*.

Je vais d'abord ici en venir à ce que j'ai appelé, avec l'Acte geste troubadour, le sens de la proximité.

Alain Chareyre-Méjan : Il te reste cinq minutes Marilène.

Moi : peut-être je sélectionne...

Alain Chareyre-Méjan : Je ne le fais pas du tout pour que tu ailles plus vite, comme ça tu...

Moi : Est-ce qu'on peut acheter cinq minutes ? *(rires)*

Alain Chareyre-Méjan : C'est de la provocation ? *(rires)*

Moi : C'est pour ça que je n'attendais pas d'autre réponse que celle-là.

Alain Chareyre-Méjan : Le colloque est terminé. *(rires)*

Moi : Bon ce que j'ai le plus envie de vous dire alors, oui, après j'en arrive à : l'artiste est celui qui met à nu.

Une petite histoire de sauvetage et de trahison avant le déshabillage : avec la dimension poétique on n'est plus, pour reprendre une métaphore de Nietzsche, dans le « désert du chameau et dans ses lointains[78] ». On est avec le vide comme proximité, avec une volonté déshabillée de son vouloir, de son grand manteau qu'est l'espoir.

Je m'explique : dans l'espoir, la volonté certes conserve le vide et n'en a pas horreur mais elle se l'accapare comme volonté : le vide n'est plus vide, il est volonté. Alors il ne s'arrête jamais comme vide, il est parce qu'il devient. Il ne devient pas vide mais devient toujours quelque chose, et devient toujours un là. Ce vide est un devenir, quelque chose toujours à venir. Il est un flux intemporel. Il est espoir. Et cet espoir sauve l'homme du vide tragique, dirait Nietzsche, et je dirais moi, sauve l'homme du *voir où ?*. La dimension poétique, elle, l'y fait tomber. Et si l'on reste avec Nietzsche on peut aller jusqu'à dire que la dimension poétique sauve l'homme de lui-même parce qu'elle le sauve d'une volonté humaine. Cette volonté humaine est celle, écrit Maurice Blanchot :

---

[78] Nietzsche a « rompu avec la loi qui est le code de l'Autre. Mais il maintient cet Autre qui est le fondement du sens, et ce fondement il l'installe en son propre lieu : "Ce qui fait le grand style : devenir maître de son bonheur comme de son malheur." Dès lors il a l'Autre en lui-même. Cet Autre est le chameau qui, "sitôt chargé, se hâte vers le désert, ainsi se hâte-t-il vers son désert" ». Pierre Kaufmann, *L'expérience émotionnelle de l'espace*, Vrin, 1967, pp. 62-63 (les citations de Nietzsche sont extraites d'*Ainsi parlait Zarathoustra* signalée ici entre ces guillemets : "").

[d'] organiser [...] cette terre en demeure [...] le regard fixé sur l'impérissable [...]. Cependant, dans cette victoire, il y a une défaite, dans cette vérité [...] il y a un mensonge et, dans cet espoir, celui qui confie à un au-delà d'illusion ou a un avenir sans mort ou à une logique sans hasard, il y a peut-être la trahison d'un plus profond espoir que la poésie (l'écriture) doit nous apprendre à réaffirmer.[79]

Donc : L'espoir trahit l'espoir.

Je vais reprendre les mots de Blanchot et poser la promesse de l'espoir : l'espoir promet un « au-delà d'illusion », un « avenir sans mort » et une « logique sans hasard ». Maintenant cette question : pour nous sauver de ça devons-nous vouloir des illusions sans au-delà, vouloir un avenir avec la mort et vouloir une logique avec le hasard ? Que serait ce « plus profond espoir » de la poésie ?

Et plutôt que de se sauver ne pourrait-t-on pas aussi être juste à côté et dire : s'il n'y a pas d'au-delà il n'y a pas d'illusions, s'il y a mort il n'y a pas d'avenir *devant* nous, si tout n'est que hasard il n'y a plus de logique ? C'est, qu'en même temps que l'au-delà disparaît, disparaît l'illusion. C'est, qu'avec la mort, l'avenir se situe toujours déjà avant la mort, dans un retour de ce qui n'arrive jamais encore. C'est que la logique ne respecte plus les règles du temps et de l'espace sans pourtant être hors du temps et de l'espace. Alors le hasard ne signifie plus le hasard, il ne vient plus de nulle part sans pour autant venir de quelque part (avoir une logique), il ne vient plus, il fait l'impossible. Ce « plus profond espoir » de la poésie ne croit plus à l'espoir, il espère ne plus espérer, ne plus croire mais faire, et en espérant cela il se trahit encore car même au plus profond de l'espoir il n'y a pas de porte pour passer de l'autre côté.

Et bien oui, le poète, ne déshabille pas l'espoir de lui-même, il déshabille le monde et c'est le monde qui le sauve, qui le sauve de lui-même, qui le sauve de l'espoir, parce qu'il est alors en train de faire, et toujours faire sans le pouvoir de le faire car il déshabille le monde du manteau qu'il a

---

[79] Maurice Blanchot, *L'entretient infini* (1969), Paris, Gallimard, 1995, pp. 46-47.

toujours déjà enlevé. En se déguisant Cindy Sherman déshabille. En déguisant ses dessins d'images découpées Wangechi Mutu déshabille. L'artiste est celui qui met à nu.

Dans une Interview de l'actrice Adèle Exarchopoulos pour le film *La vie d'Adèle* de Abdellatif Kechiche on lui demande de dire quelque chose sur le fait qu'il y a beaucoup de nus dans ce film. Voilà ce que Adèle dit :

> J'avais envie de m'approprier le nu en me disant que c'était un déguisement. Mais le nu, c'est quelque chose que tu choisis de donner. La nudité c'est pas forcément la pudeur. Je sais que j'ai une part d'intimité que je garderai toujours en moi car je n'arrive pas à la mettre en bouche, à l'expliquer.[80]

Lorsque le poète met à nu avec les mots, cette nudité est encore une énigme. Il ne rend pas visible l'invisible, il ne rend pas possible l'impossible mais déshabille le visible, déshabille le possible. Il ne s'agit pas de dévoiler quelque chose de cacher. « La nudité est encore un vêtement, le dernier[81] » écrit Bernard Noël dans *Le château de Cène*. Mettre à nu avec les mots ne nous donne rien de plus. Non, notre regard n'a pas changé, non la chose n'a pas changée, non, ce n'est pas entre mon regard et la chose qu'il se passe quelque chose. C'est avec une nudité en train de se faire, nudité qui s'invente avec ce qui invente l'énigme. Et les mots du poète ne sont pas entre mon regard et la chose, ils sont à côté, comme un tour de magie où le truquage n'est pas là pour nous tromper, où le truquage est magique.

J'ai envie de dire que la dimension poétique est un geste comme une observation mais une observation qui déshabille avec les mots, les images, les sons, les mouvements, les choses et les corps comme on dit déshabiller du regard, comme si cette observation prenait dans sa main ce qu'elle allait décrire (dans son sens étymologique de tracer une ligne courbe). Mais puisqu'elle

---

[80] http://www.telerama.fr/cinema/adele-exarchopoulos-je-voulais-que-le-nu-soit-un-deguisement,103562.php
[81] Bernard Noël, *Le château de Cène,* Paris, Gallimard, 2008, p. 81.

utilise des choses qui viennent de tout autre chose (des mots, notes, rythmes, objets, mouvement, lignes, couleurs, cadrages...), elle fait de cette description un déguisement. Mais comme nous l'a dit Adèle pour le film, la chose à décrire va s'impliquer, s'impliquer dans l'œuvre en train de se faire et alors elle ne pourra pas avoir suffisamment de distance. Ces mots, notes, rythmes, objets, mouvement, lignes, couleurs, cadrages... colleront à la peau de cette chose, colleront à sa nudité même. Alors la nudité invente une dimension, une dimension poétique.

J'ai envie de vous lire ces trois lignes de Levinas dans *Totalité et Infini* :

> Ainsi la nudité érotique est comme une signification à rebours, une signification qui signifie à faux, une clarté convertie en ardeur et nuit, une expression qui cesse de s'exprimer, qui exprime son renoncement à l'expression et à la parole, qui sombre dans l'équivoque du silence ; parole qui dit non pas un sens mais l'exhibition.[82]

Enfin, ce que je veux vous dire c'est qu'avec la dimension poétique, vivre une expérience n'est pas *donner présence* comme si l'on se retirait de nous-mêmes pour voir du dehors et pour accueillir dans un soi-même vierge, et à l'écart. Non. Voir n'est pas voir quelque chose qui viendrait du dehors puisque alors le *venir du dehors* se poserait comme départ, comme appel du dehors, et donc comme *mon* appel. Non. Voir est un impossible appel. La dimension poétique ne donne pas les moyens de créer un ici pour l'ailleurs. La dimension poétique ne donne pas les moyens de tendre la main pour conduire l'autre jusqu'à nous. La dimension poétique nous laisse en marge. Les arts, avec elle, ne cherchent pas un autre lieu mais sont *avec* l'autre du lieu, un espace où nous ne pouvons pas tenir, un lieu qui n'est pas un *dans*. Elle fait l'impossible. L'expérience devient un accompagnement dans notre part de hors de nous. L'expérience se fait avec un corps dehors.

---

[82] Emmanuel Levinas, *Totalité et Infini,* Paris, Le livre de Poche, 2001, p. 295.

Une dernière citation, c'est dans le livre *Tombée des nues* qui réunit les photographies de Jacques Dames et les textes de Jean-Luc Nancy :

> Mais il faut approcher encore de plus près, de cette approche qui peut en finir. Il faut comprendre encore – il faut prendre et être pris : un nu ne se regarde pas, il se prend et s'apprend, il s'éprend.[83]

Et l'auteur de poursuivre :

> Il faut venir à ce savoir pour lequel le mystère nu ne possède rien de la tension cachée, enfouie, qu'on suppose au mystère. Il est mystère en tant que nu, il est mystère à même la peau, non sous la peau. Il n'est pas dans le corps, il est le corps : il est la manifestation du corps en tant que *corps*, c'est à dire en tant que *voici*.[84]

Je dis à nouveau ceci : avec la dimension poétique, ce que le monde nous donne n'est pas un pouvoir. Ce qu'il nous donne, c'est la pratique de notre part de hors de nous.

Marilène Vigroux
Docteure en arts plastiques, écrivaine

---

[83] Jean-Luc Nancy, *Tombée des nues*, Paris, Marval, 2007.
[84] *Idem.*

Fin du jeu dans le champ du visible
Colin-maillard avec Paul-Armand Gette

> *- C'est trop transparent ou pas assez ?*
> *- Ça dépend si tu veux montrer la vérité.*
> *- C'est comment la vérité ?*
> *- C'est entre apparaître et disparaître.*
> Jean-Luc Godard.[85]

Nous avons l'impression, dans la rencontre avec certaines œuvres, de toucher et d'atteindre l'horizon esthétique en lui-même s'il consiste à nous faire faire l'épreuve de l'existence comme telle, à intensifier le seul sentiment d'exister. L'effet qu'elles nous font paraît nous donner le pouvoir d'embrasser ce moment où, le poétique et le geste artistique se confondent avec notre propre être au monde. Comme je venais de vivre une de ces expériences, doublement singulière puisque je suis passée de l'autre côté du miroir en devenant un des modèles-nymphe de Paul-Armand Gette, j'ai voulu la faire revenir ici et partager ces instants de recherche échappés au temps, dans une continuité de forme, à la façon d'un impromptu. Passer à travers les images : celles de Gette attestent d'une

---

[85] Jean-Luc Godard, *Détective*, 1984.

intensité photographique et non de la maîtrise d'un procédé. Dans la rencontre avec ses muses, son appareil capte plus qu'il n'enregistre : il se fait oublier pour mieux participer de l'échange.

Je remonte à notre premier rendez-vous, en Avril 2013. J'avais eu envie de passer un moment avec Paul-Armand Gette. Je devais trouver un prétexte nous permettant d'être ensemble un après-midi. L'idée de prétexte possède en elle-même quelque chose de captivant en cela que de préoccupation secondaire, de frange de l'idée, elle renvoie littéralement à « ce qui est mis en avant » : le véritable *objet*. La photographie serait ce subterfuge du fait de son pouvoir d'exposer les corps en faisant mine de les cacher en son sein ; à la façon dont tout prétexte « borde » et « brode », comme dit Jean-Luc Nancy, « un mince vêtement de soi ». Il allait falloir traverser l'image, le texte (le text-ile), et y aller directement avec le corps : devenir son modèle, pour *être* de l'intérieur ce qu'il a l'habitude de seulement *voir* de l'extérieur. C'est que toute l'affaire est là : Gette ne demande rien à ses nymphes si ce n'est justement d'être là afin de partager un moment d'existence et d'en capturer les traces. La difficulté allait être double : montrer ce que je voulais bien donner à voir tout en demeurant au niveau de l'événement pur et simple. J'ai laissé la question qu'est-ce que je veux/peux faire ? se présenter et se résoudre en même temps. De notre première entrevue, seulement quelques images ont été faites, mais déjà j'y subvertissais l'enchaînement habituel des choses : je n'avais rien eu en tête, rien prévu, et tout s'était joué désinvoltement sur le moment. Une seconde rencontre, un an après, allait faire définitivement reculer les limites de « l'aventure du modèle ».

En choisissant la liberté du modèle comme espace de pensée et terrain de jeu, Gette propose un partage avec la femme qu'il photographie. Il fixe les conditions de ce qui va faire œuvre. C'est ce qu'il nomme la disponibilité réflexive. Mais pendant ces instants de grâce, l'un et l'autre appartiennent encore au même côté du monde. La logique de la Représentation n'y est pas encore retournée.

Et pourtant, après coup, les photographies de Gette ne rendent pas seulement compte d'une vision en miroir. Ce sont des éventails de sensations et de vues où le dedans et le dehors du regard viennent in fine se confondre. Leur grâce vient de cet éclat ténu qu'on appelle au Japon Chira Chira, comme les pétales de fleurs de cerisiers s'envolant au vent, et montrant en même temps, et comme en un éclair, l'envers et l'endroit parce qu'ils sont une seule et même chose. Àla fois Lewis Caroll et Alice, j'ai senti pour ma part que la puissance de la recherche de Gette révélait, dans cette relation spéciale à l'existant, une façon d'être réciproque et totale au monde.

Paul-Armand Gette ne se situe pas du côté de ce que certains ont appelé une subversion, mais tend plutôt en ce sens vers la grâce de la désinvolture. Il met en œuvre une poétique de la moindre intervention. Il privilégie la simplicité, le *déprisement* d'avec la réalité . Il isole et révèle des éléments auxquels il n'y a ensuite plus rien à retrancher. Il m'a adressé un jour une carte titrée : *Passage d'une nymphe*. Une photographie de la mer, présentant les légers remous attachés au sillage d'une nageuse invisible ou disparue, dont il avait révélé l'empreinte liquide sur la surface photographique même : éclair d'une sensibilité aiguisée et aguerrie à l'éphémère des rencontres... Le photographe et le modèle ouvrent en même temps l'espace qu'ils partagent et s'y abîment. D'où, à un moment donné, l'absence totale de dehors à l'espace où ils se tiennent, et le fait qu'ils soient toujours rattrapés par l'impression que quelque chose « apparaît ». La confiance en ce qui arrive qui les caractérise leur permet de penser qu'ils ne se sont pas trompés, que le monde est à la fois (à) eux et entièrement là.

Pour parler comme Tenebria Luppa, puisqu'après tout je fais maintenant partie des nymphes de Gette, je ne peux faire mieux que raconter moi aussi mon après-midi avec lui. La question du jeu avec ce qui (se) rend visible et ses limites, traverse notre journée Carollienne de part en part. Comme être modèle n'était pas mon intention première : Y avait-il un sens à ma venue autre que d'accompagner les glissements entre jouer à être et être véritablement ? Qu'éprouve-t-on quand on sent que ce qu'on montre finit par n'être plus vu que comme seulement étant là ?

Premier débordement

La bien nommée Venus Flytrap, ou Dionaea muscipula, était le premier prétexte imaginé pour que Paul-Armand Gette me tourne autour photographiquement. Nous l'avons abandonné. Plus de plante carnivore, c'est l'obturateur de l'appareil qui dévore. J'avais plutôt choisi d'emporter une valise de sous-vêtements anciens, connaissant sa prédilection pour le petit linge, médium magique pour susciter l'apparition des nymphes. Seulement, je savais que les images seraient un simple prétexte, mais qu'il fallait nous installer davantage encore dans l'idée d'un art non demandé et sans demande, sans exigence même de la part du modèle, et que le mieux était de laisser tomber l'idée de produire une situation forcément convenue.

À propos du fond de robe Romain que j'avais porté lors de notre première séance, Gette avait écrit : « je ne savais pas si vous l'aviez pris avec vous avec l'intention de me le montrer sur vous ou s'il faisait partie de vos affaires de voyage ». La seconde solution était la bonne, et allait lancer le fait d'avancer sans idée et sans but comme une gageure : celle d'arriver sans ap-préhension, sans intention précise, et de ne pas tenter de saisir l'événement avant qu'il se déroule.

Nous nous sommes amusés tout l'après-midi : non pas comme des adultes mais comme des enfants, qui, à force de mimer finissent par être vraiment là, dans la cabane, à remettre le monde à l'endroit. Jouer et apparaître ont une origine commune. C'est peut-être cela le fin mot des rencontres entre Gette et ses nymphes. Jouer à apparaître efface au bout du compte la différence entre être et être visible. Être vue revient à ne plus faire qu'être...

Laisser place à la déesse

Ce qui paraît important après coup, ce sont ces moments partagés avec lui et les images qui en restent : la confusion de la présence et de sa présentation. La « jouissance poétique » (Baudrillard) attachée à cette confusion tient à l'utopie de la résolution de tout ce qui fait figure et signe dans l'absence de secret qui définit la chose même.

Le lieu ouvert par ces instants poétiques est aussi important que la manière dont nous y accédons. On n'y va pas d'un point à un autre : la vie se développe à l'intérieur, et autour, hors-champ. Chaque moment ouvre un espace qui devient le monde.

La main de Gette me frôle, Vénus est sur le seuil. L'idée ne devance pas le geste. Il ne peut pas être autrement, il est parfait à chaque fois. Il fait advenir la déesse et, de manière cosmique, le côté réel de toutes choses avec elle. (Flaubert parle de l'évanouissement subtil du corps féminin dans le paysage : « un degré de plus et elle devenait cette fleur, la nature même »).

Envahie par la fraîcheur fin d'hiver de l'après-midi, jeter son manteau – de fourrure – sur soi: je deviens Wanda. Ou plutôt c'est elle qui se confond avec moi parce que nous coïncidons toutes les deux aussitôt avec le caractère insignifiant de notre nudité. Ma réalité s'atténue en me faisant me rejoindre poétiquement. Le surgissement de la nymphe est rendu possible par cette vacance. Et comme elle, j'« hésite de façon tout à fait indécidable entre le visible et l'invisible ». Les images de Gette retournent en quelque sorte la nympholepsie. Il feint de se laisser prendre par la muse pour saisir la trace de son passage. Il va aussi loin que possible dans l'effacement de la limite entre elle et lui en même temps qu'il s'en protège. Il la touche ainsi à l'aveugle, et finit par faire se confondre le lointain et le très près. Mon sexe n'est plus à un moment donné que l'expression amoureuse de leur coalescence.

Second débordement

Comment décomposer la temporalité des gestes de Gette ? Est-ce d'abord l'œil qui intervient, la main n'opérant que dans un second temps ou l'inverse ? Il semble que la main conforte, redouble le regard, et même un peu plus, car elle peut se permettre d'aller au plus près du détail qui l'intéresse, de sentir véritablement le grain de la peau avant celui de l'image.

L'expression « prendre une photo » est impropre lorsqu'on parle du travail de Gette. Il photographie avec un tact qui contredit d'abord le côté « désirant » du rapport au modèle. En même temps, il faut être dans un certain rapport amoureux avec lui pour que la pose s'efface complètement (au profit de la pause). Il entoure ses gestes de telles précautions qu'une tension les accompagne forcément. Le tact, dit Derrida, est une « sorte de toucher sans (y) toucher ». Comment Paul-Armand Gette peut-il à la fois toucher et « laisser être » ? Si son toucher inscrit quelque chose sur le corps du modèle, c'est l'ouverture d'une vacance, la trace de rien d'autre que cette possibilité qui lui est offerte de se donner à seulement être. Si le tact est écart, alors Gette peut toucher sans toucher : il ménagera toujours un espace suffisant, infra-mince, entre le touchant et le toucher, mais qui en même temps permettra la rencontre, l'échange des souffles et leur inscription dans l'image. Reste à savoir comment, dans une telle situation, on peut agir sans se voir agissante.

C'est que la modalité singulière « du toucher » de Gette provoque la sensation d'un allongement du temps. La retenue accroît l'acuité et fait se confondre le passage éphémère de la main avec l'éternité du passage à l'acte dans le toucher. Ainsi, les sensations, étirées, sont mémorisées par le corps à la façon dont le dispositif photographique en conserve les traces.

Je me souviens : une main sur le déclencheur, l'autre qui me touche. L'ubiquité nous accompagne. La main qui se pose sur moi produit l'effet inverse d'un pincement. P.A.G me fait entrer dans le rêve en tant qu'il a la même définition que le réel pour être comme lui sans double. Fasciné chez le photographe, le toucher devient actif pour le modèle. Et c'est pourquoi il ne laisse pas de trace sur lui, étant tout entier incorporé dans et par l'image. L'artiste m'habite de sa propre création. Il l'inscrit comme la bouche de Cocteau sur la statue dans Le sang du poète. En même temps, après coup, l'image ne montre sa fascination qu'en creux, dans l'effet qu'elle a produit…

Quelque chose de photographique habite le geste lui-même : son caractère haptique. Il fige, il ne glisse pas, ne caresse pas. Il est débarrassé de sa fonction habituelle, comme un couteau non affuté et sans tranchant. Ce n'est pas un acte fusionnel comme le croit Gette : il révèle ce qui se joue d'intense entre le poète, l'œuvre et le modèle, cet alter-égo entièrement agissant, ainsi qu'un espace de proximité et de contact dont on ne sait plus bien s'il est investi ou s'il investit. La main de Gette rêve. Elle pense à haute voix ce que ses yeux ne peuvent rencontrer et qui n'est que la présence devenue totale de la nymphe. En tant qu'expérience, la liberté du modèle est un double franchissement dans lequel ce qui est de l'ordre de la relation tombe, et où ne reste que la poétique des existences.

Coalescence, symbiose

Au fond, je me dis que nous sommes allés bien au-delà de la liberté du modèle protocolaire. Nous avons fait basculer la relation regardant-regardé dans un Tiers-paysage. Nous avons plongé tous les deux dans le caractère indistinct de l'ouverture poétique au monde. Il a aimé me voir ne faire plus qu'exister devant lui par mimétisme synchrone.

Dès notre première rencontre s'était esquissée l'idée d'un prolongement du jeu avec la muse pour lequel j'avais pensé au terme « coalescence ». Gette avait suggéré quant à lui celui de « symbiose » entre deux artistes. La coalescence se contente de se tenir à l'échelle du corps physique et à celle de l'individu ; celui de symbiose voit le monde de manière pour ainsi dire cosmique, mythique et en cela peut-être trop fusionnelle. Peu importe au fond, l'important reste qu'il y a bien à l'arrivée une forme de transsubstantiation générale. Aucun objet n'est plus isolé du monde et rien ne manque à ce dernier. L'acte photographique n'est donc même plus un rapport. Nous découvrons en son cœur une solidarité ontologique dont il est à la fois l'accès et ce à quoi ouvre cet accès.

Sortir du but (l'existence comme Expérience).

La photographie, pour Gette n'intervient pas pour mettre à distance le réel. Elle déclenche au contraire les conditions d'une sensibilité accrue à ce qui est là. Elle nous a permis, pendant ces instants dérobés, d'interroger le fait d'être au monde. Elle a été une échappée dans laquelle les façons d'être ont disparu dans la seule apparition.
Avec Paul-Armand Gette, nous avons pris la tangente pour nous rapprocher du centre et être à l'abri dans l'œil du cyclone. Le monde qu'il déplie est léger, complet, joyeux. On a pu être tenté de mettre en avant chez lui la dimension de leurre, de représentation. Il faut plutôt, pour le comprendre, revenir à son état d'avant la mort des dieux, quand l'existence faisait office de signification.
J'ai envie d'appeler poétique ce qu'on n'a pas vu venir, ce qui est sans demande, sans programme, sans but, comme il en va par définition avec l'évènement. Comme Gette ne fixe pas son modèle de visage à visage, il y a un espace suffisant pour qu'il arrive à ne plus faire qu'être simplement devant (lui). C'est parce qu'il ne fait pas face que ses cadrages sont si serrés. L'évènement ne vient pas frontalement, il n'a pas d'horizon. L'artiste et la nymphe avancent conjointement sans voir, à l'aveugle. Leur liberté réside dès lors dans cette faculté d'improvisation, qui leur permet de ressentir qu'ils ne sont pas là pour faire des images, mais bien pour se retrouver tout à coup dans un espace où ils peuvent tous deux être (ensemble) pour de bon.

Débordement de l'événement

Gette a une très belle phrase sur le « débordement » photographique : il parle de la « disponibilité permanente » associée à la « faculté de pouvoir enchaîner les choses et les situations ». C'est le charme de ces enchaînements qu'il a envie de montrer aux autres : « Si on n'est pas trop braqué sur ce que doivent être les choses, c'est fort agréable de faire avec, certes le monde ne s'en trouve pas irrémédiablement transformé, mais comme ce n'était pas l'objet de la recherche, on s'en fout ». Ce qui ne se mesure pas, et qui déborde sur le monde, fait que ce dernier est imperceptiblement mais entièrement changé. Daniel Darc entrevoit à propos de Coltrane, cette modification irrévocable du monde dans le sillage de ce qui fait œuvre, de ce qui s'accorde magiquement au réel : « Quand Trane, fatigué de ne pouvoir restituer les sons qui s'entrechoquent dans son cerveau, décide de s'emparer d'un soprano, le monde change. Définitivement ». Ici, c'est la nymphe qui s'empare de Gette et non l'inverse. Je me suis parée de sa peau pendant qu'il restituait la vibration de mon apparition.

L'expérience est dépassée par son caractère mythique et impersonnel, par son attachement à l'existence en elle-même. La poétique de l'œuvre de Gette réside dans ce qu'elle exprime le caractère « inanticipable », « non appropriable » de « la venue de l'autre ». Et moi, débordée par le fait même qu'ayant outrepassé l'idée de modèle, je n'ai plus été ni objet ni sujet ; Je suis apparue et n'ai plus que fait monde de proche en proche.

Il y a un « faire monde » qui accompagne et déborde notre désir de voir. Le monde accordé nous ressemble et va contaminer toute chose nympholeptiquement. L'image est le foyer propre à faire advenir poétiquement le monde en train de se confondre avec son apparition.

Poétique du sans regard

> « I could not see to see » –
> Et j'ai perdu de vue la vue. *Emily Dickinson*

Il y a quelques années, Gette parlait du fait d'introduire dans ses images « plusieurs niveaux perspectifs » sans qu'il lui importe alors « que le sujet flambe au point de brûler l'œil ». L'exhibition qu'il sollicite fait affleurer les choses au point que leur vérité et leur côté existant deviennent indiscernables. C'est sa légèreté. Elle dégage le mystère vide du visible. Et en cela, c'est l'invisible qu'il met en scène. Il ne recherche pas un embrasement du sujet. Il faudrait que je dise comment à son contact je suis devenue photographie et comment, éblouie, à force de me rapprocher de la source, j'ai disparu dans l'insignifiable de l'image. Comment je n'étais plus à voir à force d'être devenue présente. L'aveuglement qui intensifie fait de Gette un Tirésias capable de voir le voir. Dans l'écran interposé de son appareil, il se couvre de l'image en même temps que sa main plonge au devant d'elle. C'est pourquoi le modèle devient en quelque sorte « aveugle à la voyance de l'autre ».

Voir et être vue : le balancement nympholepte entre apparition et disparition me rapproche du spectre, de ce « quelqu'un ou quelque chose qu'on voit sans voir ou qu'on ne voit pas en voyant (et qui) hésite de façon tout à fait indécidable entre le visible et l'invisible ». Au fil des heures Gette et moi avons oublié l'objet même de notre recherche pour trouver une vérité sans regard. Peut-être la poésie du spectre, et de ses nymphes, tient-elle justement à ce qu'il arrive à ne pas se voir ne pas voir.

Renverser l'image d'un coup de talon aiguille

> « Je suis un photographe à reculons ». *Saul Leiter*

Se promener en petite culotte, le temps encore d'une image, comme si de rien n'était, ou plutôt comme si tout était là. La culotte mime maintenant l'évidence de la plénitude totale qu'elle recouvre. La parenthèse n'était pas une représentation. Il n'y avait rien à (se) re-présenter. On est arrivé à n'avoir ni commencé, ni fini…

Après cette expérience d'abandon aux forces retrouvées des nymphes, et m'être paradoxalement ressaisie, après avoir été proche de la dilution totale, après avoir fait corps avec le monde, j'ai compris que l'apparition, la révélation et l'effacement sont une seule et même chose. Alors au bout du compte, pour prendre la mesure de l'incidence de cette journée avec Gette sur mon propre travail, je le photographie à mon tour. Je renverse le prétexte à ma venue. Je reprends possession de mes yeux, et, décillée, je lui bande les siens. Le colin-maillard s'involte. Là, à nouveau exposée de dos à l'aveugle qui me talonne, je déclenche mon Polaroïd d'une ruade. Me faisant l'écho de l'héroïne du Mépris de Godard, Camille, quand elle lance à Paul, son irrésistible « Regarde pas ! Tu vas voir ».

Mylène Duc
Plasticienne, docteure en esthétique,
chargée de cours, Montpellier III

Le désordre & la raison
Le théâtre comme manière de vivre

Je suis un spectateur professionnel. Un de ces « spectateurs qui ont pris leur destin en main » comme le disait Philippe Avron. Pendant 15 ans et jusque très récemment, j'ai été un des responsables artistiques de l'association des Amis du Théâtre Populaire d'Aix-en-Provence. Les Amis du Théâtre Populaire sont des associations de spectateurs. Nées dans les années 50 pour accompagner la démarche de Jean Vilar, elles programment des spectacles de théâtre.

La demande d'Alain Chareyre-Méjan d'intervenir dans le cadre des Journées d'études sur la Dimension poétique, et sur la poésie comme manière de vivre, m'a donné envie de faire surgir le théâtre, la scène. De prendre le théâtre comme un exemple de la poésie. Une poésie sensorielle, porte ouverte à la connaissance de soi et de l'autre, et surtout nécessaire pour vivre en commun. La difficulté d'accès à la dimension poétique de ce « vivre en commun » est aussi grande au théâtre qu'en poésie. S'y ajoute, pour le théâtre, une part d'inadéquation ou de culpabilité. J'en veux pour témoignage le sentiment de « faute » rencontré chez mes interlocuteurs quand j'énonce le fait que j'exerce le métier du théâtre. Surgit alors régulièrement la réponse suivante : « Je devrais aller au théâtre, je n'y vais pas ».

Qu'est-ce qui nous éloigne de cet en-commun là ?

Cet en-commun, c'est l'expérience de se réunir pour assister ensemble à une représentation, qui ne peut avoir lieu sans le public, sans les spectateurs. Une expérience unique, qui ne sera jamais reproduite à l'identique et n'appartient qu'à l'instant de cette représentation-là. La possibilité d'une émotion. J'ai la chance, en tant que spectateur professionnel, de pouvoir assister à plusieurs représentations consécutives d'un même spectacle dans un temps très court, plusieurs jours de suite. Je suis frappé à chaque fois par la variété de chaque représentation, qui tient à mon état de spectateur, certes, mais aussi à la composition de la salle. Le public étant partie intégrante de la représentation, le spectacle se renouvelle à chaque fois.

Aujourd'hui, le théâtre n'a plus la même forme que celui que proposait Jean Vilar. Au cours des dernières décennies, le théâtre a connu une évolution vers des formes de plus en plus élaborées et le texte n'est plus nécessairement au centre. D'autres moyens le complètent. Au festival d'Avignon 2005, une scission s'est opérée entre les tenants d'un théâtre de texte et ceux d'une autre forme de représentation. Cette scission est-elle devenue rupture ?

À quel moment la poésie a-t-elle cessé d'être une expérience solitaire pour devenir une expérience visuelle et sensorielle commune ? Comment est-on passé de l'art du langage à l'art des langages, à une expérience complexe faisant intervenir le son et les images notamment, la vidéo ou le numérique ? Je souhaiterais prendre l'exemple de deux spectacles que les Aixois ont pu voir en 2013-2014 au Théâtre du Pavillon noir, et d'un spectacle accueilli au Centre Pompidou à Paris à l'automne 2014. Le premier est Silenzio, de Véronique Caye, présenté conjointement par les Amis du Théâtre Populaire et Seconde nature dans le cadre des Chroniques des Mondes possibles en octobre 2013. Le deuxième est Neuer Tanz de Va Wölfl, présenté par le Centre chorégraphique en avril 2014. Le troisième est Natural Beauty Museum de Patricia Allio et Eléonore Weber présenté en novembre 2014 dans le cadre du Festival d'Automne à Paris.

Silenzio est une création de Véronique Caye. Véronique Caye est comédienne, auteure, metteur en scène. Elle a d'abord écrit un texte. Elle a fini par présenter un théâtre sans acteurs. Un théâtre sans théâtre ? Une sorte de chantier numérique. À l'aide de techniques empruntées aux autres arts, Véronique Caye s'emploie à créer sur du vide un spectacle. L'illusion est totale. Le théâtre continue à se jouer sans que le spectateur puisse être certain de savoir à quoi il assiste. Une performance des sens. Une nature morte ?

Pour Va Wolfl, chorégraphe, plasticien, artiste, le spectacle est aussi une forme d'installation ou d'exposition. Il déjoue les codes et entraîne le spectateur au croisement de l'installation d'art contemporain et du théâtre, de la danse et de l'architecture. Dans un décor en forme de cube blanc, des performeurs nous entraînent dans un monde de sens, où le son prend le pas et nous entraîne à force de ruptures dans une proposition radicale. Un théâtre sonore ?

Avec Natural Beauty Muséum présenté dans la salle de spectacle d'un musée, transformée par l'esprit en salle de musée, Patricia Allio et Eleonore Weber nous entraînent dans une déambulation poétique et tranquille sur la question de ce que l'on voit et de ce que l'on ne voit pas. Elles évoquent notamment les modèles alternatifs à l'espace d'exposition traditionnel, et les nouveaux espaces muséaux où l'art aurait disparu au profit du paysage. Un théâtre de la vision ?

Comment ces propositions peuvent-elles être accueillies aujourd'hui dans une salle de spectacle par un public venu assister à une représentation théâtrale ou chorégraphique ? Comment le spectateur peut-il accéder à une forme de représentation du monde qui ne répond pas aux critères usuels de la représentation ? Pourquoi cela lui est-il si difficile ? Comment la raison du spectateur l'empêche-t-il d'accéder au désordre du monde ?

Depuis 2010, les Amis du Théâtre Populaire ont essayé de répondre à cette question en proposant au public des rendez-vous précédant immédiatement le temps de la représentation. Ils l'ont appelé l'Esprit du théâtre. De quoi s'agit-il ? De proposer aux spectateurs une rencontre avec des scientifiques, des philosophes, des poètes... pour aborder un thème qui pourrait être issu du spectacle qu'ils vont voir. Un professeur de neurosciences pour un spectacle traitant de la mémoire perdue, un philosophe pour un spectacle évoquant la séquestration, une pédopsychiatre pour une pièce convoquant des figures de la mémoire... À chaque fois, l'expérience a permis aux spectateurs présents à la rencontre et à la représentation qui suivait d'opérer un déplacement sensoriel. La rencontre n'illustrait pas le spectacle, les intervenants ne l'ayant pas vu. Elle obligeait le spectateur à fixer son attention sur un objet d'étude, à se concentrer sur une réflexion, sur une problématique. Ensuite, assistant au spectacle, il devait nécessairement, nourri des échanges précédents, abandonner son écoute active pour laisser aller ses sens et percevoir la dimension poétique de l'œuvre représentée. Expérience riche, qui avait la particularité de se diffuser dans la salle auprès des autres spectateurs. Est-ce là le seul moyen de permettre au spectateur d'atteindre cet état de lâcher prise nécessaire à une perception ?

Autre exemple, lorsque nous avons organisé le cinquantenaire de l'association en 2009, nous avons choisi de présenter un spectacle au sein d'une salle d'exposition et d'une bibliothèque. *Service de nettoyage* de Claudia Hamm, Valentina Diana et Lorenzo Fontana réunissait deux comédiens faisant le ménage. Ils racontaient leur rêve d'être comédiens, leurs difficultés, le rapport de l'art et de l'argent. Ils s'emparaient de l'espace et traversaient les spectateurs. Le public n'était pas un public de théâtre. Il venait à un vernissage. Ce vernissage était composé notamment d'une exposition d'images d'Ito Josué prises à la comédie de Saint-Etienne lors de représentations données à l'extérieur.

Des visages de spectateurs venus assister – ou non – à la représentation. Des spectateurs de villages pris sur le vif, saisis dans la fascination de ce qui leur était proposé. Les spectateurs du vernissage se trouvaient dans la même disposition que certains des spectateurs à leur fenêtre épiant la représentation. Saisis. Saisis dans une position, presque à leur insu, hors du lieu de la représentation.

C'est un peu l'expérience que nous avons faite en transportant dans les communes du Pays d'Aix la trilogie Eschyle d'Olivier Py. *Les Perses, les Suppliantes, les Sept contre Thèbes*. Parmi les représentations d'exception de ce théâtre d'intervention, une soirée intégrale s'est déroulée dans une des alvéoles de la Fondation Vasarely. La confrontation des formes a permis à certains de découvrir que la structure de l'œuvre de Vasarely correspondait à la structure du texte classique. Le va-et-vient du spectateur entre la tragédie grecque et les intégrations monumentales ouvraient de nouveaux espaces.

Des exemples récents dans l'art contemporain illustrent ce frottement qui mène au poétique. Que fait Pierre Huyghe lors de la Documenta à Kassel – plus encore qu'au Centre Pompidou - quand il promène dans la décharge du parc un chien à la patte rose, si ce n'est opérer un déplacement nous permettant d'accéder à la dimension poétique ? Que fait Thomas Hirschhorn au Palais de Tokyo avec Flamme éternelle ? Il opère de même un déplacement de la perception. Il écrit dans le cartel à la sortie : En tant qu'artiste, j'invite des philosophes, des écrivains et des poètes parce que je pense que se confronter à leurs idées, peut nous aider à nous confronter au temps dans lequel nous vivons. Elles peuvent nous aider à nous confronter à la réalité dans laquelle nous nous trouvons et elles peuvent nous aider à nous confronter au monde dans lequel nous vivons.

Ainsi, ils créent un théâtre comme manière de vivre.

Mathieu Grizard
Directeur artistique des « Amis du Théâtre Populaire »

Poétique de l'image cinématographique
Une résistance à la mimésis ?

Poïeisis & *mimèsis*

On sait qu'Aristote entend par « poésie » un faire (*poiein*) qui consiste en une mimèsis « par la prose ou le vers », la distinguant par-là de ce qui, soit n'est pas une imitation (comme un discours philosophique), soit est une imitation mais qui n'est ni en prose ni en vers (comme une sculpture ou un tableau). On sait également l'importance qu'il accorde dans la *Rhétorique* à la métaphore comme figure centrale du discours poétique, parce qu'elle est une source de connaissance en tant qu'elle « donne à voir », c'est-à-dire permet de « rendre la plénitude de la présence ». Si tel est le cas, c'est parce qu'elle apparie des éléments dont le lien n'est pas évident, permettant ainsi d'éclairer les choses d'une manière nouvelle et aux imitations poétiques d'être une source d'apprentissage, d'enseignement :

> Il faut créer la métaphore à partir d'éléments apparentés, sans que leur évidence soit cependant donnée - tout comme en philosophie, avoir un regard théorique qui discerne le semblable jusque dans des éléments forts

éloignés l'un de l'autre, c'est le propre d'un esprit qui voit juste.[86]

Les métaphores ne doivent donc pas être trop évidentes (sinon elles ne nous apprennent rien), ni trop obscures (sinon elles ne permettent pas de remplir leur fonction). Ainsi, la poésie réussie rapproche en distinguant, suggère en rapprochant, surprend (la surprise étant d'ailleurs un des éléments-clefs de la poésie selon Aristote), et, à ce titre fait affleurer l'invisible. Or, cette possibilité est éminemment liée à la nature du langage, c'est-à-dire au fait que ce dernier n'est précisément pas mimétique. En effet, le langage n'est pas une simple dénomination ou une simple désignation de choses déjà-là. Le langage, pour parler comme Saussure, n'est pas une nomenclature. Non seulement il est *constitutif* du réel, qu'il contribue à définir et à déterminer par ses « choix », mais en plus sa dimension articulée, qui lui permet une infinité de propositions sans rapport immédiat avec le réel, rend possible ces rapprochements inattendus constitutifs de la dimension métaphorique du poétique.

Si le cinéma possède en commun avec le discours poétique le fait d'être également mimétique, son type de mimèsis est radicalement différent de celui du langage poétique : historiquement (c'est-à-dire sans présumer d'une hypothétique essence), l'image cinématographique semble plus inféodée au réel que ne l'est le langage, parce qu'elle possède une dimension iconique. Pour le dire à la manière de Christian Metz, « le texte filmique ne comporte pas d'unité qui corresponde au mot[87] », de telle sorte que « le langage cinématographique est un langage sans lexique, si l'on entend par là une liste non infinie d'éléments fixes[88] ». Ce langage ne possède qu'une syntaxe. Toutefois, cette distinction ne me semble rendre que partiellement compte de la différence entre image cinématographique et langage

---

[86] Aristote, *Rhétorique* (III, 11, 1412 a)
[87] Christian Metz, *Le signifiant imaginaire*, Paris, Édition Christian Bourgeois, 2002, p. 264.
[88] *Ibid.*, p. 257.

poétique : car la syntaxe, en l'occurrence la mise en scène, c'est-à-dire le montage (puisque, selon le mot de Godard, « parler mise en scène, c'est automatiquement parler encore et déjà montage »), permet également des rapprochements métaphoriques ou analogiques, et dont les exemples les plus souvent cités, parce que les plus explicites (mais, pour cette raison, les moins intéressants, parce que les moins instructifs) sont ceux des *Temps modernes* (Chaplin, 1936) qui juxtapose un plan d'ouvriers sortant du métro avec des moutons, et de *Fury* (Fritz Lang, 1936), qui illustre l'idée du commérage par un plan sur des poules qui caquètent. La différence fondamentale me semble porter sur le fait que l'image *présuppose* le réel (même reconstruit par les artifices cinématographiques), dont elle nous offre un *analogon* alors que les mots, n'étant pas dépendants du réel, ont un pouvoir *d'abstraction* qui leur permet de ne pas être des désignations de choses préexistantes. Il ne s'agit bien évidemment pas d'affirmer que les images cinématographiques sont de simples reflets passifs du réel et qu'on peut donc comprendre leur nature dans le cadre d'une théorie spéculaire de l'image mimétique comme celle proposée naguère par Platon. Il n'en reste pas moins que les caractéristiques propres au langage humain qui rendent possible la métaphore dont parle Aristote ne se retrouvent pas dans l'image cinématographique (prise de manière *autarcique*, c'est-à-dire indépendamment de sa « syntaxe »). Celle-ci, par conséquent, produit justement pour cette raison un effet de réel plus immédiat, faisant de notre contemplation de ces images une quasi-perception, *a fortiori* dans le cinéma américain tel qu'il s'est imposé depuis l'époque classique, qui se caractérise non seulement par le fait qu'il est « filmé à hauteur d'homme » pour reprendre l'expression de Hawks, mais également par son souci de réalisme et/ou de vraisemblance. Même si l'image procède bien évidemment d'une reconstruction (costumes, acteurs, dialogues, éclairage, décors, mise en scène, etc.), elle ne semble pas pouvoir constituer à cet égard une (bonne) métaphore, parce qu'elle est trop évidente, et trop évidente parce que trop mimétique. Il semble donc y avoir une tension *a priori* entre l'image cinématographique et la poétique et c'est la raison pour laquelle interroger la possibilité d'une poétique cinématographique me conduit à me demander si celle-ci ne peut pas résider dans une résistance de l'image au mimétique. La résistance du poétique pourrait alors signifier ce qui, dans l'image cinématographique, est susceptible de résister à sa propre tendance (historique et non ontologique) au mimétisme. Y-a-t-il quelque chose (et quoi ?) qui, dans l'image cinématographique, puisse lui permettre de résister à elle-même (du moins dans la forme historique dominante qu'elle a prise jusqu'ici) ? Cette résistance du poétique, qui serait tout autant une persistance, pourrait alors s'entendre à la façon dont Deleuze définit le style comme « une langue mineure à l'intérieur de notre langue », ou encore comme le fait de « parler dans sa langue à soi comme un étranger[89] ». Le poétique pourrait donc, pour le moment, être défini comme cette capacité à « bégayer dans sa propre langue », à « être comme un étranger dans sa propre langue ».

Je ne veux surtout pas dire par là que je verrais dans le cinéma non narratif et/ou non figuratif la quintessence de la poésie cinématographique, et dont l'archétype pourrait être par exemple représenté par le cinéma d'Antonioni, toujours à la limite de l'abstraction figurative, narrative et psychologique. Je veux encore moins parler du cinéma que je qualifierais de pictural, et tel que l'œuvre de Peter Greenaway dans les années 1980 et 1990 en donne un exemple caractéristique. Il n'entre pas non plus dans mon propos de faire la liste de toutes les manières pour une image d'être ou de pouvoir être reconnue comme poétique, non seulement parce qu'il y a mille et une manières d'entendre le terme « d'image poétique », mais également parce qu'il y a une infinité de manières pour l'image cinématographique d'échapper à la monstration. Je voudrais juste envisager un plan qui, à mes yeux, illustre la façon dont j'entends cette idée d'une résistance de l'image cinématographique à la mimèsis, savoir le dernier plan de

---

[89] Gilles Deleuze, Claire Parnet, *Dialogues*, Paris, Flammarion, p. 11.

La prisonnière du désert (1956) de John Ford, plan dans lequel le personnage Ethan Edwards (interprété par John Wayne) ramène enfin dans sa communauté la nièce qu'il a traquée pendant plusieurs années (traque qui donne son titre original à cette œuvre - *The searchers* - et qui constitue la trame principale du film). Le plan est filmé de l'intérieur d'une maison et cadre la porte de cette dernière, avec le paysage de Monument Valley en arrière-fond. Après avoir fait mine d'entrer lui-même dans la maison Ethan Edwards se met de côté pour laisser passer un couple qui entre dans la maison (et s'approche donc de la caméra). Puis il fait face à la porte, comme s'il regardait l'intérieur de la maison et ceux qui y sont entrés. En fait, c'est nous spectateurs, qu'il regarde. Il fait un geste qui consiste à prendre son bras droit avec sa main gauche, geste qui semble indiquer une forme de désarroi, comme s'il ne savait pas quelle contenance adopter, ni quoi faire (entrer ou rester dehors?). Il finit par se retourner et s'éloigner de nous (c'est-à-dire aussi de la maison et de ceux qui s'y trouvent) et la porte se referme sur lui, marquant symboliquement la fin du film, fin parfaitement symétrique à son plan initial puisque ce dernier commence avec une porte similaire s'ouvrant sur le désert, dans lequel apparaît justement le personnage d'Ethan Edwards, de retour chez lui, déjà, après une longue errance (déjà). Il me semble que le dernier plan de ce film constitue une résistance au poétique au sens défini précédemment grâce à la présence de l'acteur John Wayne. Celle-ci permet de conférer *de l'intérieur* à l'image cinématographique une densité, une intensité et une profondeur qui la rendent irréductible à ce qu'elle montre. La star fait qu'il y a un *au-delà* de l'image *au sein même* de l'image, une dimension *invisible* qui vient informer le *visible*.

L'effet surérogatoire

Quand je dis John Wayne, je ne dis pas forcément (ou du moins pas seulement) l'acteur avec son *physique* et son *jeu*, mais aussi (et peut-être surtout) le fait que John

Wayne soit une *star* et que son *nom* véhicule un imaginaire spécifique. En effet, la star renvoie à un acteur qu'on retrouve de film en film, parfois pendant des décennies, et c'est précisément pour cette raison qu'elle introduit une profondeur temporelle dans l'image qui permet de *densifier* le sens de cette dernière et, du même coup, *d'intensifier* ses effets. Grâce à la star, « l'espace tient du temps comprimé ». Cette compression du temps à l'intérieur de l'image ouvre une brèche qui permet à cette dernière de transcender sa dimension mimétique. Ce qui peut bien évidemment être à double tranchant : dans le pire des cas, cette transcendance vient parasiter l'image, empêchant le personnage d'exister, écrasé qu'il est par le poids symbolique de la star, qui ne parvient pas à se faire oublier dans le rôle qu'elle interprète. C'est d'ailleurs ce que Benjamin reproche à l'image cinématographique en général : « ce qui importe pour le film, c'est bien moins que l'interprète présente au public un autre personnage que lui-même ; c'est plutôt qu'il se présente lui-même à l'appareil[90] ». Dans le meilleur des cas, la star permet au contraire à l'image de *signifier* plus ou autre chose que ce qu'elle *montre*. En ce sens, elle constitue une ouverture sur l'imaginaire. Que je dis la star, je pourrais ou devrais tout aussi bien dire le spectateur en ce sens que ce que rend possible la présence de la star doit être activé par le spectateur et la mémoire qu'il a des rôles antérieurs de la star. La mémoire du spectateur est l'opérateur qui permet de rendre effectif ce que la star représente à l'état latent. Plus que jamais le perceptible est toujours-déjà un cogniscible, ce qui est *vu* dépend ou est fonction de ce qui est *su*. C'est cette trouée dans l'image qu'induit la présence de la star via le spectateur que j'appelle résistance du poétique ou, tout aussi bien, expérience poétique de l'image cinématographique, et dont je voudrais évoquer plusieurs aspects en revenant et en commentant le dernier plan de *La prisonnière du désert*.

---

[90] Walter Benjamin, *L'œuvre d'art à l'époque de sa reproductibilité technique*, Paris, Allia, p. 39.

La star crée d'abord un effet de familiarité. Elle permet de ramener l'inconnu au connu, le nouveau personnage à celui qui l'incarne. Ainsi, lorsque John Wayne interprète Ethan Edwards dans *La prisonnière du désert*, la personnalité de l'acteur comme ses rôles antérieurs ne s'effacent pas devant le nouveau personnage qu'il doit incarner, mais viennent lui donner un *surcroît de présence*, une *intensité* spécifique qui auraient été différents avec un autre acteur ou à un autre moment de sa carrière, c'est-à-dire aurait produit des effets tout autres en termes de sens et d'émotion.

En l'occurrence, dans *La prisonnière du désert*, John Wayne incarne un personnage vieilli, désabusé, cynique par moments, raciste indéniablement. Ce type de personnage peut nous sembler en décalage avec l'image que nous pouvons avoir *a priori* de cet acteur, qui incarne dans notre esprit plutôt l'Américain conquérant, courageux et loyal. Cette image n'est pas fausse, comme en témoignent quantité de titres de sa filmographie, de *La piste des géants* (Walsh, 1930), son premier rôle en vedette à *L'homme qui tua Liberty Valance* (Ford, 1962) en passant par *Stagecoach* (Ford, 1939), *Les sacrifiés* (Ford, 1945), *Le massacre de Fort Apache* (Ford, 1948), *Iwo Jima* (Dwan, 1949) ou *Rio Bravo* (Hawks, 1958). Mais cette image est néanmoins sélective et rétrospective (donc trompeuse), car John Wayne est un des rares acteurs de la période classique hollywoodienne à avoir également interprété des rôles ambigus, comme le mettent en évidence d'autres titres : *Allegheny Uprising* (W. Seiter, 1940), *Les naufrageurs des mers du sud* (De Mille, 1942), *La rivière rouge* (Hawks, 1948) ou *Le réveil de la sorcière rouge* (E. Ludwig, 1948). Cela tient sans doute en partie au fait qu'il n'ait accédé que tardivement au rôle de star (vers la fin des années 1940) et que cela lui a permis de jouer des rôles troubles, ce qui est par principe impossible dans le star-system hollywoodien où la star est associée à une figure morale irréprochable ou, à tout le moins, positive (imagine-t-on un seul instant Errol Flynn, Cary Grant ou Gary Cooper interpréter un "méchant" ?).

Cette image véhiculée par la star est ensuite renforcée par le fait que, comme pour de très nombreux acteurs du cinéma classique américain, John Wayne est un pseudonyme. Son vrai nom est Marion Robert Morrison, nom qui fut jugé impropre lorsque Wayne fut engagé par Raoul Walsh pour le rôle principal de *La piste des géants* (1930). Or, le pseudonyme qui fut choisi n'est pas anodin, puisqu'il fait référence au général Anthony Wayne (dit « Mad Anthony »), un des héros de la guerre d'Indépendance, mais également un des artisans de la victoire de la première guerre (1790-1794) entre les États-Unis et les Amérindiens pour l'extension des terres. Peu porté sur la négociation avec les Indiens, Anthony Wayne obtint une victoire décisive contre une coalition réunissant des Delawares, Ottawas, Miamis, Shawnees et Potawatomis, lors de la bataille de Fallen Timbers du 20 août 1794, et qui permit aux États-Unis de récupérer les terres de l'Ohio et de l'Indiana, donc de s'étendre vers ce qu'on n'appelait pas encore l'Ouest. Lorsque John Wayne interprète, comme dans *La prisonnière du désert*, un personnage haineux et raciste à l'égard des Indiens, non seulement il n'a jamais aussi bien porté son nom, mais en plus il *incarne* littéralement l'Amérique ou la politique américaine à l'égard des Amérindiens.

Or, cette image contrastée véhiculée par la star John Wayne, ainsi que la signification historique de son nom, confèrent à son interprétation d'Ethan Edwards dans *La prisonnière du désert* non seulement une *crédibilité* et une *intensité* particulières, mais également et peut être surtout une complexité morale qui fait que le personnage échappe à toute schématisation ou à tout manichéisme. L'intelligence du film est précisément de jouer sur cette ambiguïté. Dans son ouvrage sur le Nouvel Hollywood, Jean-Baptiste Thoret décrit ainsi la structure du cinéma américain classique :

> Pour lui, l'action constitue la force nécessaire à mettre en œuvre afin que le personnage influe sur la situation à laquelle il est confronté et la modifie efficacement. De

situations nouvelles en ré-actions appropriées, le film progresse jusqu'à son dénouement.[91]

Et ainsi :

L'épilogue apaisé apporte alors la preuve d'un accord enfin réalisé entre le personnage (ou un groupe) et son milieu, et signale dans la foulée l'inanité d'une nouvelle action.[92]

Cette description reprend implicitement ce que Deleuze appelait, en s'inspirant lui-même de Noël Burch, la « grande forme » : SAS', soit la situation initiale (S), l'action (A) et la situation modifiée qui résulte de l'action (A'). Cette dernière permet donc de rétablir ou de restaurer un équilibre (social, politique, économique, familial, psychologique, etc.). C'est la raison pour laquelle on peut dire que cette structure narrative traduit ou trahit tout autant une *idéologie*, celle d'une harmonie ou d'une vision harmonieuse (entre l'homme et la nature, l'homme et la femme, l'homme et la société, etc.), qui refuse le tragique de l'histoire, c'est-à-dire aussi l'échec, la mort, le hasard ou la fatalité. Or, il se trouve que *The searchers*, qui appartient pourtant à la période ainsi qu'au système de production et de valeurs de l'âge classique, est en rupture avec cette structure et cette idéologie. D'abord, l'action du personnage principal se caractérise à la fois par son caractère obstiné et déraisonnable, mais également par son inefficacité. Il échoue à sauver la femme qu'il aime (Martha, sa belle-sœur), il échoue à sauver son autre nièce Lucy, il échoue à retrouver rapidement Debbie (et ce n'est d'ailleurs pas sa traque qui lui permet de la retrouver mais un vieux fou nommé « Moïse »), il échoue à tuer Scar, le chef Commanche qui a réalisé le raid contre la ferme de son frère, dont il ne peut que prendre le scalp après coup (ce qui est d'ailleurs une usurpation puisqu'on ne peut prendre que les scalps des ennemis que l'on a personnellement tués). Il

---

[91] Jean-Baptiste Thoret, *Le cinéma américain des années 70*, Paris, Éditions des Cahiers du cinéma, 2009.
[92] *Idem.*

est même blessé à plusieurs reprises et ne peut survivre que grâce à un sang-mêlé qu'il méprise (Martin). Ainsi, le dénouement du film est-il le lieu, non pas d'un accord (retrouvé), mais d'une disharmonie profonde : Ethan demeurera un paria puisque la porte (du récit) se referme sur lui, alors qu'il reste à l'extérieur. Il est définitivement exclu de la communauté, et voué à l'errance et à la solitude. La promesse de réintégration sur laquelle s'ouvrait la porte du film ne peut avoir lieu, ce qui donne au film une tonalité sombre et un goût amer en dépit du *happy end* de façade. Peu de films ont ainsi une signification profonde en totale contradiction avec leur fin apparente. Il y a ce que *montre* l'image et ce qu'elle *signifie*. Ce décalage est peut-être ce qui explique la force et le pouvoir d'obsession qu'un tel film peut exercer sur le spectateur et que nous pourrions nommer sa « résistance poétique » : résistance au *credo* classique, à la fois à sa structure, à son idéologie et à son héroïsme triomphant. *La prisonnière de désert* est donc un film dans lequel les valeurs traditionnelles du cinéma américain classique sont bousculées, contestées de l'intérieur. Or, cette remise en cause peut être considérée comme un geste éthique. En effet, le retournement soudain et inattendu par lequel Ethan Edwards (*alias* John Wayne, *alias* Mad Anthony, *alias* l'Amérique), au lieu de tuer sa nièce, décide de la ramener à la maison peut être interprété comme une promesse de ce que l'Amérique aurait pu être. Cet aspect subversif ne tient certes pas qu'à l'acteur John Wayne mais également à la volonté du réalisateur. Reste qu'un acteur à l'image trop positive n'aurait pas pu sans contradiction incarner un pareil *looser* qui remet en cause l'image éminemment positive de l'action que propose le cinéma américain classique. Seul un acteur comme John Wayne, dont le nom et les rôles nuancés qu'il a pu interpréter, pouvait rendre à la fois possible et crédible une telle contestation implicite de l'idéologie dominante à l'intérieur du cinéma américain de l'époque.

Ainsi, on voit que la présence d'une star contribue à conférer *de l'intérieur* à l'image cinématographique une densité et une profondeur qui la rendent irréductible à ce qu'elle montre. La star fait qu'il y a un *au-delà* de l'image *au sein même* de l'image, une dimension *invisible* qui vient informer le *visible*, qui lui confère une profondeur inédite, qui n'est pas spatiale, mais plutôt temporelle, ce qui est susceptible de conférer aux images des effets à la fois esthétiques, affectifs et éthiques. En évoquant le plaisir que nous prenons à la représentation, Aristote disait qu' « on se plaît à regarder les images car leur contemplation apporte un enseignement et permet de se rendre compte de ce qu'est chaque chose, par exemple que ce portrait-là, c'est un tel ; car si l'on se trouve ne pas l'avoir vu auparavant, ce n'est pas en tant que représentation que ce portrait procurera le plaisir[93] ». Cela rappelle que la connaissance est d'abord et avant tout une *reconnaissance*. Il faut être capable de percevoir la ressemblance dans la dissemblance. À cet égard, le principe du star-system contribue éminemment au plaisir que nous avons à regarder des films.

On peut faire remarquer que cette densification temporelle est susceptible de jouer dans les deux directions temporelles possibles. Quand nous voyons *Rio Lobo* (Hawks, 1970), et le personnage de John Wayne (le général McNelly) fatigué, bedonnant, blessé, considéré par les jeunes actrices comme un individu « confortable » (c'est-à-dire ayant perdu son pouvoir d'attraction, la virilité qui était la sienne), l'émotion tient d'abord et avant tout à la mémoire de ce qu'a été John Wayne, à la façon dont celui-ci admet et joue de sa décrépitude et de son âge, de la façon dont il prend acte de son vieillissement et de son changement de statut. À l'inverse, quand nous voyons ce plan très célèbre de *Stagecoach*, qui représente la première apparition du personnage de Ringo Kid à l'écran, le travelling avant rapide par lequel nous découvrons le visage du jeune John Wayne (encore largement inconnu à l'époque), nous ne voyons pas seulement le Ringo Kid, nous voyons *déjà* la star que va devenir John Wayne, nous *projetons* donc sur ce personnage le futur de l'acteur et cela confère également une profondeur temporelle au

---

[93] Aristote, *Poétique* (IV, 1448 b)

personnage, car cela lui donne un avenir (physique et cinématographique). D'ailleurs, Ford effectue un travelling similaire sur John Wayne dans *La prisonnière du désert* : lorsque Ethan Edwards découvre des « blanches » ayant vécu chez des indiens et qu'il pense qu'il pourrait s'agir de sa propre nièce. Pour exprimer la façon dont la découverte de ces femmes misérables saute aux yeux du personnage, Ford fait un travelling rapide sur le visage haineux de ce dernier. Ce visage dur et agressif fait ainsi écho à ce plan de *Stagecoach* et permet de voir en Ethan comme l'envers ou le devenir de Ringo, sa face sombre ou cachée. John Wayne permet ainsi à Ringo Kid d'être autre chose que Ringo Kid, via la mémoire du spectateur (et réciproquement : Ringo Kid permet à Ethan Edwards d'être autre chose que simplement Ethan Edwards).

L'espace e(s)t le temps

Pour évoquer le dernier aspect de la « résistance poétique » que je vois à l'œuvre dans le dernier plan de *La prisonnière du désert*, il faut revenir au geste discret qu'y effectue le personnage. Ce dernier fait un mouvement consistant à prendre son bras droit avec sa main gauche, comme s'il était embarrassé. Ce geste, qui peut passer inaperçu ou sembler anodin possède, pour les amateurs de Ford et de western, une connotation particulière. Ce mouvement est celui qu'effectuait Harry Carey, une des premières stars du western à l'époque du muet, en particulier dans *Le ranch Diavolo* (son premier long métrage avec Ford en 1917). Le jeune Marion Morrison admirait Harry Carey dans les années 1910 lorsqu'il découvrit le cinéma à Glendale (Californie). John Wayne a d'ailleurs copié bon nombre des aspects de son jeu sur Harry Carey. Ils ont même fini par jouer à plusieurs reprises ensemble : en 1941, dans *Shepherd of the hills* (Hathaway), Harry Carey interprétant (symboliquement) le rôle du père de John Wayne ; en 1947, dans *L'ange et le mauvais garçon* (Grant). Sans compter que *Le fils du désert* (1948) dans lequel joue

John Wayne est un remake par Ford lui-même d'un de ses films muets dans lequel le personnage que reprend John Wayne était originellement interprété par… Harry Carey lui-même. Par ailleurs, Olive Carey, sa veuve, comme Harry Carey Junior, leur fils, jouent dans *La prisonnière du désert* : en particulier, c'est à Olive Carey, la veuve de Harry Carey, que Ethan Edwards confie Debbie lorsqu'il la ramène. Ce geste du bras, improvisé par John Wayne lors du tournage, qui se voulait être un hommage à un des acteurs clefs de la naissance du cinéma et des débuts du western, charrie dans la mémoire du spectateur cinéphile autre chose qu'une simple gaucherie de la part du personnage. Dans et par ce geste, qui l'inscrit dans une tradition, une continuité, John Wayne résume un pan entier de l'histoire du western : il fait ainsi revivre dans et par son jeu d'autres acteurs, d'autres rôles, d'autres films. Avec ce geste, John Wayne cesse d'*interpréter* un personnage, il cesse même d'*être* lui-même (au sens où l'entendait Walter Benjamin), il *incarne* une nouvelle fois quelque chose qui le dépasse, il devient le représentant d'une famille cinématographique, celle de Ford et, à travers ce dernier, celle du cinéma américain classique.

À cela s'ajoute que, immédiatement après ce geste, John Wayne esquisse un mouvement de recul pour laisser passer d'autres personnages, se retourne, s'éloigne de la caméra et une porte se referme, qui clôt le film. Avec ce geste, la porte qui se ferme n'est plus seulement une simple porte (ou un procédé rhétorique de clôture). Ce qui se ferme, s'achève, c'est d'abord le western en tant que genre : ce dernier va en effet bientôt disparaître, non seulement avec l'effondrement des studios, mais également avec le passage d'une génération à une autre. *Le gaucher* d'Arthur Penn a été réalisé seulement deux ans après *La prisonnière du désert*. Parmi les grands cinéastes classiques, les westerns significatifs postérieurs *La prisonnière du désert* se comptent sur les doigts d'une main. Cette porte qui se ferme est également celle du cinéma de Ford : aucun de ses films ultérieurs n'aura la vigueur, la profondeur ni la puissance de *La prisonnière du désert*, tant sur le plan formel ou stylistique, qu'historique et émotionnel. D'ailleurs, la démarche de John

Wayne est une imitation de celle de Ford. C'est donc bien ce dernier qui, avec ce dernier plan, prend congé de nous.

C'est donc au moment même où John Wayne se constitue comme symbole ou comme archétype que, d'un même mouvement, il s'évanouit ou disparaît pour laisser la place à la nouvelle génération. À l'exception de *Rio Bravo* et *L'homme qui tua Liberty Valance*, Wayne incarnera peu de rôle décisifs après *La prisonnière du désert*, bien que, comme l'a montré Luc Moullet, la fin de sa carrière soit marquée de manière originale par un ensemble de variations autour de son vieillissement, de sa décrépitude et de sa maladie (*El Dorado, True Grit, Rio Lobo, Le dernier des géants*, etc.). C'est sans doute ce qui confère à ce dernier plan de *La prisonnière du désert* sa force, son intensité et sa mélancolie : on peut y voir à bien des égards une forme d'oraison funèbre du cinéma classique hollywoodien.

Antoine Roullé
Professeur des classes préparatoires,
Lycée La Bruyère, Versailles

De l'inscription à l'absence
Architectures de l'Ici, architectures de l'Ailleurs

Saura-t-on jamais en quoi précisément réside la dimension poétique de quelque chose ? Ou quand la poésie, vraiment, a lieu ? Y a-t-il poésie quelque part précisément, et absolument ? Ou bien la poésie se situe-t-elle seulement dans le regard qui se porte sur un objet, quel qu'il soit ? Soit la poésie est l'enchantement du monde par le langage, soit elle est partout et nulle part, simplement dans la rencontre entre la présence des choses de ce monde et celle d'une conscience. Soit le langage explore, déconstruit, défronce, aplanit, retourne, transperce, soit il est ce qui vient compromettre toute approche poétique du monde en s'interposant entre soi et le reste, tout le reste. Soit les choses n'émergent que par le Verbe, soit elles n'existent pour personne et pour rien, se tenant d'une certaine façon *disponibles*, indéfiniment offertes à une sensible saisie. Cependant, il se pourrait que contre toute attente, un point d'accord entre ces deux conceptions existe.

Puisque la poésie bouleverse notre rapport au monde, ce qu'elle institue en fin de compte c'est une nouvelle façon de l'*habiter*. Nous emparant du verbe même, nous nous sommes proposés de penser *par* et surtout *avec* l'architecture. Et de nous permettre de comparer ce qui *a priori* ne peut pas l'être : un édifice pesant de toute sa matérialité dans le monde, lumineux, lisible, et un édifice purement imaginaire, obscur, illisible. Soit l'abbaye cistercienne et le château noir. *A priori*, donc, nul rapprochement possible entre ces deux édifices-là, si ce n'est, sans doute, un lien étroit avec le Moyen Âge, allant de soi pour l'abbaye et stylistiquement revendiqué pour le château noir, château écrit. Pareille comparaison ayant pour but de déterminer ce qui, finalement, constitue ce point dont nous pressentons l'existence, ce point appelé plus haut *point d'accord*.

Le rattachement de la poésie à l'architecture peut sembler surprenant, l'architecture étant par définition ce qui, fort prosaïquement, permet un *habiter* ; c'est donc dans un premier temps la possibilité ou non d'une poétique de la fonctionnalité – résidant dans un ancrage dans le réel – que nous interrogerons, à la lumière de la claire structure de l'abbaye cistercienne, s'offrant lisiblement. Cependant, les châteaux noirs dressés par une certaine littérature, et par conséquent purement *imaginaires*, qui ne vont pas sans offrir une image antinomique à celle des abbayes, proposent une expérience d'une toute autre nature : c'est que, sombres, repliés sur eux-mêmes, ils se présentent comme des terres inconnues, des îlots de sauvagerie, parfaitement inhabitables. C'est dans leur fermeture que réside leur *charme*. Mais ces châteaux sont à proprement parler des châteaux sans image : lacunaires, délités, tout – et seulement – de langage édifiés, ils demeurent en fin de compte fantomatiques, et absolument irreprésentables.

Commençons par le (re)dire : l'architecture n'est jamais là par hasard. Là où il y a architecture, il y a *réponse*, réponse à une question conjointement posée – au minimum – à la fois par une nécessité et un environnement. Tout est donné : c'est très clairement, toujours, que s'exposent les finalités de la forme. Et en partie parce que la forme détermine ces finalités, précisément. Si bien que, pour reprendre les mots de Feuerbach, il en va de l'architecture comme de l'enfant : « telle intérieurement, telle extérieurement ». Aussi pourrions-nous nous arrêter là. Ce que l'architecture veut signifier, elle l'incarne, de toute sa matérialité. Mais avant même de signifier, cela va de soi, plus simplement elle organise la vie qu'elle abrite, la vie qu'elle permet. En se posant *en tant que*, le bâtiment impose. Un rythme, des déplacements, un fonctionnement ; une façon de se mouvoir, une manière d'être, de tenir et de *se tenir*. De *s'entretenir*, au-dedans. Le bâtiment *positionne* ceux qui le parcourent et l'habitent. Efficace de nature, autoritaire presque, il administre, véritablement, de ses droites ou de ses courbes, ses volumes et sa pesanteur. « Le bâtiment manifeste une intransigeance formelle qui l'a fait comparer à la musique, une musique immobile[94] » fait remarquer – avec justesse – Henri Van Lier. Ici, d'une part, il y a bien sûr, surgissant, l'énorme paradoxe – ultra-matérialité de l'architecture en tant que construction effective et immatérialité légendaire de la musique – ; mais il y a aussi le rappel d'un état de faits : les créations ne font jamais qu'*affecter* une certaine évidence, un certain *naturel*. Toujours, dans une certaine mesure – nous parlons bien de musique, mais pas uniquement –, il y a ce qu'il faut bien appeler un cadre. Toute œuvre obéit – plus ou moins ouvertement, il est vrai – à un rythme, ou plutôt, *se cale* sur un rythme, un rythme qui fait fonction de support, de *partition*, même. Dans le champ musical – et un champ, ça s'étend, physiquement, ça prend place, presque visiblement – la portée *supporte* et *encadre*. Elle peut toutefois n'être pas, ou n'être plus ; en pareil cas, il y a fort à parier qu'il subsiste quelque chose d'elle, malgré tout, sous une forme ou sous une autre. Mais revenons à l'architecture. Le bâtiment pétrit, le bâtiment façonne : il *agit* – de toute son immobilité s'entend – comme une matrice. Il est là pour faire en sorte que *ça fonctionne* ; il se doit d'être proprement investi. Et de nous rappeler la vision parnassienne de Théophile Gautier, exprimée dans la célèbre préface de *Mademoiselle de Maupin* : « Tout ce qui est utile est laid, car c'est l'expression de quelque besoin ». Et de nous souvenir des quantités d'objets artistiquement détournés par les surréalistes, destinés à nous faire mesurer combien, rendus inutiles, ils sont indiscutablement beaux... et poétiques. Et de penser

---

[94] Henri Van Lier, *Les Arts de l'espace*, Paris, Casterman, 1959, p. 257.

aussi, forcément, aux ready-mades. Or, si la poésie surgit précisément là où la fonctionnalité fait défaut, soit en l'absence de tout usage avéré, dans une perspective postromantique, une architecture poétique n'a simplement et définitivement pas *lieu d'être*.

 Puis il y a l'*autour*. Tout bâtiment est pourvu d'un *autour*. Et à la fois il le boute hors ses murs et fonctionne *avec* – il le comprend. Car le bâtiment, ne se substituant pas à son entour, n'est pas insulaire : il prend place, *carrément* pour ainsi dire, en un lieu qui le conditionne au moins autant qu'il le conditionne en retour. Un bâtiment dialogue, de fait et constamment, avec ce qui lui est extérieur. Il n'est pas, malgré ses murs, posé comme une boîte parfaitement hermétique. Considérons un instant le cas des abbayes cisterciennes, qui sont exemplaires en matière d'efficacité dans l'organisation de l'espace et du temps : églises conçues comme des chambres de résonances, larges galeries, pierres nues, partout. Tout déplacement dans l'abbaye est rendu efficace par des accès apparents, parfaitement lisibles. De superficiel, là, il n'y a trace. Point de *surcroît*, pour ainsi dire, dans une abbaye cistercienne. Tout est à l'économie. Mais surtout : tout se donne, sans ambages. C'est que l'architecture cistercienne constitue, en soi, une *évidence*. On lit dans ces pierres comme on voit une photographie : il n'y a pas de revers à la chose. Pas de dessous, pas de derrière, aucune espèce de dérobade : simplement la présence, absolument la présence ; c'est là, droitement, manifestant l'extraordinaire par l'ordinaire. Voilà comment, ni plus, ni moins, nous est signifiée l'existence du sacré. Donc : pas de sévérité, ni d'austérité architecturale, mais uniquement la radicalité qu'exige une célébration ininterrompue et silencieuse. Érigées en marge de l'agitation humaine, les abbayes cisterciennes se trouvent *de fait* au cœur du monde. Et même : elles se trouvent d'autant plus au cœur du monde qu'elles se détournent, ou se détachent, de celui-ci – mais toute la subtilité, bien entendu, réside dans ce *monde*, qui par définition se fait fort d'être indéfinissable, sinon l'indéfinissable même. C'est que les moines travaillent : repoussant le chaos sylvestre, ils produisent cet effort « qui rend les mains calleuses, et dont l'intention est de dompter à la fois le corps de l'homme et l'univers visible[95] ». Aussi trouvent-ils dans leur environnement immédiat un champ infini de *fissures* – par là il faut entendre : points d'entrée, pures ouvertures, se posant comme autant de possibilités de *devenir* en *faisant devenir*, de concert, soit autant de voies de *raccordement*, au sens strict. Il s'agit pour eux de s'élever par le *faire*. « L'art cistercien, écrit Georges Duby, commence à la bonification, à l'aménagement des roies, des soles, des terrasses. Il commence à l'édification de la clairière[96] ».

Entendons : la clairière, trouée opérée dans l'étendue boisée inculte, semblable à un œil – un *oculus*, vraiment – est déjà, en soi, monumentale : place est faite à Dieu. Il advient dans la lumière permise par le labeur des moines, là où on ne l'attendait pas, conquérant la part d'ombre assise en ce bas-monde. La beauté surgit au beau milieu du chaos, comme un éclair, et, rayonnant, elle va *effectivement* convertir tout ce qui n'a pas de nom, tout ce qui jusque-là demeurait comme dans un pli, un revers de ce qui est. Désormais, avec elle, là, il y aura. La clairière ne dit finalement pas autre chose que : « Il y a ». L'incidence – lumineuse – se pose en évidence.

> Tout ce que rend le sol fécondé par la technique doit se consumer dans un embellissement du monde, par les actes qui érigent, au milieu de terres bien tenues, nettes, claires, des bâtiments dont est banni tout superflu, des œuvres contenues, réprimées, sévères, comme doivent l'être ceux qui cheminent sans bagages, sèches et dures comme des outils parfaits.[97]

Et l'auteur d'ajouter : « Belles par conséquent, et pour cela bonnes puisqu'il n'existe aucun discord entre l'esthétique et l'éthique[98] ».

---

[95] Georges Duby, *Saint Bernard, l'art cistercien*, Paris, Flammarion, 2010, p. 106.
[96] *Ibid.*, p. 113.
[97] *Ibid.*, p. 119.
[98] *Idem.*

Coïncidence de l'apparence et de l'essence : présence tout à coup de la beauté. Le monde est beau parce qu'il est organisé et qu'il fonctionne droitement, dans la lumière, et qu'il n'a pas d'envers. Il se pourrait alors que la fonctionnalité – et une abbaye cistercienne se doit de fonctionner – engendre la beauté ; n'en déplaise à Gautier.

Mais il est des architectures qui, se dressant sur des centaines et des centaines de pages, – et de celles-là, on ne peut pas dire qu'elles sont *couchées* –, obéissent à des principes bien différents, des principes en quelque sorte inavouables. Ces édifications, projetant leurs ombres sur une petite part de la littérature, à partir de la fin du XVIIIe siècle, ne se parcourent pas mais se lisent. Il faut comprendre qu'alors, poétiquement parlant – mais pas uniquement peut-être –, l'Europe étouffe, elle se meurt ; les excès des Lumières, engagées à corps perdu dans une marche éclairée vers le progrès, l'ont conduite à l'interrogation : peut-on vivre totalement lorsque midi s'éternise ? Les châteaux noirs, quand ils font leur apparition, s'élèvent à rebours de cette marche, comme un refus, un rejet catégorique de la transparence et de l'ordre : c'est ostensiblement qu'ils ne rentrent pas dans le rang. Écarquiller les yeux n'est pas un mode de vie, ce n'est qu'une façon de se faire à la cécité ; les châteaux noirs invitent simplement à fermer les paupières. Tournant le dos à ce qui résolument s'avance sans (va)ciller, incarnant pour ainsi dire leur désaccord, ils se font îlots de résistance et se dressent, hirsutes, comme les derniers remparts de l'invisible, de toutes les invisibilités. Obscures de nature, nécessairement closes, isolées, ces forteresses font figure aussi bien de refuges que de prisons : elles sont de véritables chambres fortes. Les châteaux de Hardayne, Mowbray, Otrante, Ollada, Tynemouth, Wolfenbach, Strathmay, Vivaldi, Sante Fe, Roviego, Athlin, Dunbayne, Wolfnorth et Monteagle s'inscrivent donc, parmi d'autres, dans une constellation singulière et ténébreuse ; mais, comme autant de points éteints, ou de petites nuits, c'est aussi et surtout de leur opacité qu'ils tirent leur brillance.

Ces architectures noires – nous les appellerons ainsi – fonctionnent sur un principe de fermeture. Déjà impénétrables en raison de leurs épaisses murailles, hautement réfractaires, elles sont construites sur un principe d'emboîtement, semblablement à des poupées russes : toujours en leur sein demeurent des espaces cachés. Ainsi est-il toujours question d'ailes ou de pièces inaccessibles, la plupart du temps en raison d'un interdit posé par le maître de céans. En se penchant un peu, l'on peut trouver sans beaucoup de difficultés dans la littérature des châteaux précurseurs des châteaux noirs à proprement parler. En des temps plus reculés, Charles Perrault édifia dans l'un de ses contes une maison de campagne dont le moins que l'on puisse dire est qu'elle se (main)tient toujours en bonne place sur l'échelle des lieux de l'effroi. Son propriétaire est resté célèbre : il s'agit de la Barbe bleue. Et souvenons-nous de ses paroles lorsque, peu avant son départ, il remet un lourd trousseau de clés à sa jeune épouse :

> Pour cette petite clef-ci, c'est la clef du cabinet au bout de la grande galerie de l'appartement bas ; ouvrez tout, allez partout, mais pour ce petit cabinet, je vous défends d'y entrer, et je vous le défends de telle sorte, que s'il vous arrive de l'ouvrir, il n'y a rien que vous ne deviez attendre de ma colère.[99]

Apparaît donc ici une figure singulière : celle de la prisonnière enfermée en quelque sorte *par inversion*. La jeune femme est libre, dans une maison somptueuse – Perrault insiste sur la magnificence des lieux ; cependant, l'interdit de son époux lui est insupportable – c'est lui qui constitue sa véritable chaîne. Sa curiosité la pousse à commettre l'irréparable ; les femmes ne sont-elles pas incurablement curieuses ? Incapable de résister, elle introduit la clef dans la serrure et ouvre le cabinet ; alors s'offre à elle une vision pétrifiante. Est-il besoin de la rappeler ? Mentionnons simplement le plancher « couvert de sang caillé, dans lequel se [mirent] les corps de plusieurs femmes mortes et

---

[99] Charles Perrault, *Contes*, Paris, Le Livre de Poche, 2006, p. 220.

attachées le long des murs[100] ». Deux siècles après l'écriture de ce conte, Bram Stocker dressait un autre château, perdu dans les Carpates : celui de Dracula. Or il est curieux de constater que, lorsqu'il accueille le jeune Jonathan Harker, le conte lui donne des instructions qui ne vont pas sans rappeler celles de la Barbe bleue à son épouse :

> Vous pouvez aller partout où vous voulez dans le château, excepté dans les pièces dont vous trouverez les portes fermées à clef. Il y a une raison à ce que toutes les choses soient comme elles sont, et si vous les voyiez comme je les vois, si vous saviez également ce que je sais, peut-être comprendriez-vous mieux.[101]

Les pages qui suivent le confirment : Jonathan Harker est bien le prisonnier de Dracula. Entre le siècle de Perrault et celui de Stoker, les auteurs des « authentiques » romans noirs usent de ressorts semblables : une littérature, que l'on qualifiera de « gothique », est née. À propos de cet adjectif « gothique », précisons d'emblée que Maurice Lévy, le sachant problématique, en propose une définition très claire : « […] il recouvre dans tous les cas l'usage d'une architecture médiévale, la présence – réelle à des degrés divers – de l'Au-delà, et une atmosphère particulière faite d'angoisse et de mystère[102] ». Une définition qui nous permet, au passage, d'interroger la nature de la relation qu'entretiennent les romanciers de l'école « frénétique » – épithète employée par Charles Nodier – avec le Moyen Âge. C'est que le fantasmant lisiblement, se le figurant nécessairement obscur et inculte, brut, intact, ils en font le lieu, le temps idéal pour accueillir leur marche à rebours : qu'espérer de mieux qu'une *terra incognita* pour dresser des châteaux, dans un geste qui signifie, *poétiquement*, l'urgence de se blottir dans un repli du monde ? Mais pour l'heure, contentons-nous de résumer les choses de la sorte : ces

---

[100] *Ibid.*, p. 223.
[101] Bram Stoker, *Dracula*, Paris, Actes Sud, 2001, p. 62.
[102] Maurice Lévy, *Le Roman « gothique » anglais, 1764-1824*, Paris, Albin Michel, Bibliothèque de l'Évolution de l'Humanité, 1995, p. 388.

demeures écrites sont dissimulatrices. C'est à ce titre-là aussi qu'elles sont obscures. Toujours un point en elles résiste, un point dont le maître est le gardien. Et ce point à vrai dire est celui vers lequel, le gardant, il ne cesse de regarder.

Mais il y a plus que cela. Ces châteaux, isolés, construits à la marge, au cœur de la forêt, ne peuvent s'envisager sans leur environnement, parce que celui-ci constitue la condition même de leur existence ; sans lui, ils ne peuvent être. Il en va de même pour les abbayes cisterciennes. Châteaux noirs et claires abbayes résultent d'un geste radical. Duby l'écrit : « De même la perfection cistercienne est fruit d'un travail sur soi poussé jusqu'au profond de la chair, […] de même le bâtiment cistercien commence à l'écran de sauvagerie que le monastère autour de lui protège. Il a pris corps au sein de cette enveloppe broussailleuse. Il en procède[103] ». Il suffit de relire *Au château d'Argol* : Gracq insiste sur la faible accessibilité du château. « Le château se dressait à l'extrémité de l'éperon rocheux que venait de côtoyer Albert. Un sentier tortueux y conduisait – *impraticable à toute voiture* – et s'embranchait jusqu'à la route[104] ». Ainsi la nature se pose-t-elle en première clôture. Cependant, si les abbayes s'offrent ensuite clairement au regard et au corps, il en va différemment pour les châteaux noirs qui, nous allons le montrer, ne font que « prolonger » cet « écran de sauvagerie ». C'est que, végétant – au sens actif du terme –, les châteaux noirs nous égarent délibérément : ils sont des arborescences volontairement infinies. Au moins aussi sauvages que les forêts qui les enveloppent, à bien lire leurs édificateurs, ils apparaissent véritablement parcourus de sentiers semés d'embûches, ouvrant parfois de larges gouffres devant ceux qui ont eu l'audace, ou la folie, de pénétrer dans leur ventre :

> Une fois le seuil du château franchi, écrit Annie Le Brun, spécialiste du roman gothique, rien ne change : la topographie intérieure est calquée sur celle de la forêt. L'enchevêtrement des souterrains égare comme

---

[103] Georges Duby, *op. cit.*, p. 103.
[104] Julien Gracq, *Au château d'Argol*, Paris, Corti, 2003, p. 21.

> l'enchevêtrement végétal, l'apparition du moindre flambeau déchire la nuit et inquiète avec la même fulgurance que les orages du dehors…[105]

En un sens, la frontière que marquent la lourde porte d'entrée et les hautes murailles est bien mince : elle est même *pelliculaire*. Se posant en intermédiaire entre un dedans et un dehors qui se ressemblent si bien qu'ils en viennent à se confondre, ce rempart censément inflexible se fait surface sensible, miroir même – mais un miroir carrollien ! –, offrant finalement à l'intérieur l'image de l'extérieur. Labyrinthique de nature, le château noir est le lieu même de la perte, voire de la perdition, ou de la *subversion*, pour reprendre le mot d'Annie Le Brun ; mais nous reviendrons sur ce point plus loin. Comme animées par des forces naturelles, incultes, brutales, inqualifiables en somme, les noires architectures n'ont à vrai dire d'autre dessein que celui de se dresser en îlots de résistance : loin d'accueillir, elles *déroutent*. Le visiteur au moins autant que le lecteur. Il faut avouer qu'un bâtiment qui, d'emblée, se pose en opposition au principe de réception qui lui incombe théoriquement, en imposant une grande obscurité quant à son plan, tout simplement, ne va pas sans provoquer l'étonnement. Repensons aux abbayes cisterciennes : si ces dernières se font refuges, lieux de clarté, lueurs au sein d'une sauvage étendue – la forêt –, offrant à Dieu un droit de regard sur un point isolé en des terres innommables, les châteaux noirs au contraire se montrent hostiles, de sorte que celui qui pensait être arrivé quelque part n'est qu'au seuil de son aventure. Les châteaux noirs ne se saisissent pas dans leur entier, jamais : il faut les parcourir pour s'égarer, et de l'égarement précisément surgit l'expérience. L'ombre de la littérature « frénétique » s'est étendue jusque dans l'œuvre de Céline : en 1957 est publié *D'un château l'autre* et le romancier, de sa langue frémissante, tente – et ce faisant, il y parvient – de décrire la complexité de l'organisation intérieure du château de Siegmaringen :

---

[105] Annie Le Brun, *Les Châteaux de la subversion*, Paris, Gallimard, Folio essais, 1986, p. 182.

> D'un tournant l'autre, je me paumais !… […] Lili allait où elle voulait dans tout l'Hohenzollern-Château… d'un dédale de couloirs à l'autre… du beffroi de tout en l'air, des cloches, à la salle d'armes, à fleur du fleuve… un itinéraire que d'instinct !… à la raison, vous travioliez tout !… colimaçons, bois, pierres, échelles !… […] tentures… tapisseries… fausses sorties… tout traquenards !… même un plan vous compreniez rien![106]

Le château de Siegmaringen n'est peut-être pas à proprement parler un château noir ; il n'en demeure pas moins que, labyrinthique, il se tient presque *volontairement* hors de portée de toute logique. En tout cas, de celle des hommes, car Céline le précise : son épouse Lili et son chat Bébert n'ont, pour leur part, aucune difficulté à se repérer dans l'édifice. « Les femmes ont l'instinct des dédales, des torts et des travers, elles s'y retrouvent… le sens animal !… c'est l'ordre qui les interloque… » Perrault, nous l'avons vu plus haut, condamne la curiosité féminine ; Céline reconnaît aux femmes le sens du non-sens. À tort ou à raison – les femmes étant ce qu'elles sont, l'ordre n'étant pas toujours où on le croit. Toujours est-il que l'absence de signification n'est sans doute pas étrangère à l'idée d'une *dimension poétique…*

Il faut finalement bien admettre que, à bien les *lire*, ces noires architectures se révèlent paradoxales à bien des égards ; c'est cependant à l'endroit même de leur défaillance majeure que se joue la note la plus singulière. Faillir, c'est ce que font les châteaux noirs, qui trouvent dans leur couleur – d'aucuns diraient leur absence de couleur – la raison de n'être pas conformes aux attentes ; de fait, les châteaux noirs *ne s'habitent pas*. Et n'étant pas habitables, ils ouvrent de leur négativité, possiblement, la voie d'une poétique. Obstinés, obtus, butés, ils invitent à autre chose, une expérience sans égale qui tient autant de l'introduction au cœur du monde que de la sortie de celui-ci. Les châteaux noirs convertissent les regards en métamorphosant les corps. Julien Gracq décrit ainsi les affres de l'amour que ressent pour Heide le jeune Herminien, claustré dans une

---

[106] Louis-Ferdinand Céline, *D'un château l'autre*, Paris, Gallimard, 1998, p. 171.

des chambres du sombre château d'Argol. Saisi de tout son être par l'image de l'enchanteresse, soumis à son pouvoir, il éprouve l'étrange sensation d'un temps qui ne passe plus, d'un temps suspendu – pour ne pas dire *perdu* :

> Le balancier de l'horloge venait lui rappeler la torture que représenterait pour lui à chaque seconde un Temps vide et fantastique, dont l'horreur consistait tout entière en sa différenciation sensible, un Temps d'où paraissait entièrement distrait l'écoulement de tout phénomène véritablement vital.[107]

Mais peut-être cette expérience d'un « temps vide et purement fantastique » est-elle, aussi bien, l'expérience du temps tout court : « Le temps vraiment ne *s'écoule* que dans le silence et l'espace immobile. Autrement, il passe[108] », écrit Roger Munier. (L'expérience du retrait du temps se faisait également au cœur de l'abbaye cistercienne : « Dans le cloître, le temps s'annule[109] », écrit Duby.) Sensiblement, au-dedans du château, les choses prennent une nouvelle densité : pareils lieux n'ont pas pour fonction d'être investis comme on investit, physiquement, un simple logement. Ce sont des lieux qui, n'étant pas des demeures, *travaillent*, des lieux qui pétrissent leurs visiteurs, avec force ; il y a là quelque chose de l'ordre de la trituration, l'humain étant ramené à ce qu'il est d'abord : un formidable matériau sensible, et par conséquent extraordinairement flexible, plastique. Le château noir ne s'acharne pas, il transforme. Simplement, durablement, radicalement. Qui entre dans l'antre, affrontant l'obscurité, l'effroi, la douleur, l'injustice, amorce une quête initiatique, quête qui ne pourra s'accomplir que dans la violence – mais pour les *soigner*, Parménide faisait littéralement *mourir* ses malades en les enfermant dans une grotte pour une durée indéterminée.[110]

---

[107] Julien Gracq, *op. cit.*, p. 82.
[108] Roger Munier, *Le Su et l'Insu*, Paris, Gallimard, collection Blanche, 2005, p. 22.
[109] Georges Duby, *op. cit.*, p. 119.
[110] Peter Kingsley, *Dans les Antres de la Sagesse : études parménidiennes*, Paris,

Le château noir renverse ce qu'il (com)prend ; souvenons-nous de cette porte pelliculaire, fonctionnant comme une surface photographiable : ce qui est impressionné, là, c'est le monde à l'envers, rien de moins. Mais même retourné, le monde reste le monde.

Alors, finalement, à quoi les personnages de ces si terribles romans se livrent-ils lors de leur éprouvant cheminement, sinon à une quête poétique ? C'est que dans les entrailles du château noir l'on ne cesse d'approcher, pas à pas, ce qui pourrait être qualifié de point limite : ce point atteint, c'est tout un système de pensée qui bascule ; d'où le trouble. Précisément là s'opère la brutale dissolution de celui ou celle qui a marché dans la nuit. Cependant, d'un point de vue poétique, cette dissolution apparaît comme une résolution. Cet instant, Annie Le Brun le définit comme un « moment d'égarement sublime où le héros n'est plus rien que la force motrice d'un mécanisme qui entraîne le lecteur dans un tourbillon de vide, d'absence définitive jusqu'à le plaquer au décor[111] ». Ce moment, c'est celui d'une rencontre aiguë, d'une coïncidence, d'une incise dans l'espace du roman, où tout arrive comme en dehors du langage : tout à coup s'évanouit la frontière entre le sujet et ce qui l'environne, d'objet il n'est plus question, pas davantage que de forme et de fond. S'installe pleinement une présence qui n'a d'yeux que pour elle-même. Et il se pourrait que tout soit dit, ici, déjà. Dans une magistrale absence de signification.

Seulement la *dimension poétique*, nous la cherchons ailleurs. Elle ne tient pas toute entière dans les silences d'un *récit*. Revenons aux lignes, aux formes ; revenons au dessin – dont tout édifice *a priori*, même le plus modeste, même le moins réel, ne saurait se départir. Curieusement, de fait, le plan d'un château noir se dérobe sans cesse à la représentation. Se donnant par fragments, par « clichés » indépendants les uns des autres, il ne permet pas au lecteur de se faire une idée précise de son organisation intérieure :

Les Belles Lettres, Vérité des Mythes, 2007.
[111] Annie Le Brun, *op. cit.*, p. 186.

si certaines salles sont décrites avec minutie par les auteurs, les « liaisons logiques » qui les tiennent nécessairement entre elles sont la plupart du temps escamotées. Bien entendu, un corridor ou un escalier particulièrement *impressionnant*, propre à devenir le théâtre d'une scène terrible, peut faire l'objet d'un regard intéressé. Par goût de l'effet. Mais de manière générale, les différents lieux apparaissent successivement sans que soit rendue possible l'image d'une quelconque structure : irrémédiablement, les lignes d'un quelconque plan *se défilent*. Ajoutons que, par nature, les châteaux noirs sont morcelés, rongés par le temps et les assauts. En témoigne, parmi d'autres, l'état du château d'Udolphe. Montoni, le maître des lieux, de retour après une longue absence, s'entend énumérer par son vieux serviteur les multiples fragilités que présente l'édifice ; ainsi mentionne-t-il « les vents froids qui soufflent à travers le château », « les fortifications de la tour du nord » qui « ont croulé », « une partie du toit de la grande salle [qui] s'est effondrée à l'intérieur », « le mur du rempart [qui] s'est éboulé en trois places », des escaliers et un corridor « dangereux[112] ». Ouvert aux quatre vents, émietté, le château noir défaille perpétuellement : « L'architecture gothique, beaucoup moins compacte que l'architecture classique, est bien plus fragile qu'elle, et davantage exposée aux ravages du temps : elle est donc plus vite en ruines et plus tôt dissymétrique[113] » note Maurice Lévy à propos des châteaux littéraires. Le château noir défaille perpétuellement... mais sans pour autant disparaître. D'autre part, aucun recours à l'*ekphrasis* ne permet de se figurer le château dans son ensemble, de l'imaginer sous toutes ses coutures, de s'en saisir comme d'un objet d'analyse – le texte ne le livre pas « en ronde-bosse » ; jamais le lecteur n'en a une vision complète, parfaite, finie. L'édifice prend forme, là encore, par points de vue successifs, mais il demeure dans l'inachevé. Aussi le texte

---

[112] Ann Radcliffe, *Les Mystères d'Udolphe*, Paris, Gallimard, Folio Classique, 2001, p. 317.
[113] Maurice Lévy, *op. cit.*, p. 219.

donne-t-il le sentiment de « tourner autour du pot » : à architectures lacunaires, textes lacunaires. L'écrit gante la chose, à la perfection. Et le château demeure insaisissable, hors de toute possibilité de représentation. Inimaginable, impensable, incroyable presque, il se donne par volumes, constituant un tout désarticulé, et non par lignes. Il est bien là, mais il se tient avec soin dans l'indistinction, maintenant de la sorte la distance avec le lecteur.

Aussi ces châteaux noirs demeurent-ils illisibles. N'existant que « sur le papier », ils ont pour tout ancrage, pour toutes fondations, des phrases, des morceaux de textes qui, éparpillés, ne leur offrent qu'une faible assise. Cependant, paradoxalement, les « pièces détachées » que l'on ramasse au fil de la lecture finissent non seulement par faire sens, mais également par « faire force ». Car à bien y regarder, ces architectures de la langue s'imposent à l'esprit de manière instantanée : nul besoin de kilomètres de descriptions pour inscrire durablement une image... dans l'imaginaire. Surgissant par touches posées avec mesure tout le long du récit, comme nous l'avons dit plus haut, ces châteaux sont érigés à coups de formules non pas lapidaires – c'eût été heureux ! – mais essentielles : quelques mots, faisant office de charpente, servent d'appui à la naissance de l'image. Ainsi les romans noirs imposent-ils à l'esprit de leurs lecteurs des masses obscures qui, flottantes, semblent tout à la fois apparaître et disparaître. L'on comprendra mieux, dès lors, pourquoi les représentations « matérialisées » de châteaux noirs qu'offrent les gravures figurant en regard du texte dans les éditions aux XVIIIe et au XIXe siècles, semblent souvent, en dépit de leur charme, en inadéquation avec ce qui surgit du langage... et de ses silences. Aucun dessin, aucune peinture, et *a fortiori* aucune photographie ni aucun film ne pourront jamais nous « restituer » le moindre château noir. Le château noir n'a aucune existence en dehors de l'imaginaire : il est par nature une image « hors-la-vue[114] » et toute tentative de son *imagement* est vouée à l'échec. Parce que chacune de ces

---

[114] Marie-José Mondzain, *Homo Spectator*, Paris, Bayard, Essais, 2013.

tentatives constitue seulement un pas *vers*, ou un pas *autour de*, et s'inscrit, finalement, dans une stratégie d'approche ; et seulement d'approche. Ce qui n'enlève en rien à la beauté de nombreuses de ces « tentatives », bien au contraire. Mais le château noir constitue, par nature, un « pot » autour duquel on tourne, semblable à cet égard au « centre-vide[115] » qu'est le palais de l'Empereur à Tokyo aux yeux de Roland Barthes.

Il se pourrait que la dimension poétique de toute chose se situe dans ce que l'on pourrait définir, maladroitement, par la simple capacité d'être là, et d'être si bien là que le monde, tout en restant le monde, en semble en un sens perpétuellement différent. Ce qui est là – n'importe quoi – porte en lui le souffle, la puissance de l'étonnement ; ce qui est là convoque une attention, un regard. Entrevoir la dimension poétique de quelque chose, c'est sans doute saisir pleinement et sans peur que le monde n'a pas de revers et que c'est cette absence de revers qui le magnifie. La poésie surgit quand l'on se repaît de l'inchangé. L'architecture, parce qu'elle est bien là, dit de sa seule présence et sans discontinuer le réel. Le poétique n'est pas à chercher hors du temps, ni hors du lieu : le poétique a lieu, *évidemment*, quand tout est là, c'est-à-dire quand je suis là et que je prends la mesure de tout *le reste*, qui est là aussi, *avec moi* ; tout à coup, ça coïncide. Le point d'accord est trouvé. Aussi les temples grecs portent-ils en eux, aux yeux d'Yves Bonnefoy, un véritable enseignement, en ce qu'ils « montrent l'édifice résistant de toute sa masse à la rêverie qui lui donne forme ». Sans doute ne faut-il lire ici rien d'autre qu'une mise en garde : Yves Bonnefoy réaffirme la caducité d'une assimilation de la poésie à toute forme de rêverie. Et le poète d'ajouter : « Le temple grec est une contradiction. On peut le vivre comme le rêve d'une accession à l'intelligible, on peut apprendre de lui à triompher de ce rêve[116] ». Le temple grec et l'abbaye cistercienne se superposent en cela.

---

[115] Roland Barthes, *L'Empire des signes*, Paris, Seuil, Points Essais, p. 47.
[116] Yves Bonnefoy, *L'Inachevable, Entretiens sur la poésie 1990-2010*, Paris,

Le château noir semble donc, inévitablement, dépourvu de la moindre *dimension poétique*. Irréel, et par conséquent désincarné, chimérique, illisible de surcroît, complexe, au point d'en être *inimaginable*, rien ne semble lui donner la force que détiennent les formes architecturales efficaces pour se faire points de coïncidence. Quel que soit l'angle de vue choisi, le château noir reste approximatif. L'abbaye, le château noir : nous avons donc, dos à dos, la présence contre l'absence, le réel contre l'imaginaire, la forme contre l'informe. Soit deux promesses bien différentes quant à l'expérience que ces bâtiments proposent, l'abbaye étant bien là, pour ainsi dire, et le château forcément nulle part. Et pourtant : le château noir parvient à s'imposer. Il est tout ce qui ne pourra jamais être, de fait. Il est l'édifice qui, ne pouvant être *réduit* à aucun plan, ni à aucune image, ni même à aucun texte, se situe obstinément en dehors du monde, *dans le dehors*. Ou à la limite, exactement ; sur le bord. Il fait seuil et passage, se posant en point d'interrogation sur la ligne d'horizon du monde. L'abbaye résiste à la rêverie, le château au réel. D'un côté la forme finie, parfaite, de l'autre, le refus de toute terminaison. Deux « figures » en lutte, la première contre l'Ailleurs, l'autre contre l'Ici ; si bien que c'est sans doute à l'endroit même de la résistance – peut-être celle à la représentation – qu'elles se retrouvent. Or, entrer en résistance, d'une manière ou d'une autre, c'est déjà *entrer en poésie*. « Le poème est la chose faite du faire lui-même » écrit Jean-Luc Nancy[117]. Et puisque de *faire* il est question, terminons sur cette sentence – éminemment poétique, probablement – d'Yves Bonnefoy : « Faire être, c'est ainsi la fonction de l'architecture[118] ».

Lucie Pons
Agrégée d'arts plastiques,
doctorante en esthétique, Aix-Marseille

Le Livre de poche, Biblio, 2012, p. 18.
[117] Jean-Luc Nancy, *Résistance de la poésie*, Bordeaux, William Blake and Co, La Pharmacie de Platon, 1997, p. 14.
[118] Yves Bonnefoy, *op. cit.*, p. 28.

Poétique de l'intense[119]
Avec Claude Royet-Journoud

Le corps n'est pas sujet, c'est pourquoi...
Claude Royet-Journoud[120]

L'incompréhension tient l'espace vif
Claude Royet-Journoud[121]

Si toute écriture poétique prend une dimension pensive et pensante dès lors qu'elle tente de dire et d'amener à l'expression la pensée qui l'habite et la conditionne, cela ne la fait pas tomber pour autant dans la théorie ou le métalangage. Car le poème permet un travail plastique du langage où celui-ci devient expérience du sens à part entière. Langage qui, indirectement, cherche à marquer l'endroit où la pensée a lieu, où elle s'origine et s'enracine. « Une expérience immédiate de la pensée est-elle possible ?[122] » demande Roger Laporte. C'est sous l'angle

---

[119] Cet article est une version écourtée et remaniée d'un chapitre d'un doctorat, *Ésthétique phénoménologique de l'intensité*, à paraître aux éditions L'Harmattan.
[120] Claude Royet-Journoud, *La poésie entière est préposition*, Marseille, Éric Pesty, 2007, p. 30.
[121] Claude Royet-Journoud, *Théorie des prépositions*, Paris, POL, 2007, p. 51.
[122] Roger Laporte, « Écrire sous son nom », in *Revue Action poétique*, n° 87, consacré à Claude Royet- Journoud, 1er trimestre 1982, p. 26.

ouvert par cette question que je propose d'aborder l'œuvre de Claude Royet-Journoud, celui d'un travail sur le langage qui se tient au plus près de l'ouverture de la pensée à l'expérience sensible qu'elle est.

> Le paysage se répand sur les mains. Effet de la couleur sur le sens. Penser d'une langue le frémissement, l'imperceptible sans fondement, l'épaisseur feinte, les mailles qui ne cessent de s'ouvrir. Par-delà la mer. La masse prend le paysage. Avance sur elle-même. Perturbant l'entrée. Parcourant une brume solide. En fait un matériau.[123]

Détachée de la fixité de la signification logique, la puissance du langage s'exerce entre les mots, à leur articulation, dans les interstices d'un sens invisible. Comme dans la préposition, par exemple, à laquelle Claude Royet-Journoud ramène le champ du poétique : « La poésie entière est préposition[124] ». S'il semble entendre à toute l'écriture poétique cette fonction d'articulation, c'est pour la déconstruire et la reconstruire. Son but n'est pas de réinventer une langue inédite mais de faire de la langue cet espace où la naissance et la disparition du sens sont quasi-simultanées. La bouche, espace vivant de l'articulation de la parole comme du repli de la langue, et qui est un des « personnages » principaux des récits de Royet-Journoud, y « désarticule » le langage par l'écart de sens qu'elle ouvre « entre la désignation et l'ordre[125] ». Elle crée ainsi un nouvel espace de description : « Commerce/ des objets de mémoire // au plus proche de l'évènement / elle lui tient lieu d'alphabet // sur la bouche restée ouverte / une description en fut l'image[126] ».

Un texte de Royet-Journoud porte le titre de « Méthode descriptive[127] ». La description s'y attache à

---

[123] Claude Royet-Journoud, *Les objets contiennent l'infini*, Paris, Gallimard, 1983, pp. 55-56.
[124] C'est le titre du livre paru aux éditions Éric Pesty, *op. cit.*
[125] Claude Royet-Journoud, *Les objets contiennent l'infini, op. cit.*, p. 56.
[126] *Ibid.*, p. 40.
[127] Claude Royet-Journaud, *Une méthode descriptive*, Paris, Le Collet de

l'imperceptible. L'avènement du sens est à ce prix : rien n'apparait jamais qu'en rejoignant le seuil, au présent, de sa disparition imminente. La langue et la parole n'échappent pas à cette règle. La préposition lie et délie en même temps, sans produire de signification par elle-même. Sa seule fonction consiste à faire tenir les éléments ou les mots entre eux. Si le poème ne part de rien d'autre que de la langue établie, la production de sens n'est pas une exigence soumise à un vouloir-dire. La préposition ouvre au contraire l'espace de *la naissance du sens*, en le prenant sur le fait. Elle saisit l'instant fugitif où un sens parait :

> Nous tombons dans le présent. Il tourne le blanc. La fiction trop pauvre déploie un astre. Je tais le sort de celui qui lie la fable au monde. Les bras ployés sous le poids d'une histoire. Phrase à phrase. Phrase après phrase. Comme une histoire [...] Le sens fait son apparition. [...] une façon de porter, déposer, distribuer. De soudoyer, énerver le sens jusqu'au paroxysme.[128]

Qu'est-ce qu'écrire et lire intensivement ? Dans *Théorie des prépositions*, Claude Royet-Journoud trace littéralement les lignes d'une méthode où le *theorein* renoue avec son sens de contemplation. « Bouche ouverte sur un chant inaudible[129] », le langage y articule le silence comme une forme, dans l'invisibilité de son articulation au mot et à la langue : « Feu tournant. Une ligne, de la craie. La langue est soustraite au monde. L'énumération reste dans la bouche.[130] ». « Dans la bouche une phrase remplit le monde[131] » : la chair des mots s'y désarticule pour mieux articuler celle du monde où s'enveloppent choses, êtres et mots.

Buffle, 1986.
[128] « L'amour dans les ruines », in *Les objets contiennent l'infini, op. cit.*, p. 64.
[129] Claude Royet-Journoud, *Théorie des prépositions, op. cit.*, p. 73.
[130] *Ibid.*, p. 42.
[131] *Ibid.*, p. 28.

Sur la table basse, une abstraite venue au monde. Il ressent l'empreinte, la vitesse des syllabes percutées. Un souffle libère les membres inférieurs de leurs attaches. Elle ne limite plus sa force. Elle en atteste la réalité. Les propriétés de la scène dénaturent l'intrusion du dehors.[132]

La poétique du refus de toute immédiateté signifiante articule la langue à elle-même comme pensée et au dehors comme corps. Un corps toujours en prise avec le monde qui en recueille les mouvements. Se tenir au plus près du sol, par exemple, « sur la table basse », c'est faire exactement advenir le monde dans ce qui s'en abstrait : la langue. L'« abstraite venue au monde » s'érige dans le « mur[133] » du langage qu'il s'agit moins de détruire que de construire. Ou plutôt de re-construire *avec* son dehors. L'idéal, pour Claude Royet-Journoud, serait « que la page ne se voie pas, [...] qu'elle soit invisible[134] ». Non qu'elle disparaisse, mais qu'elle se fasse surface de réflexion, où le monde viendrait se réfléchir, et où notre corps viendrait le toucher muettement. Faire du mur une vitre transparente, ce n'est pas trouver dans les mots une matière qui accentue la visibilité du visible. C'est construire ce mur des deux côtés, comme une surface en épaisseur. C'est envelopper, par la fiction, ce qui lui échappe. Que met en scène le récit en définitive ? De quoi est-il l'approche ?, se demande Roger Laporte. Réponse : « la répétition brève, intense, d'un seul mouvement, sans cesse réitéré, vers ce qui s'oppose à tout mouvement, à tout langage, à l'obtention d'un quelconque résultat positif[135] ». La poésie de Claude Royet-Journoud est une écriture en négatif, où le sens affleure à même son invisibilité. Ecriture accordée à la théorie merleau-pontienne pour laquelle l'invisible n'est pas le contraire du visible mais

---

[132] *Ibid.,* p. 32.
[133] « Le langage, même creusé, ne fait voir que lui-même : un mur », in *La poésie tout entière est préposition, op. cit.,* p. 37.
[134] Claude Royet-Journoud, Entretien avec Jean Daive, « Un système latéral », in Revue *Fin,* n° 13, Paris, Édition Pierre Brullé, 2002, p. 22.
[135] Roger Laporte, « Écrire sous son nom », in Revue *Action poétique* n° 87, *op. cit.,* p. 26.

sa « membrure » : « on ne peut l'y voir et tout l'effort pour l'y voir, le fait disparaître, mais il est *dans la ligne* du visible [...] il s'inscrit en lui (en filigrane)[136] ».

Résistance

> C'est comme une rage que rien n'apaise. Chaque coup renforce sa vigueur. La chute donne la mesure du pas. La fragilité d'un sens « qui referme quatre corps simples ». Sans les reconnaître, elle renoue avec eux. Seul le chiffre résiste. Il la rend à son exploitation minière.[137]

Peut-être la recherche d'intensification de la langue ne résulte-t-elle que de l'expérience de sa résistance au dire, elle-même écho d'une résistance première, celle de l'existence à se soumettre à toute délivrance immédiate de sa signification. Claude Royet-Journoud l'avoue : « j'aime cette résistance (au sens)[138] ». La poésie affronte l'incertitude du sens : la difficulté à intégrer au dire ce qui n'est pas encore dit et qui, par définition, résiste. Le sens ne vainc pas cette résistance, il l'assimile par un renversement sur sa face invisible, purement sensible. Le vers articule le sens par renversement du linguistique en sensible, et inversement. Le sens sensible prend alors corps *à la lettre* dans le corps du texte.

Le lyrisme poétique peut toucher au pathétique quand le style prend la forme pour un contenu et pour une fin en soi. L'« effet » poétique sombre alors dans le décoratif. À vouloir enfermer la langue dans son autonomie formelle ou oublier son ancrage ontologique, et, simultanément, le lecteur lui-même. Car l'écriture poétique ne se soutient que de son essence de texte lu et lisible. La langue poétique, dans son intériorité silencieuse, intègre la bouche et l'oreille du lecteur que le poète est pour lui-même

---

[136] Maurice Merleau-Ponty, *Le visible et l'invisible,* Paris, Gallimard, Collection Tel, 1991, p. 269.
[137] Claude Royet-Journoud, *Théorie des prépositions, op. cit.,* p. 19.
[138] Claude Royet-Journoud, *La poésie entière est préposition, op. cit.,* p. 34.

dans un dédoublement qui est moins la perte de son identité que son devenir-anonyme. « *Ce qui s'écrit est muet* », mais cela n'a « rien à faire avec une absence de corps », et même « ça ne fait que renforcer l'idée de corps[139] » : le poète, le « sujet » du texte n'est pas une subjectivité intime revendiquée comme telle mais une singularité ouverte et se faisant chair du corps d'un autre anonyme. Anonymat de ce qui est cependant reconnu à la fin :

> Il existe quand on le reconnaît, comme on « reconnaît » un corps à la morgue. C'est une chose à la fois affreuse et étrange. C'est quand cela se détache. Tu reconnais quelque chose qui est absent, qui est soustrait au moment même où le poème est suffisamment anonyme pour que tu le signes.[140]

Par une sorte de réflexivité muette, le poète se met à l'écoute sans volonté de maîtrise ou de soumission à un quelconque vouloir-dire. La présupposition du sens réalise une forme de réflexivité non intellectuelle qui jette la langue au-devant de soi. Faire coïncider la production du sens et son advenue anonyme échappe au formalisme parce qu'il s'agit d'une coïncidence ouverte, incarnée, dans l'expérience du poème. Le sens y est *lisible* avant d'être signifiable. Sa chair s'institue en mots comme d'elle-même. Dans l'indifférence incestueuse d'une jointure sensible insaisissable, et pourtant bien réelle :

> c'est l'épanchement visible / le soulèvement d'une peau, d'un rapport / la préposition choisit l'inceste[141]
>
> le corps se glisse là / d'un mot à abattre[142]
>
> lèvres posées sur le nom / ils s'ajointent[143]

---

[139] Entretien avec Jean Daive, in revue *Fin, op. cit.*, p. 22.
[140] Claude Royet-Journoud, *La poésie entière est préposition, op. cit.*, p. 16.
[141] Claude Royet-Journoud, *Théorie des prépositions, op. cit.*, p. 64.
[142] *Ibid.*, p. 15.
[143] *Ibid.*, p. 17.

Je choisirai un mot, une phrase. Autour du cœur, de la cuisse [...] Il traverse le ciel. Au-dessous, la parole heurte le mur [...] Tout cela s'éteint sans que je bouge. Sans que je déplace le corps d'une lettre.[144]

La langue anonyme s'ouvre à son fonds sensible sans se refermer sur soi, ni s'abstraire du monde. Langage incarné, la poésie réalise par définition l'impossible coïncidence du sensible et de l'intelligible. Jean-Luc Nancy a raison de dire que les arts qui touchent au sens intelligible, les arts du langage, peuvent constituer une unité, la « poésie » justement, à laquelle tous les autres arts touchent ou participent selon diverses modalités. Le poétique en tant que *poïesis* est l'origine de tout art. Ce que le sens commun pense spontanément, il est possible de l'envisager sous l'angle proprement philosophique. Dans *Les Muses*, Nancy expose la prévalence ou la domination de « la » poésie au singulier en tant que, supérieure à tout poème, elle opère en deux moments simultanés et opposés : reconduction des arts sous l'unité d'une production du sens d'une part, et « dis-location sensible du sens » d'autre part[145]. L'histoire du mot atteste la division originelle de la poésie : « dissension de la production technique *et* production paradoxale (introuvable) de cette dissension même en tant qu'essence, mais "essence sensible" [...] de la production[146] ». La production est en son essence, exclusivement, production du *sens*. Toute la nuance réside alors dans la définition donnée au mot « sens » qui ne désigne plus ici une signification logique, ni même un simple effet de signifiance. La production du sens indique le sens immanent qu'elle porte dans son préfixe « pro » : elle est « tension littéralement intenable vers un *en-avant* [...] du sens en tant que ce qui le "produit" comme tel, c'est *d'abord* qu'il soit reçu, éprouvé, bref senti comme sens (on pourrait dire : le sens se sent, et la vérité, la *touche* de la vérité, est

---

[144] *Ibid.*, p. 73.
[145] *Ibid.*, p. 52.
[146] Jean-Luc Nancy, *Les Muses*, Paris, Galilée, 1994, pp. 52 et 53.

l'interruption du 'se sentir')[147] ». C'est littéralement ce genre de production que l'on retrouve à l'œuvre dans ces lignes de Royet-Journoud :

> Les objets l'entourent d'un cercle / comme si / le déplacement se déduisait de ce corps révoqué / l'observateur s'affranchit de toute discrimination / puissance de l'étonnement / dans la bouche une phrase remplit le monde / la perte d'une voyelle démet le sens / il les déchire par un usage abusif[148]

Le sens n'est pas l'objet d'une sensation exacerbée, comme si l'excès du senti pouvait suffire à *faire sens*. La face sensible du sens n'est pas une condition prédéterminée ou une origine cachée : c'est le sens qui naît comme sensible, en tant qu'il est fondamentalement d'abord senti. Autrement dit le sens est bien d'abord expérience. Il ne s'agit ni d'une qualité ni d'un effet induit. S'il n'y a pas à proprement parler de présence du sens, comme d'un objet posé devant qui se soumettrait à nos conditions d'expérience, c'est qu'il se précède toujours justement dans sa dimension sensible. Ce que Nancy nomme cet « en-avant » par quoi il prend corps. L'intensité dit l'en-avant du sens qui se précède toujours comme expérience.

Dans le poème, cette expérience advient à même la lecture parce qu'elle lie sens et chair inarticulée des mots. Expérience de tension entre deux pôles que rien ne résout sinon leur dé-liaison. Déliaison qui prend corps chez Claude Royet-Journoud dans la préposition : « la préposition est un peu comme la rime ! Elle met le sens en jeu », parce qu'elle est cette « action de mettre en avant[149] ». Contrairement à la métaphore, entendue comme puissance de transposition de la signification d'un mot à un autre, la préposition reste dans le sens commun littéral :

---

[147] *Ibid.* (nous soulignons).
[148] Claude Royet-Journoud, *Théorie des prépositions, op. cit.,* p. 28.
[149] Claude Royet-Journoud, *La poésie entière est préposition, op. cit.,* p. 34.

> Le corps se lit de gauche à droite // sur le carton, la langue vacille / ça vient du dehors / des genoux ployés et, ici, de la fatigue.[150]

C'est la littéralité et non la métaphore, au sens classique du terme, qui constitue le problème poétique par excellence. Prendre à la lettre, c'est « mesurer la langue dans ses unités "minimales" de sens[151] ». Dans la conversation avec Emmanuel Hocquard du 8 février 1982, Royet-Journoud explique que travailler ces unités minimales de sens, « c'est mettre en place une théâtralisation [...] d'un sens à peine fait, à peine formulable, à peine…[152] ». C'est le sens à l'état naissant qu'il tente de saisir, comme s'il s'agissait de le laisser paraître de lui-même. La préposition est « essentielle parce que transparente[153] », invisible. Sans être l'unique priorité de l'écriture, le sens est essentiel mais « il doit être tremblé ou [...] bougé[154] » : « Toute écriture est fondée sur l'entropie ». Si l'unique question est celle du sens, du « moment où il se met en marche », elle demeure « insoluble et indécidable[155] ». La préposition est comme l'incorporation de cette tension. Phénomène de tension qui prend corps à travers cette expérience proprement impossible du sens rendu sensible à lui-même dans l'infime différence d'avec soi qu'est son advenue même.

Se tenir sur « la frange tremblée de la prose[156] », ce n'est pas jouer de l'obscurité du sens, c'est le reconduire à sa re-naissance toujours présente dans des corps. Royet-Journoud évoque une phrase de Bousquet à laquelle il est attaché : « Toute l'expérience poétique tend à restituer au corps l'actualité de la naissance[157] ». La préposition est ce

---

[150] *Ibid.*, p. 10.
[151] *Ibid.*, p. 13.
[152] « Claude Royet-Journoud - Emmanuel Hocquard, Conversation du 8 février 1982 », *in Action poétique, op. cit.*, p. 13.
[153] Claude Royet-Journoud, *La poésie entière est préposition, op. cit.*, p. 34.
[154] « Entretien avec Jean Daive », *in* revue *Fin, op. cit.*, p. 24.
[155] Claude Royet-Journoud, *La poésie entière est préposition, op. cit.*, p. 10.
[156] *Action poétique, op. cit.*, p. 13.
[157] *Ibid.*, p. 17.

qui pose le sens « en-avant » de lui-même, dans une mise à nu qui n'est plus donnée qu'à sentir. La poétique de l'intense est la mise en scène de ce sens *fait* corps. Ce par quoi l'intelligible vient toujours en avant de soi comme sensible, phénomène de corps en même temps que phénomène d'esprit, c'est-à-dire zone d'indétermination où l'un et l'autre se rencontrent, se croisent, s'échangent par empiètement. Dans une zone sensible « de séparation et d'union », entièrement composée de « charnières invisibles[158] » qui nous lient au monde et à nous-mêmes, dans une proximité intense, parce que faite autant d'intégration que de différenciation.

Jean-Luc Nancy envisage une vérité qui ne désigne pas la reprise intellectuelle du sens. Une vérité qui est au contraire l'interruption du « se sentir » : l'esprit n'est plus ici le principe de toute réflexivité mais la scission d'une réflexivité purement sensible qui le jette toujours en avant de soi, dans son autre. On peut appeler réflexivité sensible ce retour, impersonnel et anonyme, du sentir sur lui-même mais comme ce qui ne se possède pas. Ce qui, au lieu de l'enfermer sur soi, jette l'esprit en avant de soi : « pour que la pensée se fasse acte, il faut qu'il y ait arrêt[159] ». Etre ouvert à l'ouverture du sens des poèmes de Claude Royet-Journoud, c'est avoir compris que la « pensée » (au sens actif de *cogitatio*) n'est pas « contact invisible avec soi, qu'elle vit hors de cette intimité avec soi, *devant* nous, non pas en nous, toujours excentrique[160] ».

C'est dans une approche similaire à celle de la pensée merleau-pontienne que Royet-Journoud s'inscrit, lorsqu'il dit proposer une « espèce d'espace mental assez menaçant[161] ». Il écrit dans ses carnets : « Je donne à lire quelque chose qui est à peine visible : c'est là que s'exerce la

---

[158] Maurice Merleau-Ponty, *Le visible et l'invisible, op. cit.*, p. 287.
[159] Claude Royet-Journoud, *La poésie entière est préposition, op. cit.*, p. 10.
[160] Maurice Merleau-Ponty, *Le visible et l'invisible, op. cit.*, p. 287.
[161] Entretien avec Jean Daive, *in* revue *Fin, op. cit.*

menace, que quelque chose de violent peut naître[162] ». La menace ne vient pas du dehors, d'un extérieur au mental ou d'un échec de l'esprit à se saisir de soi, comme en-soi. La menace est celle d'un obstacle, d'un « accident » qui serait plutôt le risque que la pensée porte en elle, mais qui n'est pas celui de se perdre. C'est plus simplement, plus *invisiblement*, celui d'une désappropriation qu'elle vit toujours au bord d'elle-même, qui l'empêche d'être connaissance transparente de soi ou expérience claire du monde. Dans la *Phénoménologie de la perception,* Merleau-Ponty interroge pour le sujet cette impossibilité pour le sujet d'être présence pure à soi, quand il parle d'une subjectivité qui n'a « sur elle-même et sur le monde qu'une prise glissante[163] ». Retrouver un espace mental ouvert mais pas transparent, telle est la menace d'une déprise que la pensée cherche à saisir, à reprendre comme prise. On peut y voir cette forme de réflexion sensible qui emporte corps et esprit, cette sorte de réflexion désappropriante qui traverse nos corps et que Merleau-Ponty nomme empiètement, c'est-à-dire l'articulation invisible de l'esprit et du corps[164]. Cela ouvre à l'expérience d'un sujet qui, au creux du sensible, s'y fait surface de résonance - en périphérie – expérience qui ne peut être reprise par l'esprit seul. Sous la force du sens sensible, l'esprit ou l'espace mental est décentré par un double mouvement : il glisse et fuit vers le corps, tout en se laissant lui-même pénétrer par celui-ci, comme mis à nu au bord de la désappropriation.

---

[162] « Bataille dit que le philosophe est quelqu'un qui a peur. Il y a des livres endimanchés. Écrire, c'est être capable de montrer l'anatomie. Il faut aller jusqu'au bout du littéral », *La poésie entière est préposition, op. cit.,* p. 12.
[163] Maurice Merleau-Ponty, *Phénoménologie de la perception,* Paris, Gallimard, Collection Tel, 1992, p. 462.
[164] Cf. notamment *Le visible et l'invisible,* pp. 286-287, où l'on peut noter que Merleau-Ponty utilise justement l'image du mur comme surface de rencontre : « l'accouplement des corps, c'est-à-dire l'ajustement de leurs intentions *à une seule Erfüllung,* à un seul mur où ils se heurtent de deux côtés, est latent dans la considération d'un seul monde sensible, participable par tous, qui est donné à chacun. L'unicité du monde visible, et par empiètement, invisible, […] est la solution du problème des "rapports de l'âme et du corps" ».

Ne saisir que le mouvement évidé du poignet. Au-dessus du corps, une ligne s'invente dans la pulsation féminine du trait. Ils tentent de récupérer la mise. // Une ligne avance quatre fois. Des lettres touchent la nuque. Elle approche sa bouche […] La mort véritable d'une préposition entraînera le cœur en démence.[165]

Il faut arriver à lire ce texte – comme tous les autres - à la lettre. En tant que source de menace, la littéralité est ce qui condense le « maximum de force[166] ». Faire advenir le tremblement intense consiste pour Royet-Journoud à pratiquer un art de l'interruption. L'interruption est ce qui induit de la discontinuité sur fond de continuité. Continuité tracée par ce qu'il appelle le récit, et dont le problème fondamental est : « comment maintenir (l')ouverture ?[167] ». Pour être maintenue comme telle, et non comme trou ou béance, l'ouverture doit être « très contrôlée ». Elle doit être maintenue dans son geste même.

C'est pourquoi la danse est l'espace scénique qui correspond le mieux, selon lui, à son écriture. La danse est l'art qui donne tout le corps, et son mouvement, et où la question du sens donné, ou proposé, ne se pose pas : « il y a une évidence ou pas. Et le poème, c'est ça. Le poème, c'est cette espèce d'énergie violemment corporelle mais qui te fait croire pendant l'espace d'un instant que le mouvement dépasse le corps[168] ». Un mouvement qui traverse le corps sans provenir de lui. Qui le montre emporté par un mouvement qui le dépasse, l'excède, et n'est autre que l'infime différence qui le lie à sa « venue au monde ».

---

[165] Claude Royet-Journoud, *Théorie des prépositions, op. cit.,* p. 75.
[166] Claude Royet-Journoud, « Conversation du 8/02/1982 », *Action poétique, op. cit.,* p. 19.
[167] Entretien avec Jean Daive, « Un système latéral », *in* revue *Fin, op. cit.,* p. 25.
[168] *Ibidem.*

Théâtre de la pensée

Sans résistance, la relation devient fusion, et se nie elle-même : nous le voyons, une poïétique de l'intense doit tenir les trois pôles qui la fondent dans une simultanéité permanente : corps/esprit/monde demeurent liés dans et par le texte, qui par cette liaison même maintient simultanément leur différence. Claude Royet-Journoud se dit « fasciné par une prose qui capturerait à la fois le mental et le physique – et qui en plus laisserait une place au paysage[169] ». Dans *Théorie des prépositions*, il écrit : « dans l'encadrement furtif, le paysage se confond avec l'œil[170] ». Sa méthode seulement descriptive, sa théorie des prépositions, consiste à rendre réversibles liaisons et déliaisons, en restituant à la langue sa chair. Ce que Michèle Cohen-Halimi décrit avec justesse, dans l'essai qu'elle consacre à *Théorie des prépositions* :

> La visibilité se soustrait au spectacle de ses marques sans que l'irreprésentable du corps soit dissimulé. Car le regard se tient à la pointe de ce qui transfigure sa contemplation en toucher. Le poème subtilise sa puissance de sonorité en direction d'une compréhension strictement tactile. Amusique, il travaille à déconstituer le diaphane du sens.[171]

Et l'auteur de poursuivre :

> Il anatomise la chair du vers, met à nu le principe irréductible de son individuation, réanime ce que l'abstraction n'a pas réussi à refroidir, ce qui reste du meurtre inhérent à la logique des énoncés détournés du corps. Entre le son et la vision se découvrent les marques sensibles, hypomnésiques d'une présence articulée, charnelle : préposition.[172]

---

[169] « Entretien avec Keith et Rosemarie Waldrop », *op. cit.*, p. 121.
[170] Claude Royet-Journoud, *Théorie des prépositions*, *op. cit.*, p. 18.
[171] Michèle Cohen-Halimi, *Figuren*, Marseille, Éric Pesty éditeur, 2009, p. 13.
[172] *Idem.*

L'écriture est moins la transcription d'une expérience ou d'une pensée déjà faites, qu'une méthode pour faire advenir ensemble, *simultanément*, ce qui joue entre les différences. Cette méthode « descriptive » des articulations consiste en une syntaxe ou un rythme qui cherche à exprimer ce que nous sentons et pensons « selon une sorte de perception simultanée[173] ». Paysage réel, « étendue de la vue (c'est-à-dire connaissance, préhension)[174] » et paysage « mental », respectivement « apaisement et menace » coapparaissent, dans la tension de leur différence. L'intellectuel et le sensuel s'y croisent sur un fond de présence qui, comme le paysage, ne s'abstrait jamais du décor. Là où demeure le poids de la « menace sans laquelle il n'y aurait aucune pensée[175] ». Le poème intense serait celui qui exprime en mots le rapport simultané au monde, à la fois visible et pensé.

La méthode descriptive de Royet-Journoud possède une réalité proprement charnelle qui rejoint la réflexivité du se-sentir qu'est le sens. C'est dans l'immédiateté de la pensée qu'elle tente d'entrer, dans ce phénomène qui est *en* moi avant d'être *pour* moi. Et qui résiste. Sans réinventer une autre langue, comme celle du poète lyrique qui se veut aussi novatrice que personnelle, le poète intensif tente d'ouvrir les mots de la tribu à ce qui résiste à l'articulation. Résistance par étrangeté radicale d'essence. Il s'agit d'ouvrir une scène qui ne laisse deviner ni la place de l'auteur, ni celle des significations. Une scène qui donne une place au corps désarticulé pour rendre visibles ses articulations défaites, invisibles. « Le corps n'est pas sujet, c'est pourquoi…[176] ». C'est pourquoi il y a le poème, qui n'offre cependant pas une place vide à cette impossibilité. Qui est plutôt « la restitution du corps en forme d'expropriation du

---

[173] *Ibid.*, p. 120.
[174] Claude Royet-Journoud, *La poésie entière est préposition, op. cit.*, p. 15.
[175] *Ibid.*, p. 15.
[176] *Ibid.*, p. 16.

moi et de tout centre de lecture[177] ». En fin de compte, c'est cela qui « livre le poème comme ininterprétable[178] ».

Loin de toute soumission à la production d'« effets », le texte de Royet-Journoud s'engendre comme une sorte de grammaire fictive qui rejette moins le geste productif qu'il ne l'associe radicalement à son contraire, l'improduction, le retrait de l'exigence de création, l'inachèvement. Les poèmes sont en effet « abstraits » de centaines de pages de prose, qui n'ont aucun intérêt littéraire en elles-mêmes mais dans lesquelles l'écrivain prélève les mots futurs des poèmes. Cette prose ne constitue pas l'origine du poème (ce pourquoi le poète se refuse à les dévoiler), elle représente seulement la matière qui lui permet d'arriver à son terme : un « nettoyage » ou une « possibilité de voir[179] ». Par cette méthode, il ne se contente pas de rendre visible ce qui serait déjà là mais caché. Il ne dévoile pas des possibilités de sens dérobées. Il construit des possibilités de voir *à même leur effacement*. La prose de départ ne représente pas un texte original, une référence que le poème « recouvrirait », par défaut en quelque sorte, et dont il garderait dans ses interstices la trace, la marque en creux, le manque. Au contraire, « la suppression permet seulement la théâtralisation de certains mots, de certains projets[180] », c'est-à-dire la mise en scène d'un langage toujours suspendu à sa « soustraction imminente au dicible[181] ». Le sens n'est plus alors que l'expérience de cette suspension même, dont l'imminence n'est pas le report d'un dévoilement à venir, mais le tempo du frémissement du sens : une intensité. « Qu'aurait-il à dire s'il n'y avait que des choses dites ? » demande Merleau-Ponty. C'est l'erreur des philosophies sémantiques de fermer le langage comme s'il ne parlait que de soi : il ne vit que du silence ; tout ce que nous jetons aux

---

[177] Michèle Cohen-Halimi, *Figuren, op. cit.*, p. 13.
[178] *Ibid.*, Michèle Cohen-Halimi cite également Emmanuel Hocquard : « On pourrait dire, par paraphrase, qu'en ce qui concerne Claude Royet-Journoud le commentaire est impossible », p. 14.
[179] Claude Royet-Journoud, *La poésie entière est préposition, op. cit.* p. 12.
[180] *Ibidem.*
[181] Michèle Cohen-Halimi, *Figuren, op. cit.*, p. 15.

autres a germé dans ce grand pays muet qui ne nous quitte pas[182] ». Si la langue est la seule opération expressive à pouvoir se prendre elle-même pour objet, ce n'est pas seulement pour approfondir la domination des choses par le logos, ou s'accomplir dans la supériorité d'un métalangage. C'est, à l'inverse, pour mieux être reconduite à l'étrangeté qu'elle est pour elle-même, retrouvant l'obscurité de son origine dans cette production du sens qui est en même temps l'expérience de penser. Ainsi, le poème de Claude Royet-Journoud devient le garant du « silence (qui) appartient à l'absence du dicible[183] ». L'opération expressive consiste non pas à s'objectiver mais à mettre en scène la naissance balbutiante du sens. C'est la rencontre des résistances qui provoque la fracture du sens, par l'irruption en elle de sa tension encore palpable. Ce qui ne va pas sans effraction ou violence.

> Après avoir choisi l'angle, une photographie du muscle. L'image descend. On est en dehors. La voix tient le dos. Un désarroi géographique, sans recours. Elle ignore la proximité de ce monde. Elle ne connaît que le soubassement d'une terreur liquide et noire. Une liste d'infinitifs prolonge l'accident.[184]

Le langage intensif est geste au sens performatif en ce qu'il réalise et donne chair à ce qu'il dit au moment où il l'écrit. Seulement le but de la performativité poétique n'est pas d'épuiser le sens en le clôturant dans son geste. Il s'agit pour elle de le saisir dans la production immanente de sens qu'il *est*. La réflexivité sensible n'est rien d'autre que cette forme de performativité, celle qui donne à voir *simultanément*

---

[182] Maurice Merleau-Ponty, *Le visible et l'invisible, op. cit.,* p. 167.
[183] Michèle Cohen-Halimi, *Figuren, op. cit.,* p. 16, qui continue ainsi : « et peut-être ce silence n'avait-il jamais paru aussi palpable, aussi visible, qu'après sa traversée de la trahison et du supplice meurtrier des paroles. Quelles paroles ? celles qui comptent, abstraient, soustraient, additionnent dans l'homogénéisation infinie de ce qu'elles ne veulent plus toucher ni voir. Ce supplice prouve que tout visible qu'il est, le poème n'en reste pas moins ce qui n'appartient qu'au silence, ce qui ne compose pas».
[184] Claude Royet-Journoud, *Théorie des prépositions, op. cit.,* p. 14.

le geste et le sens, qui instaure cet écart minimal entre le dit et le dire, lequel conditionne toute l'épreuve du sentir-sens.

> [...] l'espace est une phrase que le point rassemble // la parole native de l'obstacle / une parole sans étendue [...]
> lettre // dans la bouche / de pleine terre // à la limite / de la visibilité
>
> le mur / lettre inachevée // dans la bouche / de pleine terre // travaux du sol / entretien de la surface[185]

Loin de toute nostalgie d'une unité primitive, le poétique donne au sens propre *lieu* au caractère « toujours-déjà-là » de l'être. Il lui donne corps non comme présupposition de tout discours qu'il suffirait de « chanter » ou de louer, mais comme préposition qui tente d'articuler ce qui se tient là, non articulé, devant : « C'est par l'interposition du poétique que se révèle la brute séparation du langage et de l'être. Le langage, même creusé, ne fait voir que lui-même : un mur[186] ». Mais ce mur du langage, qui pourrait seulement occulter l'être, va, une fois reconstruit, retrouver sa transparence, sa puissance d'intensification. Ni miroir fidèle ni obstacle occultant, la « méthode descriptive » « accueille l'indistinct[187] ». Au lieu de faire face au mur, elle tente de tenir ses deux faces simultanément : « Faire en sorte que coïncider ne soit plus. Se détacher. Se porter ailleurs. Se livrer. Entrer. Pénétrer. *Faire le mur dans les deux sens*. Le construire et s'échapper. Laisser. Abandonner. Faire de l'épaisseur une transparence[188] ».

Le poème déconstruit son mur des deux côtés à la fois. À tenir le bout du langage en même temps que son lien à l'être, il ne rend pas ce dernier à une dicibilité illusoire : la séparation du langage et de l'être y est simplement réduite à une infime différence dont les deux faces construites

---

[185] Claude Royet-Journoud, *Théorie des prépositions, op. cit.,* pp. 41, 42, 50 et 51.
[186] Daniel Oster, cité par Claude Royet-Journoud, *La poésie tout entière est préposition, op. cit.,* p. 37.
[187] Claude Royet-Journoud, *Une méthode descriptive, op. cit.,* p. 17.
[188] Claude Royet-Journoud, *Théorie des prépositions, op. cit.,* p. 73.

simultanément deviennent réversibles. Le langage et son dehors ne cessent de se toucher au contact de cette surface où aucun n'est le double de l'autre. Le poème permet alors de voir littéralement à travers, de traverser la présence intense - non extensive - du monde. Le mur prend sens dans sa construction même, dans la mise en scène qui ne cesse d'épuiser le sens littéral du mot, dans ces figures qui ne sont plus stylistiques ou symboliques, mais qui amènent l'expression à se confondre avec ce qui lui résiste. La chair du sens et du mot est un mur entre le sujet et le monde, qui ne survit que de sa propre construction/destruction, de sa propre révélation/déconstruction : « Le bord est un apparat du sens / un étirement de la voix[189] ». Ou encore : « Le bord se construit / à même l'image / il n'interrompt pas la chute[190] ». Le bord du sens prend corps comme chute dans nos bouches, au moment où nos lèvres articulent le poème, même silencieusement. Assumée comme théâtralisation, la méthode de perturbation de la grammaire, pourtant simple renversement, est la mise en scène du langage par lui-même. Elle est faite chair sensible. Elle ouvre les parenthèses qui trouent l'espace entre les significations déjà faites, et les murs déjà construits. *« Il vit dans les parenthèses*[191] *»* : source d'intensification, plutôt que d'impuissance, elle induit une puissance de neutralité de l'intense : « Dans le creux du langage / Jamais dans le plein[192] ». Mais *où* est l'« entre » naissant du sens ? : « *là où il n'y a aucun corps// l'équilibre du nom // circonscrit une étendue intime // plus rien ne la sépare d'elle-même*[193] ». La limite du sens, c'est la limite qu'est le sens à se tenir là où le sensible se touche, dans l'indifférence d'avec soi.

La gomme de Royet-Journoud « coupe toutes les articulations[194] » : elle soustrait les significations toutes faites, les pensées qui ne pensent plus, et c'est pourquoi elle

---

[189] *Ibid.,* p. 37.
[190] *Ibid.,* p. 42.
[191] *Ibid.,* p. 72.
[192] Claude Royet-Journoud, *Théorie des prépositions, op. cit.,* p. 30.
[193] *Ibid.,* p. 74.
[194] Claude Royet-Journoud, *La poésie entière est préposition, op .cit.,* p. 34.

redonne la vie. Le poème vient comme lieu de suspens des significations et des articulations, comme « emplacement » du sens sensible vivant que sera le temps de la lecture. Son pli est seulement la condition de l'expérience qu'il fait faire, la possibilité sans conditions de l'avènement charnel. « Faire du moins mais sans partir d'un plus », comme l'explique Claude Royet-Journoud, puisque justement le geste consiste, à l'inverse, à faire du *plus* avec du *moins*. Non pour obtenir un gain, mais pour s'enrichir *par* l'acte même de soustraire. « Favoriser des croisements[195] », c'est s'enrichir de rencontres ouvertes qui se démultiplient dans les lectures infinies sans que cela prenne la forme d'une posture ; c'est la condition d'une circulation de tensions aux multiples variations d'intensité. Rien de numérique ni de quantitatif dans le geste poétique : seulement un acte intensif d'effacement et de mise en retrait des significations qui restitue la sensibilité à son fond insensible. La préposition, comme superposition et croisement n'est pas une coupe : « diviser l'image est une erreur / le jour s'intensifie[196] ». Le jour s'intensifie par lui-même, dans une immanence à laquelle l'intensité de notre rapport à lui participe et prend part sans la fragmenter. C'est en cela qu'il est aussi bien la clarté même de ce qui est :

> [...] faire une scène. Sentir l'épaisseur, la trame. Faire un récit de la main sans histoire [...] Du vide que l'on écoute les yeux fermés pour le retenir. Et là toucher quelque chose que la couleur éclaire un instant pour faire pivoter l'éclat. Pour rien.[197]

L'intensité de l'expérience du poème fait pivoter le réel sur sa face sensible. Cette face ne nous est donnée qu'en creux, au sens où elle passe outre le regard et le visible même : « le regard abandonne sa prise / hors de l'obsession / devant celui-ci / la rature déplace l'accent[198] ».

---

[195] *Ibidem.*
[196] Claude Royet-Journoud, *Théorie des prépositions*, op. cit., p. 71.
[197] *Ibid.*, p. 72.
[198] *Ibid.*, p. 77.

Passer outre le regard et le visible, c'est faire paraître dans la légèreté et la fluidité de l'invisibilité première. *C'est creuser l'intimité du visible pour que plus rien ne le sépare de lui-même.*

Si « l'articulation découvre une scène[199] », c'est celle de l'inarticulé qui amène la langue au bord du dicible. L'intense latent de l'inarticulé est pour ainsi dire la technè de la grammaire comme scène qui soustrait la langue à sa dimension logique. La tentative de retrouver un éclat « pour rien » de Royet-Journoud trouve un écho chez Emmanuel Hocquard : « La couleur est le neutre / Entre équivaut à robe lettres / retenues Mettre en avant sans / rien dire // comment faire[200] ». Sans doute Nancy a-t-il raison d'affirmer qu'« il n'y a rien à dire en définitive[201] ». Mais cela ne signifie pas que la parole ne puisse plus parler que d'elle-même. Elle peut au contraire s'ouvrir et se laisser habiter par son autre. C'est pourquoi « les propositions sont indépendantes. Entre elles des relations s'établissent. Alors les propositions s'enchaînent ou s'attirent ou se repoussent ou se font écho. Le récit procède de ces rencontres[202] ». Dans le « théâtre du langage », les mots sont les « personnages de la fable grammaticale[203] », sur quoi prime la mise en scène. D'une certaine manière, c'est cette scène poétique qui rejoint celle, philosophique, que Merleau-Ponty définit ainsi :

> Les paroles les plus chargées de philosophie ne sont pas nécessairement celles qui enferment ce qu'elles disent, ce sont plutôt celles qui ouvrent le plus énergiquement sur l'Être parce qu'elles rendent plus étroitement la vie du tout et font vibrer jusqu'à les disjoindre nos évidences habituelles.[204]

---

[199] Claude Royet-Journoud, *Théorie des prépositions, op. cit.,* p. 64.
[200] Emmanuel Hocquard, *Conditions de lumière, Élégies,* Paris, P.O.L., 2007, p. 38.
[201] Jean-Luc Nancy, *La pensée dérobée, op. cit.,* p. 76.
[202] Claude Royet-Journoud, *Théorie des prépositions, op. cit.,* p. 181.
[203] *Ibidem.*
[204] Maurice Merleau-Ponty, VI, p. 139.

Si cette « vie du tout » se donne à sentir par empiètement, ce n'est pas au sens métaphorique : elle est la dimension générale de l'Être qui enveloppe toutes nos relations : expérience sensible, langage et Être. Penser, au sens fort, est l'activité qui ouvre sur la parole philosophique, au sens phénoménologique, c'est-à-dire sur l'interrogation de l'expérience sensible par elle-même. Au plus près de la philosophie se tient la pensée qui accompagne l'ouverture du langage à l'il y a. Non par magie, mais par l'acte de cette ontologie indirecte qui est forcément toujours aussi travail de fiction et d'art. De cet art du langage notamment qui, par la reconstruction perpétuelle du « mur » qu'il est, ne cesse d'en actualiser la re-naissance, d'en incarner à la fois l'enveloppement du sens et l'expérience. La violence apparente de cet art, qui déjoue les fausses évidences, ouvre sur une vérité qui est moins exprimée par un langage inventé sur mesure, que par le langage lui-même rendu à sa puissance de faire advenir. C'est pourquoi si la vérité du sens sensible est résolument expérience de langage, elle l'est au second degré parce qu'elle engage autant l'esprit que le corps. C'est l'entrelacement des deux qui a lieu dans l'écart où leur union n'est jamais ni coïncidence pure, ni étrangeté radicale.

Le texte de Claude Royet-Journoud restitue à sa manière, l'« énergie » vitale à laquelle Merleau-Ponty fait référence[205]. Sans prétendre ajouter à l'écriture poétique un supplément d'âme en l'annexant à la parole philosophique, il semble tout de même que c'est la dimension ontologique de cette puissance, la chair, que la poésie peut partager avec la philosophie : une puissance d'intensification de la vie qui ôte au langage son pouvoir de signification directe pour lui rendre celui de mise en présence de l' « il y a », au moment où elle l'égale « à ce qu'elle veut tout de même dire[206] ». La poésie se fait intense quand elle maintient et fait éclater la différence entre le dire et le dit. Égaler le dire au dit, ce n'est pas les faire coïncider, c'est faire de l'instant qui les sépare

---

[205] Cf. citation précédente.
[206] *Ibidem.*

l'éternel présent de l'éclat de sens. Le sens, imminent, surgit de l'éclat entre sens et non-sens, de même que l'Être advient dans ces écarts de visibilité qui sont son invisibilité même. L'écriture de Royet-Journoud aura accompli à la lettre leur expérience indirecte, faisant de l'imminence du sens toujours en train d'arriver la matière même de sa poésie. De l'indéliable pourtant différencié du sens, nous trouvons une description littérale chez Emmanuel Hocquard : « Nuits d'il y a Aimer par // définitions Les mots dans un // ordre quelconque Penser à // sépare // S'abandonner à la perte[207] ».

L'entrelacement des mots et des significations ne peut être plus intense. Le langage approche ici au plus près de l'événement dans sa contingence. Aimer fait se rejoindre les mots et un « il y a » indéterminé, que la pensée ne peut approcher que par la perte. Mais la perte de quoi ? Probablement de l'illusoire prérogative de s'approprier son objet. Cette perte est fondée sur une forme de négativité sans négation ni manque, puisqu'elle ne perd rien qui lui préexistait. Soustraire y enrichit plus qu'ajouter : « compter par soustraction[208] ». Cette « rhétorique du moindre » n'opère « pas par rapport à un plus », c'est-à-dire à un donné quel qu'il soit, puisque rien d'existant ni d'ontique ne précède le dire de l'il y a. Creusée par l'avènement indéterminé du sens, la pensée s'y allège du poids des mots grâce à une grammaire libérée de la logique et de la syntaxe. Elle s'ouvre alors à l'expérience d'une intense proximité : un écart qui rend *presque* transparent ce qu'il montre, et dont tout le caractère intensif réside dans ce « presque », cet « à peine » de l'événement en train de se faire :

> À l'écart dans le même plan// La distance est proche Deux // est corrigé Un trait s'efface dès // qu'il apparaît // Semble-t-il.[209]

---

[207] Emmanuel Hocquard, *Conditions de lumière, op. cit.*, p. 16.
[208] *Ibid.*, p. 30.
[209] *Ibid.*, p. 159.

La réversibilité du sens sensible est le mouvement continu, sur le même « plan », dans le champ de la page, d'effacement du texte devant l'apparition de sa forme sensible. Contre le pouvoir émotionnel du sens, contre toute tentation de lyrisme, la réelle puissance poétique du langage est le retrait qui creuse un espace ouvert où la parole vient s'absorber. L'intensité peut ici être décrite comme phénomène de disparition de la parole dans l'expérience seulement vivante qu'elle est.

Céline Aubertin
Professeur de philosophie,
docteure en philosophie, Paris X – Nanterre

L'arme du silex poétique

De quoi l'idée de *résistance du poétique* est-elle le nom ? De la dépolitisation de la lecture de l'histoire et du présent, pour raisons de sagesse et de liberté, à l'acmé de la puissance critique… ou pour cause d'allégeance et de cynisme, sous couvert d'éloge de la fuite ? À moins de concevoir la *résistance du poétique* comme la démonstration que la poésie peut être *de combat*, comme il en est, selon Roland Barthes[210], de l'engagement poétique et historique du langage littéraire ?

Je voudrais, ici, interroger l'association de l'artistique, du poétique et du politique dans les écrits de Jean-François Lyotard commentant les œuvres de Marcel Duchamp[211], dans la démarche de Robert Filliou, quittant le communisme pour le bouddhisme, ou dans l'engagement de l'historien Achille Mbembe citant Aimé Césaire et Frantz Fanon.

En préambule, pour préciser « d'où je parle », je dirai que c'est en sympathie avec la position de Jacques Lacan, rapportée par Sherry Turkle, que j'aborde ici cette question :

---

[210] Roland Barthes, « Réponses », *Œuvres complètes*, tome III, *Livres, textes, entretiens, 1968-1971*, Paris, Seuil, 2002, p. 1027.
[211] Je reprends ici certains points approfondis dans un autre article : « Lyotard avec Duchamp. La condition post-esthétique », in Françoise Coblence et Michel Enaudeau (dir.), *Lyotard et les arts*, Paris, Klincksieck, « Esthétique », 2014, pp. 215-228.

Devant ceux qui, à ses yeux, se servent de justifications poétiques pour éviter de poursuivre un travail difficile et rigoureux, il affirme la nécessité d'une science formalisée. Devant ceux qui risquent de laisser leur rigueur scientifique rétrécir leur champ de vision, il affirme la nécessité de la poésie.[212]

Lyotard sensible

Dans son étude figurant en postface à la réédition, en 2010, des *Transformateurs Duchamp*[213], Dalia Judovitz s'interroge : « comment le lecteur doit-il comprendre *Les Transformateurs Duchamp* (1977) de Jean-François Lyotard et son héritage pluriel ? ». Elle rappelle que cet ouvrage est considéré comme un « exemple d'approche philosophique de l'art de Duchamp » mais que, bien au-delà, il s'agit pour Lyotard d'un « engagement dans l'art pour réinventer la pensée et l'expression philosophique[214] », le style des philosophes ayant tout à gagner à libérer le « potentiel poétique[215] » des phrases, comme le fit l'anartiste inventeur du ready-made. Elle cite Lyotard écrivant, dans ses *Moralités postmodernes* :

> Wittgenstein, Gertrude Stein, Joyce ou Duchamp paraissent de meilleures têtes 'philosophiques' en regard de Nietzsche ou Heidegger – je veux dire par meilleures : plus aptes à prendre en compte le néant sans issue dont l'Occident accouche en ce premier quart du XXe siècle [...].[216]

---

[212] Sherry Turkle, *La France freudienne* [1978], Paris, Grasset, 1982, p. 300.

[213] Jean-François Lyotard, *Écrits sur l'art contemporain et les artistes. Les Transformateurs Duchamp* [Paris, Galilée, « écritures / figures », 1977], Louvain, Leuven University Press, 2010.

[214] Dalia Judovitz, « Postface », in *Les Transformateurs Duchamp*, *op. cit.*, pp. 222-223.

[215] *Ibid.*, p. 228.

[216] *Ibid.*, p. 223.

Elle s'emploie donc à comprendre ce « pouvoir transformateur de l'art[217] » que Lyotard a identifié chez Duchamp et dont je retiendrai, ici, quelques moments *poétiques*.

À l'occasion d'un article qui sera publié dans *L'inhumain*, Lyotard revient sur ce qui fait office de charnière entre *La Mariée mise à nu par ses célibataires, même* [*Le Grand Verre*] (1915-1923), et *Étant donnés, 1° la chute d'eau, 2° le gaz d'éclairage* (1946-1966) :

> Duchamp organise l'espace de la Mariée selon le « pas encore », celui d'*Étant donnés* selon le « déjà plus ». Le regardeur du *Verre* attend[218] Godot ; derrière la porte d'*Étant donnés*, le voyeur poursuit Albertine disparue. Les deux œuvres de Duchamp font charnière entre l'anamnèse proustienne éperdue et la parodie beckettienne de prospective.[219]

Selon lui, « l'inconscient que figure le *Grand Verre* ne se parle pas comme en un langage ni ne se représente comme sur un théâtre, il se fictionne dans des paradoxes[220] ». C'est ainsi à l'anamnèse de Duchamp que se livre Lyotard, en des fulgurances qui en réactivent, intactes, la pensée et la poésie.

Le catalogue publié à l'occasion de l'exposition dont Lyotard assure le commissariat en 1985 au Centre Pompidou, les « Immatériaux[221] », et qu'il présente comme

---

[217] Dalia Judovitz, « Postface », in *Les Transformateurs Duchamp, op. cit.*, p. 238.

[218] Jean-François Lyotard écrit, à propos du rythme en musique et danse chez John Cage et Merce Cunningham : « Comme l'apparition et la disparition des protubérances solaires sur la chromosphère, ou si vous préférez, comme le stoppage-étalon de Duchamp, ce rythme non mesuré exige l'attente : qu'arrive-t-il ? ». Jean-François Lyotard, « L'obédience », communication lors du colloque « De l'écriture musicale », Paris, 1986, publié dans *InHarmoniques*, 1, 1987, puis dans *L'inhumain*, Paris, Galilée, 1988, p. 181.

[219] Jean-François Lyotard, « Matière et temps » [1985], in *L'inhumain*, Paris, Galilée, 1988, p. 90.

[220] Jean-François Lyotard, « Machinations », in *Les Transformateurs Duchamp*, 2010, p. 132.

[221] Les premières réunions préparatoires aux « Immatériaux » eurent lieu

« une dramaturgie postmoderne[222] », est une sorte de poème philosophique en forme de notices autour des cinq séquences de l'exposition : matériau ; matrice ; matériel ; matière ; maternité. Duchamp est en bonne place, à nouveau, pour penser la complexité du monde, l'immanence de la matière et ses transformateurs. Dans « L'instant Newman », texte contemporain de la préparation des « Immatériaux », Lyotard distingue le « lieu du temps[223] » dans les peintures de Newman et dans les deux œuvres phares de Marcel Duchamp, le *Verre* et *Étant donnés*. Il entreprend, dans cet article, de mettre au jour les *différends* entre Duchamp et Newman, leurs « deux manières de représenter l'anachronisme du regard par rapport à l'événement de la mise à nu[224] ». Il y oppose la *misère* chez Duchamp à la *gloire* chez Newman, le *récit* fragmentaire mais sans fin de l'un au *sublime* silencieux de l'autre, les tentatives de celui qui voulut en finir avec la peinture pour rendre compte de « l'insaisissabilité de l'instant » à celles du peintre qui veut saisir « l'instant plastique qu'est le tableau », pur « événement visuel[225] ».

---

en 1983.
[222] Alain Arnaud – Jean-François Lyotard, « Le partage des conséquences », in *Les Immatériaux. Album et Inventaire*. Catalogue de l'exposition présentée par le Centre de Création Industrielle du 28 mars au 15 juillet 1985 dans la Grande galerie du Centre national d'art et de culture Georges Pompidou, Paris, Centre Georges Pompidou/CCI, 1985, p. 5.
[223] « L'instant, Newman », texte extrait du catalogue de l'exposition « Le temps : regards sur la quatrième dimension » (septembre 1984, Palais des Beaux-Arts de Bruxelles), republié dans *Poesie* 34, 1985, puis dans *L'inhumain*, 1988, p. 89.
[224] *Ibid.*, p. 90.
[225] *Ibid.*, p. 94.
Ailleurs, Lyotard écrit qu'avec la photographie « le *ready made* industriel l'emporte » et que « Duchamp conclut qu'il n'est plus temps de peindre » (Jean-François Lyotard, « *Représentation, présentation, imprésentabilité* », initialement publié dans *Artforum* (20, 8) en avril 1982 et modifié pour sa publication dans *L'inhumain*). Il ajoute que sa place parmi les avant-gardes en rupture avec le romantisme et, par-là, avec le sublime, imprime, en négatif, d'un bout à l'autre (*Ibid.*, p. 133).

L'intérêt – peut-être la tentation de la fascination – de Lyotard pour la question du sublime ne lui fait pas perdre son acuité critique. Il qualifie de « triplement malheureuse » l'idée de Newman se risquant à affirmer que « l'être, en se révélant dans l'instant, procurerait à la 'personnalité' son 'sens total' ». En effet, écrit-il, « ni la signification, ni la totalité, ni la personne ne sont en jeu[226] ». Pas question, donc, de se fondre dans quelque sentiment océanique, en symbiose régressive avec le monde, alors qu'il s'agit de reconnaître la place irréductible du figural et de faire l'expérience de la figure-matrice[227], en dehors de tout assujettissement à un système de pensée.

Dans son texte de 1976, « Incongruences », Lyotard rapporte une note rédigée par Duchamp en 1913 : « Le possible est seulement un 'mordant' physique (genre vitriol) brûlant toute esthétique et callistique[228] », et il souligne, approbateur : « Quand Duchamp réfléchit au possible, ce n'est pas comme à une modalité opposable à d'autres, mais comme à un détersif qui décape les habitudes et comme à un révulsif qui évalue les acquis[229] ». De là, le choix de Duchamp contre les injonctions des Beaux-Arts… et celui de Lyotard contre les appareils de l'esthétique.

En sympathie avec Marcel Duchamp qui affectionnait la suspension du jugement chère à Pyrrhon et Sextus Empiricus[230], Jean-François Lyotard, dans ses *Pérégrinations*, fait allusion à son propre intérêt pour la notion d'indifférence, dont il se souvient qu'elle

---

[226] *Ibid.*, p. 98.
Pour une analyse approfondie de cet article de Lyotard, voir : Françoise Coblence, « Les peintres de Jean-François Lyotard », *op. cit.*, p. 89-90.
[227] Jean-François Lyotard, *Discours, figure* [1971], Klincksieck, 2002.
[228] *Marcel Duchamp*. On trouvera la citation de Duchamp du signe *suivi de* Notes. *Écrits réunis et présentés par Michel Sanouillet et Paul Matisse. Nouvelle édition revue et corrigée avec la collaboration de Anne Sanouillet et Paul B. Franklin,* Paris, Flammarion, 2008, p. 109.
[229] Jean-François Lyotard, « Incongruences », in *Les Transformateurs Duchamp*, 2010, pp. 62 et 64.
[230] Les liens entre Duchamp et la pensée des Sceptiques sont développés dans : Evelyne Toussaint et Yves Peyré, *Duchamp à la Bibliothèque Sainte-Geneviève*, Paris, Éditions du Regard, 2014, pp. 121-126.

accompagna son entrée en philosophie. Il se remémore l'extrait d'un traité zen écrit par Dôgen au treizième siècle japonais, *Shôbôgenzô* :

> Il dit : « Dire beaucoup de choses comporte beaucoup d'inconvénients ; dire peu de choses a peu de force. En s'éloignant du dire-beaucoup et du peu-dire, que dira-t-on ? » Un peu plus tard il dit : « Pénétrer dans les herbes, faire du vent »[231].

On pense, bien sûr, au respirateur que fut poétiquement Duchamp.

Ce renoncement à la maîtrise s'achève toutefois, pour Lyotard, par la rédaction d'un *Manuel* qui conclut, se souvient-il, à « l'urgence d'examiner ce qu'on appelle la réalité, en particulier celle des rapports sociaux » et qui se concrétise par son engagement, en août 1944, en tant qu'infirmier secouriste dans la Deuxième Guerre mondiale[232]. Il lui importe pourtant d'écrire que cet engagement n'est pas la seule voie et qu'il y a, dans *l'enjeu de l'art*, dans le *déplacement* qu'il expérimente, dans la *mutation* qu'il propose, « une portée éthique[233] ». Le non engagement revendiqué par Duchamp s'en trouve ici positivement reconsidéré, sous l'angle de la dimension poétique du bouddhisme, à laquelle fut sensible, comme on le voit, Jean-François Lyotard et qui retint également, on le sait tout aussi peu, Robert Filliou.

Robert Filliou, poète bouddhiste ?

Après avoir adhéré au parti communiste alors qu'il est encore lycéen, Robert Filliou entre dans la Résistance en 1944, à 18 ans, sous le nom de Job, dans la région d'Alès. En 1946, il part pour les États-Unis rejoindre son père qu'il

---

[231] Jean-François Lyotard, *Pérégrinations. Loi, forme, événement* [1988], Paris, Galilée, 1990, pp. 27-28.
[232] *Ibid.*, p. 41.
[233] *Ibid.*, p. 44.

ne connaît pas encore, et il travaille comme manœuvre chez Coca-Cola jusqu'en 1948. Il renonce définitivement au militantisme lorsque Tito est désavoué par le PC soviétique pour « révisionnisme » et « déviationnisme », et il entreprend des études d'économie politique à Los Angeles qui le mènent en Extrême-Orient où il participe à la rédaction d'un plan de reconstruction pour la Corée du Sud, en tant que fonctionnaire des Nations-Unies, poste qu'il quittera en 1954. Il développe là un intérêt pour les systèmes d'organisation, de pensée, de savoir multidisciplinaire mais aussi pour la philosophie orientale et le théâtre populaire kabuki. On sait qu'à cette période il lit beaucoup (littérature, histoire, philosophie, psychologie, anthropologie, etc.). Il entreprend, dans cet environnement intellectuel, une réflexion sur le *Principe d'Économie Poétique* (1966), titre détournant les « principes d'économie politique » de l'économiste libéral anglais John Stuart Mill, dans lesquels l'art de vivre remplacera la monnaie, la valeur et la productivité du système capitaliste, en opposition à ce qu'il nomme « l'économie de Prostitution ». Il le dédie à Charles Fourier et décide d'œuvrer à la construction d'une « forme de société dont le but avoué serait de faire de chaque homme un artiste[234] ».

Or, dans ce contexte, le bouddhisme tient une place importante et méconnue dans la démarche de Robert Filliou comme ce fut le cas, à partir des années 1950, pour d'autres artistes influencés par John Cage ou Ad Reinhardt. George Brecht, ingénieur chimiste de formation, né aux États-Unis en 1925, est lui-même très concerné par le bouddhisme. Dès 1957, après avoir rencontré John Cage l'année précédente et alors qu'il lit Suzuki, il invente la notion d'*event*, qui sera le fil conducteur de ses recherches : « Tout fait partie d'un même tout, c'est cela l'événement. Les événements sont une prolongation de la musique ». Comme l'écrit Pierre Tilman :

---

[234] Voir : Sylvie Jouval, Jean-Hubert Martin (et al.), *Robert Filliou : Génie sans talent*, Villeneuve-d'Ascq, Musée d'art

> Filliou est un adepte de la non-violence et la *Valise Taoïste* qu'il réalise en 1961 marque bien la distance spirituelle qui est la sienne dès cette époque et son sens lucide des différentes facettes de la réalité. […] La référence à Lao-Tseu est nettement établie. Les maîtres chinois, hindouistes et bouddhistes font déjà clairement partie des repères de l'artiste et ne vont désormais plus le quitter.[235]

En 1964, c'est à Paris, rue des Rosiers, qu'il écrit LE FILLIOU IDEAL, poème directement issu de la pensée zen bouddhiste :

> C'est un poème d'action et je vais le présenter : ne rien décider ne rien choisir ne rien vouloir ne rien posséder pleinement éveillé TRANQUILLEMENT ASSIS SANS RIEN FAIRE.[236]

Dès le début des années 1960, Robert Filliou entreprend ainsi une réflexion qui le conduira, en 1982, avec Joseph Beuys, à rencontrer le quatorzième dalaï-lama puis à séjourner, à la fin de sa vie, au Centre d'Études Tibétaines de Chanteloube, en Dordogne. En effet, en 1985, deux ans avant sa mort, il y entreprend avec Marianne, son épouse depuis 1957, une retraite définitivement inachevée de « trois ans, trois mois et trois jours ».

Les notions essentielles de l'expérience bouddhiste (méditation, impermanence, interdépendance, vide, compassion en place de compétition, illusion de l'ego) sont aux antipodes de celles de l'expérience capitaliste. Robert Filliou se dit « taoïste de gauche », oxymore en quoi se résument les tensions entre l'anarchie et le bouddhisme, l'engagement et le non-engagement, l'art et la vie. Les idées de suspension du jugement de valeur, de principe d'équivalence et d'universellement partagé s'en trouvent

---

[235] Pierre Tilman, *Robert Filliou nationalité poète*, Paris, Les Presses du réel, 2005, pp. 60-61.
[236] *Ibid.*, p. 120.

éclairées pour celui qui est convaincu que « l'art est ce qui rend la vie plus intéressante que l'art ».

Cet « universellement partagé » devient, chez Achille Mbembe, le « vivre ensemble », dont il interroge les conditions éthiques, poétiques, politiques et esthétiques.

Achille Mbembe. Ce que poétiser veut dire

Né au Cameroun en 1957, Achille Mbembe est professeur d'histoire et de science politique à l'université du Witwatersrand à Johannesburg en Afrique du Sud et il enseigne au département de français de l'université Duke aux États-Unis. Théoricien de la « post-colonie », il a publié en 2010, *Sortir de la grande nuit. Essai sur l'Afrique décolonisée* et, en 2013, *Critique de la raison nègre*, deux ouvrages dont je citerai ici quelques passages. S'il est historien de l'Afrique, son travail est, aujourd'hui, particulièrement pertinent pour penser les ordres et désordres du monde. Ses écrits sont rigoureux, très documentés, répondant aux exigences scientifiques, mais il revendique aussi, comme il le disait lors d'un entretien avec un journaliste du *Monde*, Nicolas Truong :

> Une écriture figurale, une écriture qui oscille entre le vertigineux, la dissolution et l'éparpillement. Une écriture faite de boucles entrecroisées, et dont les arêtes et les lignes chaque fois se rejoignent à leur point de fuite », car « la fonction de la langue est de ramener à la vie ce qui avait été abandonné aux puissances de la mort.[237]

C'est à cette dimension poétique du politique dans ses écrits que je m'attacherai – trop brièvement – ici.
Dans *Sortir de la grande nuit. Essai sur l'Afrique décolonisée*, Achille Mbembe revient sur l'un des impensés de la vie intellectuelle occidentale dans la deuxième moitié du XXe siècle, concernant les écrits de Martin Heidegger et ses

---

[237] Achille Mbembe, « Gare au capitalisme animiste ! », *Le Monde*, 13.09.2013. Propos recueillis par Nicolas Truong.

accointances avec le nazisme. En prolongement à la question de Hölderlin ; « Et pourquoi des poètes en temps de détresse ? », Heidegger écrit dans « Pourquoi des poètes ? » (1962) :

> Être poète en temps de détresse, c'est alors, chantant, être attentif à la trace des dieux enfuis, partir de l'essentielle misère de l'âge, alors même que, plus la nuit du monde va vers son minuit, plus exclusivement règne l'indigence, de sorte que son essence se dérobe et ses traces s'effacent.

Mais, écrit Mbembe :

> Encore faut-il ne pas enténébrer l'individu en célébrant la beauté du mal et les mythologies qui cherchent précisément à enrégimenter l'esprit, ainsi que le fit Heidegger lui-même dans son rapport au projet nazi. Encore faut-il résister à la complicité par enchantement, et savoir vers quoi notre chant est en route, et quelle est son appartenance dans le destin de la nuit du monde.[238]

Oui, la « complicité par enchantement » peut devenir le vecteur du pire. Oui, le merveilleux peut être l'opium de la pensée critique[239]. Et oui, il y eut des nazis poètes. Il ne suffit pas d'annoncer une résistance du poétique, encore faut-il savoir ce que poétiser veut dire.

L'un des apports décisifs d'Edward Said, l'un des fondateurs de la pensée postcoloniale[240], écrit Mbembe, fut de « montrer, contre la doxa marxiste de l'époque, que le projet colonial n'était pas réductible à un simple dispositif militaro-économique, mais qu'il était sous-tendu par une

---

[238] Achille Mbembe, *Sortir de la grande nuit. Essai sur l'Afrique décolonisée*, La Découverte, 2013, p. 32.
[239] J'ai tenté d'approfondir cette question dans un article : « Le merveilleux est-il l'opium de la pensée critique », in Catherine Coquio
[240] Achille Mbembe affirme clairement son adhésion à la pensée postcoloniale : « la France [écrit-il] n'a pas su mesurer à sa juste valeur la signification politique du virage qu'a été l'irruption des quatre courants intellectuels qu'ont été la théorie postcoloniale, la critique de la race, la réflexion sur les diasporas, ainsi que, dans une moindre mesure, la pensée féministe ». Achille Mbembe, *Sortir de la grande nuit. Essai sur l'Afrique décolonisée*, p. 112.

infrastructure discursive, une économie symbolique, tout un appareil de savoirs dont la violence était aussi bien épistémique que physique[241] ». Suit une brillante analyse des théories postcoloniales dont je retiendrai plus particulièrement cet extrait :

> Mais la critique postcoloniale est également une pensée du rêve : le rêve d'une nouvelle forme d'humanisme – un humanisme critique qui serait fondé avant tout sur le partage de ce qui nous différencie, en deçà des absolus. C'est le rêve d'une polis universelle métisse. C'est ce que Senghor, dans son *Œuvre poétique*, appelait de ses vœux – cette "renaissance du monde" dont parle, par exemple, sa « Prière aux masques ».[242]

Et, à son tour, Mbembe revendique un « dépaysement réciproque » autorisant « l'élaboration d'une pensée qui soit, à la fois, profondément historique, philosophique et éthique – mémoire et anti-mémoire, militante et antimilitante, politique, antipolitique et poétique », condition même « de possibilité du partage et de l'en-commun, aussi infinitésimal soit-il[243] ».

Consacrant, dans son livre ayant pour titre *Critique de la raison nègre*[244], des pages très documentées à l'idée de race, aux fondements du racisme, à l'histoire de la traite des « Nègres » et à celle la colonisation, il analyse, sur un ton nettement moins universitaire, la fonction de la voyance. Celle-ci, écrit-il, « consiste à déchiffrer les miroitements du réel et à les interpréter selon qu'ils s'effectuent à la surface des choses ou dans leur sous-sol » et c'est plus en poète qu'en historien ou en anthropologue qu'il poursuit :

> Tout cela ne s'explique que par rapport au mystère fondamental qu'est finalement la vie. La vie est un mystère parce qu'au bout du compte elle est faite de nœuds. Elle est le résultat du montage de choses aussi

---

[241] *Ibid.*, p. 76.
[242] *Ibid.*, p. 85.
[243] *Ibid.*, p. 92.
[244] Achille Mbembe, *Critique de la raison nègre*, Paris, La Découverte, 2013.

bien secrètes que manifestes, d'un ensemble d'accidents que seule la mort signe et parachève dans un geste qui tient à la fois de la récapitulation et du surgissement ou encore de l'émergence.[245]

Ainsi se mêlent, dans la méthode qu'il a faite sienne, le contextuel et l'universel, la pensée critique et la sensibilité poétique. On ne s'étonnera donc pas qu'il dise son amitié pour Aimé Césaire :

> Toute sa vie, Césaire aura lutté avec force et tranchant, énergie et lucidité, mixte de clarté et d'obscurité, avec les armes miraculeuses de la poésie et celles non moins honorables de la politique, les yeux fixés tantôt sur l'impérissable, tantôt sur l'éphémère, ce qui passe et s'en retourne à la poussière.[246]

Et l'on comprendra aussi son empathie avec l'auteur des *Damnés de la terre* (1962) voulant à tout prix croire qu'il y a « dans toute personne humaine, quelque chose d'indomptable, de foncièrement inapprivoisable, que la domination – peu en importent les formes – ne peut ni éliminer, ni contenir, ni réprimer, du moins totalement ». C'est cette conviction partagée qui fait que l'œuvre de Frantz Fanon « fut, pour tous les opprimés, une sorte de lignite fibreuse, une arme de silex[247] ».

Pour Lyotard, Duchamp, Filliou, Fanon ou Mbembe, n'est-ce pas exactement, cela, la *résistance du poétique*, ce quelque chose d'indomptable, cette arme de silex dérisoire mais intacte et assurément aujourd'hui indispensable ?

Évelyne Toussaint
Professeur des universités, Toulouse – Le Mirail.

---

[245] *Ibid.*, p. 194.
[246] Achille Mbembe, « Aimé Césaire : un volcan s'est éteint », 21/04/2008.
[247] Achille Mbembe, « L'œuvre de Frantz Fanon fut pour tous les opprimés une arme de silex », 5/12/2011. Entretien avec Juliette Cerf. http://www.telerama.fr/idees/achille-mbembe-l-œuvre-de-frantz-fanon-fut-pour-tous-les-opprimes-une-arme-de-silex,75754.php

Poétique des confins

Invité à interroger ce qui peut constituer la « dimension poétique » en tant que « caractères et états poétiques de l'expérience[248] », je commencerai par évoquer l'expérience il y a quelques années à la Fondation Lambert en Avignon d'une rencontre avec un petit carré d'argent[249]. Dès l'entrée dans la salle, ce carré de quelques centimètres de côté apostrophe le spectateur à distance par son miroitement d'une brillance presque liquide, mercurielle, plan de vif-argent comme flottant, non adhérent à son support. En s'approchant, cette brillance vire en un noir moiré, métallique. De plus près encore, cette surface se présente de manière surprenante comme un plan creusé dans l'épaisseur du papier semblable à la cuvette que laisse la plaque du graveur. Le cartel informe que cette œuvre de Brice Marden[250] lui a pris plusieurs années, quatre en tout – on en prenait la mesure alors – à passer le crayon, le repasser encore jusqu'à obtenir cette surface aussi fine qu'une pellicule mais cependant non traversée par la pointe du crayon. La surface d'inscription dès lors engravée se confond avec la matière graphite ; le substrat du papier si pressé par la répétition du geste amalgame la matière au

---

[248] Alain Chareyre-Mejan, argumentaire des journées d'études.
[249] Fondation Lambert, exposition « Je crois aux miracles » (10 ans de la Fondation), 2010, Avignon.
[250] Brice Marden, *Sans titre*, 1966/ 1970, crayon graphite et cire sur papier.

support jusqu'à ce que substance et substrat en viennent à se confondre. Le dessin n'y est plus de l'ordre de la division, du contour externe, mais du milieu interne : un dessin *dans* le papier. Il y a dans cette expérience là une « puissance » exercée « du milieu des choses qui pousse les bords[251] ».

Ce dessin qui creuse pour détacher, miroite pour s'enfoncer s'appréhende dès lors comme une surface de temps, un creuset – du temps passé à creuser, du « temps creusé » – l'exercice rendu visuel d'un procès temporel : un acte « déicto-processuel » par lequel ce qui est donné à voir est la désignation du procès qui l'a engendré. Le battement des différentes polarités produit par ce petit carré de graphite, entre plat et plan, creux et flottant, temporalité et fixation du temps constitue la dimension d'une expérience que je qualifie ici de « poétique des confins ».

L'étymologie du mot confins, *confines* de *finis*, limite, désigne les limites extrêmes d'un pays, d'un territoire. Du mot dérive les sens de confiner, *confinis*, limitrophe, limites étroites, circonscrivant l'espace avec une valeur d'oppression, d'obsession. Un second sens de confiner désigne la proximité : le limitrophe avec une notion de contact (friser). Cet ensemble de sens conjugue on le voit des espaces et des distances. Confins désigne enfin un point, un degré intermédiaire, les limites indécises entre des états ; on parle de confins de la conscience, entre sommeil et éveil, vie et mort où il constitue alors un seuil.

Le choix du terme est donc d'abord justifié par ce champ sémantique et non pour la valeur du terme que l'on rencontre souvent dans le langage poétique. Dans l'association « poétique des confins » le mot poétique et surtout pas poésie désigne ce qui ressort d'une technique poétique au sens d'un Art poétique, voire d'une poïétique. Il ne s'agit donc pas ici de donner à " poétique " le sens d'une poésie des confins, au sens d'un « agent d'ambiance » comme Alain Chareyre-Méjan désigne cette « pose

---

[251] Gilles Aillaud, in *Gilles Aillaud*, J-C. Bailly, Marseille, André Dimanche, 2005, p. 403.

poétique », mais plutôt d'exposer ce qui dans des œuvres visuelles négocie avec ces distances en exercice producteur d'espaces et de surfaces d'apparence incompossible.

> James ROBERTSON, *Redoute du phare devant Malakoff, Crimée*, 1855,
> épreuve d'époque sur papier d'après négatif verre,
> 23 x 29 cm. BNF.

L'image nécessite du temps pour être vue. Elle-même a nécessité un long temps de pose pour que de cette masse, de ce plan d'objets indistincts, émergent des éléments reconnaissables. On ne découvre pas immédiatement dans cette surface à la fois accidentée et peu contrastée les corps des soldats pourtant au tout premier plan. Ce qu'on lit d'abord c'est la division de l'image en deux surfaces. Depuis la limite nette de l'horizon se dresse un plan stratifié qui fait muraille. Constitué de taches, de failles, en un champ composite il évoque une coupe géologique comme une découpe dans l'épaisseur de la terre même.

Cette image de guerre conjugue l'horizon lointain évocateur de la frontière, la ligne de front, et une forme de coupe géologique, dans laquelle les éléments constitutifs de l'image semblent être pris comme en une gangue de matière. La photographie instaure entre l'éloignement et la proximité un paradoxe topologique[252]. La saisie différée des données spatiales produit un faire surface de l'image comme émergeant ... mais depuis quel fond ? depuis quel plan ? Dans cette archéologie de l'image, les corps des soldats paraissent comme déjà enterrés ; exercice d'une figurabilité qui propose la concordance du présent au futur en une sorte de *préfiguration*. On pourrait voir dans cette préfiguration une forme de « visualité de l'attente » c'est-à-dire, précise Georges Didi-Huberman comme « l'attente d'une visibilité qui ne se montre pas[253] » mais qui cependant

---

[252] Même si ces constatations sont aussi dépendantes de l'état technique de la photographie de l'époque et de l'état actuel de l'image.
[253] Georges Didi-Huberman, *Fra Angelico, Dissemblance et figuration*, Paris,

en annonce la forme à venir. Devant la photographie de Robertson, cette expectative figurale fait s'épouser le lointain (spatial et temporel) en produisant une figure du lieu permettant à l'attente d'avoir lieu ; comment ne pas songer ici au désert décrit par Dino Buzzati dans *Le désert des Tartares* :

> Le soir même, le lieutenant Morel conduisit en cachette Drogo sur le chemin de ronde pour lui permettre de voir le désert. Et Drogo pu contempler le monde du Septentrion, la lande inhabitée à travers laquelle disait-on, les hommes n'étaient jamais passés. Jamais, de par-là n'était venu l'ennemi, jamais on n'y avait combattu, jamais rien n'y était arrivé.[254]

Cependant c'est avec une image comme en train de se faire que l'articulation du visible et du discernable, du mesurable et du sans mesure rejoint le paradoxe de Bernardin de Sienne (1430)[255] entre figurable et infigurable ou pour le dire autrement une image auratique qui fait surgir le lointain dans la proximité visuelle, haptique, d'un espace tant physique que méta-physique qu'Yves Bonnefoy désigne comme cet « arrière-pays » où « l'invisible et le proche se confondent, l'ailleurs est partout, le centre à deux pas peut-être[256] ».

William FOX-TALBOT, *Dentelle, Lace,* 1839, dessin photogénique négatif, 22.8 x 18.7 cm.

L'image, un photogramme soit une image obtenue à partir d'un objet traversé de lumière. Au contact de son support il s'inscrit *dans* une pellicule perceptible de substance en « une peau invraisemblable et fine où le

---

Flammarion, 1995, pp. 118-119.
[254] Dino Buzzati, *Le désert des Tartares*, Poche, 2004.
[255] Bernardin de Sienne : « l'éternité vient dans le temps l'immensité dans la mesure, [...] l'infigurable dans la figure, l'inénarrable dans le discours, l'incirconscriptible dans le lieu, l'invisible dans la vision », in Georges Didi-Huberman, *op. cit.,* p. 57.
[256] Yves Bonnefoy, *L'arrière-pays,* Paris, Flammarion, 1972, p. 17.

monde s'écrit [...] en hiéroglyphes lumineux[257] » dans laquelle l'objet semble pris comme un insecte dans l'ambre. Rosalind Krauss écrit que « l'image photographique est *à l'intérieur de son support* » dont « elle est partie absolument intégrante[258] ». En ce sens ici la question de la distance entre l'image et objet, entre l'objet et le sujet de l'image s'épouse, « s'écranise » dans une pelliculaire substance imageante qui circonscrit le lieu médiumnique d'un échange entre lumière et obscurité, surface traversée et surface sensible. La lumière s'incorpore comme révélateur de la figure et comme substance au substrat filtrant interposé. Qu'est-ce qui fait fond alors, ici? Il y a là une mise en relation plastique du fond au profond : le sans fond, l'origine non mesurable de la source lumineuse et du fond comme plan, ce qui n'a pas de profondeur.

De plus, dans *Dentelle, Lace,* la pliure si fine du morceau de dentelle sur lui-même désigne la coalescence du plan du tissu à la platitude même de la pellicule imageante en une congruence de la surface de l'objet-sujet au plan-espace de l'image.

Jean-Pierre BERTRAND, papier sel, 1991,
plaquette verre, 13 x 19 cm.

Jean Pierre Bertrand imprègne des papiers de sel, de citron et de miel[259]. Le papier absorbe sel, citron et miel tandis que ces matières le nourrissent, le sèchent et le contractent, l'affinent ou l'épaississent, le brunissent ou l'éclaircissent. Ces papiers-peaux selon leur imprégnant offrent ainsi différents aspects : « lymphe blanchâtre[260] » « parsemée d'éclats de lumière brillant comme des

---

[257] Jean-Christophe Bailly, *L'instant et son ombre,* Paris, Seuil, 2008, p. 41.
[258] Rosalind Krauss, *Le photographique, Pour une théorie des écarts,* Paris, Macula, 1990, p. 97.
[259] Jean-Pierre Bertrand, papier sel, plaquette verre, 13 x 19 cm, 1991.
[260] Jeanette Zwingenberger, « Visite d'atelier », in cat. *Jean-Pierre Bertrand, Consubstantiellement ou l'instant unique,* Paris Musées et Musée Picasso d'Antibes, 2004, p. 49.

cristaux [261] » pour le sel, un « sérum jaunasse[262] » acide et lumineux pour le citron, un vernis, une sécrétion ambrée pour le miel. Le papier mute de surface support en substrat et devient le lieu d'échanges entre substrat et substances.

La référence explicite à l'ancienne Égypte[263] et à l'embaumement est récurrente chez Jean-Pierre Bertrand notamment par ce que l'artiste nomme « les corps anciens[264] ». À travers eux il évoque l'idée « d'une mémoire très ancienne, quelque chose d'enfoui qui aurait eu lieu[265] ». Il déclare ailleurs à Michel Nuridsany : « je parle souvent d'une mémoire qui n'a pas d'origine » avec « le lointain et le proche en deçà de nous[266] ». La constatation commune de cette co-appartenance de l'actuel à l'originaire, cette dimension dans laquelle le processus sémiotique est la condition d'exercice d'une mémoire qui n'est plus seulement stockage et réserve mais aussi présence active et dispositif. Par ailleurs, il qualifie certaines de ses œuvres d'*échangeurs*[267] et ces volumes plats « comme réservoir[s] transitoire[s] d'énergie ou échangeur[s] de flux d'énergies[268] », « d'accumulateurs », de « volumes piles sous tensions se régénérant sans arrêt[269] ». On le comprend, les

---

[261] Jean-Pierre Bertrand, *L'oasis*, texte publié dans plusieurs catalogues : *Jean-Pierre Bertrand* : Kunsthalle de Bern, 1985, *Tri/murs*, Galerie de France, 1988, Actes sud, Carré d'art de Nîmes, 1996, pp. 93-92.
[262] *Idem.*
[263] Avec *Samout et Moutnefret, 7 ans avant l'an 2000*, 1993, film 12' et texte, in cat. Actes sud, *op.cit.*, pp. 54-58 ; *Le rêve d'Isis*, 1992-1995, bull-pack, papier-miel, citron, laiton, acrylique, or graphite, rubans adhésifs, 279x163x1.5 cm ; ou *Osiris*, 1995, papier miel acrylique rouge, plexiglas, contreplaqué, 13x19x0,7 cm, coll. particulière.
[264] Béatrice Parent, in cat. *Jean-Pierre Bertrand*, ARC, MAM de la Ville de Paris, 1993-1994, p. 10. *Les corps anciens* est aussi le titre d'une œuvre, Grand ensemble au Musée Saint Pierre, 1985.
[265] Jean-Pierre Bertrand, *Consubstantiellement...*, *op. cit.* p. 75.
[266] Michel Nuridsany, entretien avec Jean-Pierre Bertrand, *Art press* n°68, mars 1983, p. 25.
[267] Jean-Pierre Bertrand, *Consubstantiellement...*, *op. cit.* p. 75.
[268] J. Soulillou, *op. cit.*, p. 41.
[269] Jean-Pierre Bertrand, in cat. *Das offene Bild*, 1992, Westfälisches Landesmuseum, Münster. À noter que Beuys, lui, parle de ses travaux comme de « condensateurs ».

papiers de Bertrand constituent une économie des confins qui négocient avec différents espaces et distances dont une simple feuille de papier condense l'expérience.

> Joseph BEUYS, *Tableau de graisse, Fettbild,* 1952, chlorure de fer, graisse, vélin fort, brun clair, tache, 40,2 x 33,4 cm.

Dans cette œuvre la graisse circonscrit une surface quadrangulaire démontrant les relations d'une matière instable avec une surface délimitée[270]. En appelant cette pièce *Tableau,* Beuys y fait référence in absentia, par la circonscription de cette surface. Le rectangle de graisse contenue entre ses marges propose une étendue toujours active, irradiante, dont on perçoit le potentiel, la poussée, autant que la présence de formes spectrales en un milieu génésique. Il se constitue de remplissage et d'évidement, d'occultation et de dévoilement en un devenir et une négation de l'image conjugués puis condensés en une phase où l'image se fait désir d'image. Proche des échanges de substances mise en œuvre par Jean Pierre Bertrand, le *Tableau de graisse* de Beuys désigne la place de l'image dans l'image. Entre le prélude et la ruine, il expose le tableau et ses restes, et rend visible simultanément genèse et effacement de l'image entre *substance imageante et vestige imaginal.* Les œuvres de Beuys et de Bertrand participent d'une économie écranique qui désigne le support de l'image comme image c'est-à-dire une *iconisation* du support.

> Philippe GRONON, *Pierre lithographique n°2,*
> Atelier Franck Bordas, Paris, 2005, photographie couleur, épreuve numérique pigmentaire, 93,5 x 74,6 cm

---

[270] On peut ici établir une correspondance avec *Coins de graisse* ou *Angles de graisse* où celle-ci vient remplir des angles et circonscrire l'espace et pour Beuys en restaurer un fonctionnement énergétique : « la force qui donne forme à l'indeterminé », A. Borer, « Déploration de Joseph Beuys » p.17, in cat. *Joseph Beuys,* MNAM, Centre Pompidou, 1994.

Philipe Gronon photographie des surfaces planes qui sont souvent des surfaces d'inscription ou de dispositif de production de signes ou d'images. Ces objets s'inscrivent parfaitement dans le format de l'image photographique : les bords de l'image coïncident avec les bords de l'objet ; la taille de l'objet correspond au format de l'image. Il y a ici la recherche d'une « congruence » parfaite « de la surface de l'image avec celle de son support[271] ». Ces surfaces se présentent vierges de signes mais reconnaissables comme supports en attente de signes. D'une apparence purement surfacique, ces images semblent faire écran à la profondeur et ne semblent offrir qu'une apparente butée sur des parois d'apparence impénétrable. Mais ces surfaces de pierres lithographiques sont aussi surfaces d'accueil, surfaces vacantes, en latence d'image soit une surface liminaire, un écran-prélude. Gronon dit qu'il y a là l'expression de « quelque chose en attente de dispersion ou de transformation[272] ». Devant la vacance de leurs étendues, le regard devient attentif à la moindre texture, il s'attardera sur la matérialité des différentes surfaces confondues à la surface iconique. De cette métonymie, le regard est amené à considérer l'image comme l'objet : la surface d'inscription se désignant comme l'objet du regard.

Toutes ces surfaces portent les traces mnésiques de leur fonction et Gronon déclare à leurs propos que ces œuvres « affichent leur planéité spatiale pour mieux intégrer une profondeur temporelle[273] ». Il déclare ailleurs à Régis Durand que ces images permettent « de projeter toute une rêverie sur les strates de mémoire qui s'y sont inscrites, la lente sédimentation des générations d'usagers, des recouvrements et des effacements successifs[274] ». Confins ici entre surface et réceptacle, la surface comme un creuset sans profondeur mais d'une grande épaisseur temporelle.

---

[271] Éric de Chassey, *Platitudes, Une histoire de la photographie plate*, Paris, Gallimard, p. 201.
[272] Philippe Gronon, *ibid.*, p. 199.
[273] *Idem*.
[274] Philippe Gronon in R. Durand, *Philippe Gronon*, entretien in cat. J-M. Réol, p. 7.

Ces écrans « sans profondeur cachée » conduisent à s'interroger sur les conditions de la représentation plutôt que sur les effets de celle-ci[275] ». Ce sens non dissimulé, certes, sans énigme et sans profondeur conserve l'épaisseur d'un mystère, à l'image comme l'écrit Oscar Wilde d'« un sphinx sans secret[276] ».

Patrick BAILLY-MAITRE-GRAND, *Sirius*, 2004,
épreuve au chlorobromure d'argent marouflée
sur aluminium, 1 élément, 120 x 100 cm.

Bailly-Maître-Grand propose ici l'image d'une fenêtre fermée : « une banale fenêtre de campagnarde envahie de toiles d'araignées[277] ». L'artiste ajoute : « il a suffi d'un rien [...] d'une nuit d'hiver et d'une étoile[278] ». Ceci commence donc comme un conte : « si par une nuit d'hiver un voyageur...[279] » Pourtant, la simplicité apparente cache la dimension procédurale et poïétique complexe qu'il aura fallu déployer pour obtenir cette photographie.

Devant l'impossibilité de prendre la photo de la fenêtre sans reflet et avec l'étoile, je cite : « il ne restait plus qu'à démonter la fenêtre, la rebâtir dehors en rase campagne, ajuster l'appareil droit en face, peaufiner l'éclairage homogène, bricoler et positionner, loin derrière, ma petite étoile. Attendre la nuit et faire la photo[280] ».

L'image à l'échelle un et à bords vifs par rapport aux bords de la fenêtre assigne une place spécifique au spectateur, lui permet de se tenir sur « le bord » de l'image et de la percevoir comme un seuil qui vient articuler son espace à celui de la nuit étoilée, opérant la conjonction de l'éloignement extrême avec une extrême proximité qui sidère, le sidéral provoquant la conscience d'une distance mise à distance et que Eric Bonnet formule comme : « la

---

[275] Éric de Chassey, *op. cit.*, p. 125.
[276] Oscar Wilde, Nouvelles. *Un sphinx sans secret*.
[277] Patrick Bailly-Maître-Grand, site officiel de l'artiste, *www.baillymaitregrand.com*.
[278] *Idem*.
[279] Italo Calvino, *Si par une nuit d'hiver un voyageur*, Paris, Seuil, 1981.
[280] Patrick Bailly-Maître-Grand, site.

distance fait surface[281] ». L'image est vectorisée par cet écran planaire qui est à la fois un quadrillage, un dispositif de visée et la fenêtre d'une maison de campagne

Enfin, ce dispositif rend compte d'une articulation de l'espace et du temps. Du passé au présent, un chemin qui relie chacun à l'enfance, qui, dans sa relation à la lumière fossilisée, au vestige du temps perdu, est évidemment une image du photographique et de la photographie[282].

Si nous déplaçons le propos sur le champ de l'expérience esthétique, cette poétique des confins constituerait le lieu « où ce qui se projette se projette, où ce qui m'est donné est donné » tout en produisant une coupure « qui me sépare de ce qui m'est donné[283] ».

Joseph BEUYS *Palazzo Regale* 7 panneaux en laiton et or, 2 vitrines, cristal et laiton, objets, dimensions variables, Naples, Museo di Capodimonte, 1985[284].

Palazzo Regale est la dernière exposition de Beuys (1921-1986). Elle réunit de manière complexe les différentes acceptions de la poétique développée jusqu'ici. Elle comprend deux vitrines aux structures en laiton et aux parois en cristal et sept grands panneaux de laiton recouverts d'or. Les vitrines abritent un ensemble d'objets utilisés dans les actions parmi les plus fameuses de Beuys ou de fragments de certaines œuvres. Ainsi, la première vitrine présente la figure d'un corps fragmenté dont la tête de bronze provient de l'œuvre *Tram stop*, 1976[285], le

---

[281] Éric Bonnet, « Le point d'ombre », in « Traversées, retards, impacts », *Traversées*, revue *Auto-poïétique* n°3, Presses Universitaires de Valenciennes, 2001, p. 53, à propos de Bernard Guerbadot.

[282] Cf. Gaston Bachelard : « il semble que dans de telles images, les étoiles du ciel viennent habiter la terre. Les maisons des hommes forment des constellations sur terre». *Op. cit.*, p. 49.

[283] Alain Bonfand, *L'expérience esthétique à l'épreuve de la phénoménologie, La tristesse du roi,* Paris, PUF, 1995, p. 25.

[284] L'installation est reconstituée en 1987 au MNAM, Centre G. Pompidou lors de l'exposition « L'époque, la mode, la morale, la passion », cf. cat. éponyme, pp. 114-117.

[285] Œuvre reprise en 1982 à la Biennale de Venise.

substitut du corps, la fourrure de lynx utilisée lors de l'action *Iphigénie-Titus Andronicus,* 1969 ainsi que la paire de cymbales déposée contre le verre, et à l'emplacement des pieds, un coquillage tropical. Dans la seconde vitrine se trouvent rassemblés différents objets ayant été utilisés par Beuys dans de nombreuses actions : sacs à dos (*La horde, das Rudel,* et *In memoriam Georges Maciunas,* 1978), rouleaux de feutre rappelant par exemple le *Bâton d'énergie, Energiestab,* 1974, et matériaux récurrents, graisse, cuivre, etc. Tous ces éléments recomposent la forme d'un corps. Reliquaires d'éléments constitutifs d'actions de Beuys donc, de matériaux et d'objets récurrents de son œuvre, ils reconstituent une forme d'autoportrait de l'artiste en gisant avec ses attributs.

Les sept panneaux de laiton ressemblent à des tableaux encadrés dans lesquels surface et cadre sont formés de la même matière. Le laiton comme dérivé du cuivre est pour Beuys un médium conducteur ; il est utilisé ici en tant que surface-substance symbolique. Àpropos de cette installation, Beuys a déclaré : « Pour moi le compte à rebours s'est mis en marche. Tout est si ossifié que pratiquement aucun mouvement n'est encore possible. Seul compte ce qu'il y a après l'os[286] ». *Palazzo regale* est de fait généralement décrite comme une œuvre testimoniale, semblable à « un mausolée[287] ». Le fait d'être l'ultime installation de Beuys n'est pas le seul critère de la relation singulière de cette œuvre avec la mort et le tombeau. Beuys lui-même dans son dernier entretien corrobore cette relation et désigne : « la vitrine [...] comme sarcophage solennel[288] » en précisant toutefois qu'il s'agit ici non de célébrer le travail ou l'œuvre d'une personne en particulier, – Beuys lui-même – mais plutôt « la solennité » de chaque

---

[286] Joseph Beuys, in A. Zweite, cat. *Joseph Beuys,* Centre Pompidou, 1194, p. 360.
[287] *Ibid.,* p. 371.
[288] Joseph Beuys, entretien avec Michele Bonuomo, cat. Museo di Capodimonte, Naples, décembre 1985, pp. 114-116.

personne comme « souverain dans (sa) vie et (ses) gestes[289] ».

Il y a dans cette œuvre la conjonction de deux économies dont l'une se constitue de la figure du tombeau et l'autre de celle du tableau et de leur vis-à-vis. La première concerne l'image de l'artiste, la seconde celle du spectateur, vitrines et panneaux opérant comme médiums de ces échanges. Dans la première, Beuys y remise son parcours, dans la seconde, il propose un parcours réflexif et phénoménologique sur notre propre image et notre propre relation au tombeau. Beuys déclare : « l'idée de *Palazzo Regale* était présente dans un très grand nombre de mes précédents travaux. Il y a 25 ans au cours d'une action que je fis à Cologne, j'affirmais que chaque homme est un Roi Soleil[290] ». On le comprend, le rapport au corps et à son absence y est double : il comprend le corps disparu de Beuys figuré au travers de ses reliques et de ses oripeaux [291] et celui que l'installation produit vis-à-vis du spectateur, reflet, perte de reflet et inscription.

La configuration principale de cette œuvre articule l'horizontal au vertical. Horizontalité des vitrines-sarcophages évoquant le corps gisant et ses attributs, souffrant et fragmenté, démantelé – dont l'étymologie provient de *mantel*, manteau et de déconstruire ou détruire des fortifications, par extension l'idée d'une armature, d'une structure de protection détruite – à la verticalité des panneaux-écrans où le corps debout se reflète rayonnant dans les surfaces dorées. En cela, l'acception du mot « dépouille » désigne étymologiquement le constat d'un passage et de ce que l'on abandonne à ce moment (*exuere*, se

---

[289] *Idem*.
[290] Joseph Beuys, cat. *J. Beuys*, p. 116.
[291] Oripeaux de l'anc. fr. *orie* : doré, et peau. Lame de cuivre ou de laiton mince et polie qui a l'éclat de l'or ; guenilles, haillons. Larousse, Lexis. *Oripeaux* dont l'origine étymologique associe l'or à la peau et désigne des vêtements usés et de mauvais gout, guenilles, haillons est repris par Thierry de Duve qui associe dans *Palazzo Regale*, l'image du vagabond et du monarque, « avatars bicéphales de l'artiste », in *Cousus de fil dor. Beuys, Warhol, Klein, Duchamp*, Villeurbanne, Textes, art édition, 1990, p. 9.

dégager, se débarrasser de, muer). Il y a ici l'idée d'un passage de la situation couchée à la station debout (*stare*, stature), du corps gisant au corps en gloire, de la dé-liaison de la mort à une forme de reconstitution. Ce passage se conçoit comme un processus alchimique, la mise en visibilité d'un procès de transsubstantiation et de transfiguration par l'entremise de ces seuils, ces vitrines constituées de laiton conducteur et de cristal.

Les divers éléments de l'installation, panneaux et vitrines constituent une mutation du support en médium créant un passage d'une matière à une autre, un transit d'un état à un autre entre pétrification et animation. À ce titre, vitrines et panneaux fonctionnent comme des échangeurs. Leur économie écranique organise la traversée (limpidité du cristal) et la butée (panneaux) surfacique, le réceptacle de mémoire (vitrines) et le transitoire du reflet (surfaces amnésiques des panneaux). En effet, le vis-à-vis des deux dispositifs écraniques de *Palazzo Regale* provoque les rencontres temporelles de l'image-cristal que Pascal Quignard évoque dans *Abîmes* : « Alors, immobiles, ils nagèrent une autre nage plus mystérieuse. Ils traversèrent la durée. Leur suaire passera nos os[292] ». Et plus loin il ajoute : « c'est du temps qu'on touche[293] ».

Il se dégage de cette mise en tension une dialectique, le lieu d'une crise, un lieu critique de face à face avec le temps et la mort, mais dont l'oscillation constante induit l'idée d'un *entre-passage*, lieu charnière de l'entrevoir, avec l'écran pour seuil. On songe alors à ces tombeaux dans lesquels des fenêtres de pierre translucide étaient destinées au seul défunt ; cet « outre-passage », n'ouvrant sur aucune lumière et diffusant pourtant leur « impraticable clarté[294] » ; à ces atours, reliques et oripeaux qui devaient l'accompagner dans son voyage ou encore à ces mobiliers. Quant aux panneaux de laiton, ils s'apparenteraient plutôt à

---

[292] Pascal Quignard, *Abîmes, Derniers royaumes III*, Paris, Gallimard, 2002, p. 226.
[293] *Idem*.
[294] Yves Bonnefoy, *L'improbable et autres essais*, Paris, Gallimard, 1992, p. 9.

l'icône, par son fond confondu en figure et sa surface entendue comme membrane d'intercession. Une icône certes désertée de la figure du dieu mais obéissant à une même logique : « permettre à l'absence d'avoir lieu[295] ». Telle pourrait être l'une des manifestations de l'économie des confins : « incarner le vide qui laisse advenir notre image[296] ».

Mathieu PERNOT, Le dernier voyage, détail, 2007,
mine de plomb sur papier.

Donner une forme à l'absence serait l'une des perspectives artistiques de Mathieu PERNOT qui travaille notamment sur les populations gitanes, leur nomadisme, retraçant leur histoire, notamment leur extermination programmée entreprise par les Nazis jusqu'à leur survie et leur vie actuelle. Ces dessins au tracé fragile, erratique pourraient être pris pour une abstraction graphique. Il s'agit en fait, de restituer les sillons tracés par ces familles nomades, routes aujourd'hui impraticables par des familles disparues. Ce tracé évoque alors ces chemins comme des vestiges, une écriture en volutes de fumée.

Eva BRUNNEROVA, Papillons, 1942,
crayon sur papier, Prague, Musée juif d'état.

Une autre relation à la disparition vient faire signe alors. L'image de ce papillon au tracé inachevé par Eva Brunnerova, douze ans, réalisé en 1942 depuis Theresienstadt où elle sera assassinée et qui depuis ces confins est parvenu jusqu'à nous

Pour conclure, cette dimension poétique que nous avons tenté d'approcher à travers différentes œuvres opère un constant battement entre amorce et réalisation, suspens et traversée, comblement et béance.

Champ de conversion de la lumière en figure, surfaces d'échange et d'intercession, ces œuvres articulent

---

[295] Pierre Fedida, *L'absence*, Gallimard, Paris, 1978, p. 121.
[296] Marie-José Mondzain, *Image, Icône, Économie*, Paris, Seuil, 1996, p. 268.

porosité et induction en une surface-charnière, entre l'ouvert et le fermé, le saillant et le rentrant. Elles constituent un lieu médiumnique producteur de phénomènes d'adhérence et de détachement, de distance et de proximité. La poétique des confins est l'économie qui régit dans ces œuvres la substance imaginale dans un dispositif de réserve et de diffusion : rétention, réserve, actualisation et désignation. À l'instar de l'icône, mais sans arrière monde ces surfaces d'attente mutent en surfaces d'attention.

Ne constituent-t-elles pas alors une forme de l'économie du désir dans l'image ? Cette économie visuelle ne serait-elle-pas le moyen d'exercer une amphibologie du regard qui admette la perception simultanée du proche et du lointain. Cet exercice du regard : « une menée d'expérience » comme l'écrit Pierre Damien Huyghe par laquelle nous avons quelque chance d'apercevoir ce *corps introuvable* qu'invoque Lautréamont lorsqu'il écrit : « Cherchons ce corps introuvable que cependant nos yeux aperçoivent[297] ».

Yves Schemoul
PRAG en arts plastiques, Aix-Marseille.

---

[297] Lautréamont, *Les Chants de Maldoror*, *Œuvres complètes*, Paris, Librairie Générale Française, 1963, p. 226.

La (dis)qualification de « poétique »

> *Tout poème est brillant de sa propre beauté*
> Nicolas Boileau-Despréaux[298]

À la fin du siècle dernier, deux grandes manifestations artistiques ont utilisé dans leur titre le mot « poétique » : la Documenta X de Kassel et les Rencontres Internationales de Photographie d'Arles ; et toujours en le couplant avec le mot « politique » - par nécessité ou bien pour se dédouaner ?

De prime abord, il semble évident qu'il faille parfois utiliser ce mot quand on aborde la question de l'(œuvre d')art. Mais méfions-nous des évidences ; plutôt qu'une qualification d'une chose, ce mot peut avoir pour fonction de la disqualifier. Bref, il y a problème : l'utilisation du mot « poétique » pour nourrir l'esthétique semble à la fois nécessaire, dangereux et ambigu.

Nous partirons d'un exemple concret de (dis)qualifiquation de « poétique » pour comprendre ce qui peut se jouer dans ces usages et aussi dans les rapports possibles entre d'une part la dimension poétique et d'autre part l'artistique et l'esthétique. Car pourquoi peut-on employer ce mot positivement – mais en quoi ? – ou bien négativement pour (dis)qualifier quelque chose de non-

---

[298] Nicolas Boileau-Despréaux, *L'Art poétique*, 1674.

théorique, de non-philosophique, voire de pathétique et de mauvais ?

Cette étude d'un usage doxique du signifiant « poétique » pourrait-elle être une première étape vers une pensée du poétique, pensée aporétique peut-être ?

« C'était poétique », dirent-ils

Après ma communication « *So W(h)at(t) (is it ?). À partir de Bernard Kœst* » au colloque *Les frontières du flou au cinéma*, deux personnes me dirent : « C'était poétique ». Que pouvait-on entendre par ce mot ? Que visait cette (dis)qualification ? Et qu'en penser ? L'entendre comme une disqualification, c'était une réaction épidermique paranoïaque ridicule ; l'entendre comme une qualification objective, c'était surprenant, car le propos se voulait « philosophique » ; l'entendre comme une qualification positive, c'était certainement s'illusionner ; restait à l'entendre comme signe d'un malaise quant à la réception, c'était peut-être la meilleure solution.

Relisons et commentons le début du texte visé à la lumière de ce « C'était poétique » : *en corps 9 le texte de 2014, en corps 11 notre interrogation présente sur le poétique.*

> *Il n'y a pas de faits,*
> *rien que des interprétations.*
> Nietzsche

Cette phrase mise en épigraphe de ce texte pointe le problème : le poétique n'appelle-t-il pas l'interprétation, la pluralité des interprétations, à la différence du logique, du théorique, voire d'un certain philosophique ? Il y aurait un sens flottant et flou, donné tel quel, sans effort de fixation et de netteté.

Mais cela offrirait, au récepteur, à l'interprète, un rôle au moins aussi grand que celui du producteur de texte ; mieux, cela exigerait que le premier se mette à l'ouvrage, voire à l'œuvre. Avec le géométrique, Socrate dit au petit esclave de Ménon : « à toi de démontrer » ; avec le poétique, le créateur peut dire à l'interprète : « à toi d'interpréter différemment, à toi de jouer différemment » : le théâtre et la musique seraient donc une invitation au poétique.

Avec le poétique, l'imaginaire du récepteur est roi : royauté de l'enfant qui joue ou bien infantilisme mièvre ?

> Comment penser les frontières du flou au cinéma ? À la fois quelles hypothèses poser et selon quelles modalités ? Car est-ce autre chose qu'une panne et une crise de l'interprétation ? Relire Nietzsche.
>
> Ce livre *Les frontières du flou au cinéma* est la suite du livre *Les frontières du flou* : nous sommes passés du général au particulier, au « régional », suivant ainsi l'épistémologie de Bachelard. Or, sur la première de couverture du livre précédent, on pouvait voir *Un monde flou flou flou*, la photo de 2012 de Bernard Kœst, cet artiste qui a si bien créé avec le flou, et, en particulier, avec sa vidéo *So What ?* de 9 mn 36 – écho, par le titre, par la longueur et par l'interrogation, au morceau si célèbre du même nom de Miles Davis. D'ailleurs, Patrick Nardin caractérise de « grand moment de flou musical le trou de Monk dans la deuxième prise de *The man I love* (24 décembre 1954) quand le musicien s'arrêta littéralement de jouer pendant au moins 10 secondes, Miles ne comprenant pas ce qui se passait le rappela à l'ordre à la trompette ; Monk provoquait Miles, lui faisant croire qu'il avait perdu le fil ; en fait, il accentuait le caractère intempestif de son jeu qui collait mal à la fluidité de la ligne mélodique à la trompette». Le flou et le fluide, on se rapproche du cinéma.

À première vue, rien de poétique dans ces deux paragraphes. Certes de l'injonction non démonstrative - « Relire Nietzsche » - qui pourrait renvoyer au rôle précédemment évoqué de l'interprète dans une approche poétique. Certes de l'allusif, du flou, du non-démontré : mais peut-on définir la dimension poétique par la négation ? La disqualification de « poétique » vise-t-elle le médiocre et le faible, le subjectif et l'impressionniste, le non-démontré et le non-démontrable, le sentimental et le banal ?

En fait, sont-ce des mots ou des phrases qui génèrent cette dimension poétique ou bien l'ensemble, toutes les relations possibles entre les mots et entre les phrases – par exemple les nombreuses occurrences du « Relire » ? Si la deuxième solution peut être choisie, on comprend que, par la forme, la phrase géométrique renvoie à la précédente et à la suivante sans association libre possible, alors que le mot ou la phrase poétique peut renvoyer à tous les mots et à toutes les phrases du texte et à d'autres textes et ce par association libre, nécessairement. La phrase géométrique fait appel à la conscience, à la raison et au passé-présent et futur-présent, alors que le texte à dimension poétique convoque aussi l'inconscient, l'imagination et le temps dans son entier au point de renvoyer à l'éternité.

Le poétique convoque un autre homme que le géométrique : n'est-ce pas une solution de facilité ?

> Il est donc conseillé de mixer la lecture de ce chapitre par la vue et l'écoute de l'œuvre de Bernard Kœst et de celle de Miles Davis, afin de se confronter physiquement, physiologiquement au flou cinématographique et musical, car le travail de Kœst relève de l'art-contemporain et donc de l'approche qu'offre ce dernier du cinéma.
> De plus, l'œuvre de Kœst fait allusion à Samuel Beckett, l'auteur à la fois des films sur lesquels Kenji Kitayama a réfléchi pour la problématique de ce livre et de *Watt*. Il est donc aussi conseillé aussi de relire les romans et de revoir les films de Beckett.

Le poétique du film de Kœst, de la musique de Davis, des œuvres de Beckett nous montre que tout poétique joue avec les sens – sensation et sensualité -, sans se réduire à ces rapports nécessaires au corps. Il engage donc non seulement l'inconscient, mais aussi les sens et les harmonies, accords, tensions et contradictions entre les différents sens – « correspondances » chères à Baudelaire. Mais aussi correspondances entre les différents arts. L'esprit et *a fortiori* la raison viennent après, voire peuvent ne pas venir, ne pas convenir. La forme l'emporte sur le fond, le medium sur le message, la structure sur le texte. Est-ce aussi pour cela que l'on peut dire que l'inconscient (poétique) est contenant plus que contenu ?

La poésie sonore en est la preuve et ce n'est pas étonnant si le premier qui employa cette expression en 1958 est un plasticien Jean Villeglé et si Bernard Heidsieck fut à la fois un grand poète sonore et un grand plasticien. Dès le début du XXe siècle, la poésie phonétique va dans le même sens : Hugo Ball rappelle ce qu'il réalisa dès 1915 :

> J'ai créé une nouvelle espèce de vers, des « vers sans mots », ou poèmes sonores... J'ai récité ceci :
> gadji beri bimba
> glandridi lauli lonni cadori...

C'est aussi pourquoi mon texte se référait aussitôt à *Watt* de Beckett :

> **Relire *Watt*, en tout cas la fin.**
> Das fruchtbare Bathos der Erfarhung-
> faede hunc mundum intravi, anxius vixi, perturbatus ergredior, causa causarum miserere mei-
> changer tous les noms
> chœur mixte entendu par Watt sur le chemin de la maison :
> Sop. De tout notre cœur aspirons tête un instant
> Alt. De tout notre cœur….. de ….. tout….. notre….. cœur…..
> Tén. De tout……….. de….. tout….. notre….. cœur…..
> Bas. Aspirons
> […]-
> Watt l'air de quelqu'un qui arrive à la fin d'une série d'injections de pus stérile.
> parole non ci appulcro-
> honni soit qui symboles y voit

Car le poétique se joue du sens/signification en jouant avec les sens/sensation. Le sens/signification est là, mais il est insaisissable : pas de *mathesis universalis* qui puisse s'en emparer dans ses filets, dans ses nombres, dans ses concepts, dans ses mots.

C'est pourquoi il joue avec la langue et se joue d'elle. Tel *Finnegans Wake*, *Watt* joue avec non seulement la langue, mais les langues. Et Beckett travaille le poétique, d'abord parce qu'il traduit et réécrit. Alors la prononciation joue un rôle capital, non pour atteindre une meilleure compréhension, mais pour offrir une meilleure incarnation : prononcer un texte, c'est d'abord affirmer « Ceci est mon corps, offert pour vous » ; c'est s'imposer non tant comme acteur, que comme actant, incarné/incarnant, existant. Le poétique est d'abord le travail de l'existence poétique affirmée et mise en doute par un existant pour des existants. Le poétique est existentiel, même s'il se donne comme conceptuel : *Les trois chaises* de Kosuth en sont la preuve et l'épreuve.

Donc si l'on peut parler de « dimension poétique », c'est d'abord parce que le poétique renvoie à une existence incarnée : Du sujet recevant ou bien de l'œuvre elle-même ?

So What de Kœst
Le flou comme frontière
[...]
Si c'était les frontières qui limitaient le flou, elles sépareraient le net du flou ; mais quelles seraient les autres frontières ? Net/flou/et puis quoi ? Problème. Que serait la frontière entre le flou et cet inconnu, le X de Kant ? Est-ce ce qu'explore à l'infini Kœst ? L'infra-flou ?
Ou bien, face à l'aporie sur laquelle débouche la première hypothèse, faut-il mettre en chantier la seconde - le flou comme frontière(s) ? Alors, le net en-deçà, rien au-delà ? Mais le net résiste-t-il à cela ? Peut-on décliner le net, l'hyper-net, les degrés du net ? Mais que serait l'hyper-net ?
Le flou comme l'indéterminé, l'indéfini et – pourquoi pas – l'infini, et, le net comme centre déterminé et fini de gravité ? Mais quel centre ? Où ? Et quelle gravité ?
Et pourtant, c'est ce qui semble s'imposer, après vision, après réflexion : les frontières du flou au cinéma désignent cette zone indéfinie, sans fin (obligée ni assignable) que fait naître le flou, qu'impose le flou, au point qu'un film

dans sa totalité pourrait être flou, totalement flou : relire Patrick Nardin. Et ce serait passionnant : sublime ? Peut-être. À l'image d'une vie ? Seules les rationalisations, au sens de Jones, de nos vies sont nettes, mais nos vies sont floues : relire Alain Milon. Et si c'était la même chose pour la pensée : d'où notre question qui ouvre notre chapitre : comment penser (les frontières du flou au cinéma) ?

Le poétique a intégré, bien avant que Jones ne l'écrive la théorie de la rationalisation ; ce n'est pas qu'il invalide le théorique et le philosophique, c'est qu'il en joue autrement : aphorismes de Nietzsche, de Cioran, et ces fragments étranges que l'on a qualifiés pour certains de « présocratiques », pour d'autres de « pensée chinoise » :

> Le Temps est un enfant qui joue en déplaçant les pions : c'est la royauté d'un enfant.

> Des propos insensés comblant des fascicules !
> Des pleurs amers, souvent, plein le creux de la main !
> Chacun de s'écrier : « L'auteur est ridicule ! »
> Mais qui saura goûter le suc qu'il dissimule ?

Le poétique interroge le philosophique : non seulement ce dernier n'a pas le monopole de la pensée, mais surtout il peut se nourrir du poétique au point de l'intégrer comme moment de pensée et de pesée du réel. Mais n'est-il pas parfois le cache-misère de la pensée, la facilité pour l'incapacité même de penser ?

Il en va aussi du problème du flou dans la philosophie et dans le réel. Revenons au non-philosophique de Kœst qui est artiste visuel, au poétique assumé, mieux revendiqué et non au poétique masqué qui habite ou dévoie (?) le philosophique :

> *Retour à* So what ? *de Kœst*
> Une pelouse ensoleillée, trois jeunes filles vues de dos de loin.
> Zoom. Zoom, zoom, zoom.

Le zoom : ce qui permet de mieux voir ou bien ce qui engendre du flou ? *The zoom must go on.*
On bascule du flou à ce qui fut si mal nommé « abstraction ».
Relire Klee : « Déjà la minime aventure de regarder dans un microscope nous met sous les yeux des images que nous déclarions tous fantastiques ». Alors l'aventure du zoom et du flou au cinéma…

Le philosophique devrait-il se faire poétique pour expliquer le poétique ? Absurde : pas plus qu'il doit se faire comique pour expliquer le comique ; non, *the proof of the pudding is not the pudding* ; outre que le solipsisme est un vrai problème philosophique.

Relire Aristote et non seulement Boileau :

> On se plaît à regarder les images car leur contemplation apporte un enseignement et permet de se rendre compte de ce qu'est chaque chose [...] ; car si l'on se trouve ne pas l'avoir vu auparavant, ce n'est pas en tant que représentation que ce portrait procurera le plaisir, mais en raison du fini dans l'exécution, de la couleur ou d'une autre cause de ce genre.

Ce qui est difficile, c'est d'expliquer le poétique, d'en rendre compte : certes, on peut se référer au « fini dans l'exécution, (à) la couleur ou (à) une autre cause de ce genre », mais on n'oublie pas que « tout poème est brillant de sa propre beauté ».

Et donc que rendre raison du poétique, c'est présupposer qu'il y a un artisanat, une méthode, une recette du poétique ; or le poétique est contextualisé, historiquement contextualisé. En effet, d'une part, il dépend de son temps, l'évoque et le convoque pour s'en démarquer, l'appelle et le rappelle non dans une logique kitsch, mais parce qu'on le réalise en rapport aux pratiques poétiques déjà exécutées : le poétique est un exécutant qui exécute les autres poétiques ; cette prétention est certes illusoire, mais constitutive de son acte créateur. Mais, d'autre part, parce qu'il est poétique il élimine se contexte offrant à celui qui le reçoit la possibilité d'imaginer un autre contexte ; il ne produit pas des signes, ni des codes – de cela, il en joue et les renvoie à leur chère sémiotique, non, il produit des images, des images rythmées, formées de formes et il incite les imaginaires à imaginer.

Mais n'est-ce pas un leurre, pire une facilité pour le récepteur métamorphosé, comme par enchantement en créateur ? Pire encore, n'est-ce pas une démagogie honteuse ?

[...]
Mais qu'est-ce qu'explore ce zoom ? Le corps de la jeune fille ? Peut-être : en fait, l'image de ce corps, voire l'image d'un corps, l'image du corps. Seulement cela ? En fait, l'artiste explore son propre désir et offre au regardeur cette aventure du désir – non comme identification, mais comme occasion : au regardeur de jouer, de regarder, donc d'être entre désir et effroi. Bref confrontation au pur visible, car, peu à peu, entrant dans le monde des pixels, le regardeur est face à du totalement flou, de l'inidentifiable, de l'indéfinissable, de l'innommable : de l'image du noumène ? Mais alors, on retomberait dans le phénomène.
En fait, on est face à la pulsion, au ça.
En fait, en fait, en fait : illusion du fait, toujours dépassé, encore et encore... Interprétations mortes, interprétez.
On est face au vide, au manque, au désir, au corps devenu sans sens.
On est face au corps troué, à l'espace troué.
On est loin de l'image-musique de Miles Davis. On est face aux morts originaires, aux frères des Mapuches, à nos frères. D'où la prégnance de la violence et du flou au cinéma, écho de cette violence originaire, de ces corps troués, tués et violés – encore aujourd'hui – Syrie -, encore demain. Des frontières floues territoriales aux frontières du flou au cinéma : *catharsis* plus que *mimesis*.
On est face à de l'élémentaire sans signification, face à du pixel, du pur pixel : « flou, flou, flou » disait l'artiste. Face à du pur signifiant sans l'ombre d'un signifié.
Trouble absolu à la fois existentiel et sexuel, à rendre fou, à rendre tueur fou, car le zoom a mis entre parenthèse

l'humanité, l'interhumanité de la jeune fille pour en faire, au-delà de son corps et de son image, un pixel ? Pire un flou fou. « Flou, flou, flou », le flou en série qui ne s'arrête jamais : *serial* voyeur ; expérience de la série sans fin de partie : ça continue plus que ça recommence. Et ça échappe, et l'on s'y perd : « là-bas tout fluctue, se transforme, s'échappe... tu avances à tâtons, toujours cherchant, te tendant... vers quoi ? qu'est-ce que c'est ? ça ne ressemble à rien... ça se dérobe » écrivait Nathalie Sarraute. Du flux et non de la fixité, du flou et non de la netteté. Le flou, c'est, comme écrit Sarraute, ce qui engendre la question : « qu'est-ce que c'est ? », « *what is it ?* » ; mieux le flou est question et les frontières du flou cette zone indéfinie des questions infinies. Bill Viola et *Chott El Djerid*, 1979, est en cela exemplaire ; relire Patrick Nardin.

Et *So what ?* se termine par un retour progressif à l'image du retour à « Une pelouse ensoleillée, trois jeunes filles vues de dos de loin » : les mêmes après l'enfoncement dans les frontières du flou au cinéma, le risque de ne pas pouvoir refranchir les frontières, le risque de la perte de soi dans le trou noir du flou.

À en mourir : comme Malone ?

Et l'artiste peut être le récepteur génial de sa création poétique. Kandinsky, un jour, dans son atelier, aperçoit une de ses toiles mise à l'envers, ne la reconnaît pas et est frappé par sa beauté, due à une combinaison et une tension spécifiques de formes et de couleurs ; et c'est la naissance de sa nouvelle conception de la peinture, de la peinture dite « abstraite », de la sublime étrangeté : « Partout une régularité de l'expression instinctive », écrivait Kandinsky dans son cours sur *Les débuts de l'art : le règne animal*. Et d'ajouter : « La forme de la construction = rythme ». La peinture est alors donnée en un écran et un écrin. Le sujet d'en face est un tableau, mieux, une œuvre d'art. Certains parleront alors de chef d'œuvre. L'invu, mieux l'invisible, devient visible, mais autrement.

Nous sommes passés du croire voir au voir de l'invu ; de la problématique du connaître à celle du reconnaître. Reconnaître du déjà connu ? Non reconnaître du non encore connu, du poétique. Paradoxe de cette reconnaissance qui reconnaît avec certitude de l'inconnu, de l'imprépensable au sens de Schelling. Nous semblons sur la piste de l'expérience du chef d'œuvre poétique qui n'est pas ce qui correspond aux canons préexistants, mais ce qui ravit le sujet de sa quotidienneté et des canons en place, qui génère une rupture instauratrice d'un nouveau monde et d'un nouveau rapport au monde. Nous sommes à mille lieux de la perception des organes des sens ; nous sommes dans la logique du coup de foudre et de la folie de la foi. Histoire d'amour ? Peut-être, car nous aimons le chef d'œuvre poétique, nous sommes bouleversés par lui, comme par une passion. Négation de la validité des sens comme seuls médiateurs, mais aussi de la validité de la raison comme évaluatrice : où allons-nous avec l'expérience ? Risquons-nous de (nous) perdre ?

Tout cela ne veut pas dire que l'invisible poétique est l'autre du visible, mais que le visible est l'écran de l'invisible poétique, lieu à la fois de projection et de censure efficace. Même si la censure peut être levée ou déplacée : on est alors face à la visibilité de l'invisible, mieux à son expérience, qui est parfois expérience du poétique. Car l'expérience de l'œuvre poétique, c'est à la fois l'expérience d'un changement de posture *et* l'expérience de la possibilité d'un tout, du passage de l'arbre à la forêt avec retour possible à l'arbre, voire à des arbres, de la note à la fugue avec retour possible à la note, voire à des notes, du détail au tout avec retour possible au détail, voire à des détails, de l'insignifiant à un sens construit et imaginé avec retour possible à l'insignifiant, voire à des insignifiants. Relire le texte de Proust sur « le petit pan de mur jaune ».

Parfois, si l'homme n'arrive pas, pire, ne sait pas voir la forêt, le poétique, c'est parce qu'il en reste aux organes des sens et qu'il se focalise sur l'arbre-écran ; car même la forêt noire peut être vue ; on voit bien l'outre-noir ; on voit bien dans l'outre-noir, dans les *Hollzwege* poétiques de l'outre-noir.

« C'est poétique », pouvons-nous essayer de dire

L'approche esthétique.

L'approche *esthétique* d'un objet - d'une ou plusieurs œuvres, d'un ou plusieurs arts ou de l'art - doit se fonder, pour être rigoureuse et pertinente, d'abord sur une approche *sensible* de cet objet, puis sur son approche *théorétique*. C'est à partir de là que nous pourrons qualifier de « poétique » un moment possible de ces approches.

Si nos parlons *d'approche* d'une œuvre ou d'un art, c'est pour insister sur le fait que l'œuvre ou l'art n'est jamais atteint totalement par une approche, quelle qu'elle soit, et donc qu'il reste dans une œuvre et dans un art une part d'innommable et d'intraduisible qui résiste à l'analyse et qui garantit la ré-vision et la re-lecture de l'œuvre ou de l'art, donc l'interprétation. L'approche d'une œuvre d'art ressemble - sur ce point - à la philosophie, dans la mesure où cette dernière est amour, mais non possession de la sagesse, sinon elle serait dogmatique et, par là même, antiphilosophique ; de même, une approche qui prétendrait posséder une œuvre d'art et en rendre compte totalement serait dogmatique et conséquemment à rejeter. Cette prétention à la possession et à l'explication totale est une tentation à laquelle le chercheur doit résister dans la mesure où, de chercheur critique, il deviendrait idéologue non-critique, bref sans grand intérêt pour la recherche scientifique, sinon à devenir lui-même l'objet d'une analyse critique : pourquoi certains hommes ont-ils l'illusion et la naïveté de prétendre tout expliquer totalement ? Certainement par infantilisme et par goût du pouvoir - le goût du pouvoir donne, à celui qui en est habité et aliéné, l'illusion qu'il est le goût du savoir total : illusion dangereuse pour le poétique, l'art, les œuvres et les artistes. La création doit résister à ce dogmatisme étouffant. L'œuvre d'art n'est pas (qu')un signe.

L'approche sensible.

Chronologiquement, l'approche sensible est la première approche que nous avons d'une œuvre, lors de la première confrontation à elle : c'est l'approche par nos sens.

Mais ne soyons pas naïfs. L'homme qui reçoit pour la première fois une œuvre d'art n'est vierge ni de tout passé, ni de toute sensation, ni de toute pensée. L'immédiat n'existe pas dans sa radicalité, l'œuvre est toujours reçue par un sujet ayant une histoire, histoire de ses sens et de son corps, histoire de son esprit et de sa pensée, histoire de son inconscient et de sa conscience, etc. Cet homme n'est pas neutre. Mais insistons sur le fait qu'au départ il y a *expérience par les sens de l'œuvre*, même dans le cas d'une œuvre conceptuelle face à laquelle les sens ne sont pas inexistants, mais sont parfois déçus par rapport à leur attente et, par-là même, tellement présents par leur déception.

Notre présupposé anthropologique semble être que l'homme est d'abord un être sensible. En fait, les choses sont plus complexes et notre présupposé aussi : l'homme est l'être du sens, plus explicitement l'être du sens et du sens, entendons par là de la sensation et de la signification, du corps et de l'esprit, etc. Et le mot le plus important dans ces précédentes formules anthropologiques est, bien sûr, le mot « et ». L'homme est l'être du « à la fois » - d'où notre esthétique du « à la fois », corrélative, en dernière instance, de cette proposition anthropologique -, à la fois récepteur de sensation *et* donateur de signification, jouisseur de sensation *et* interrogateur de signification.

Cet « à la fois » se vit dans l'oscillation et la tension. Et, face à une œuvre d'art, l'homme expérimente cette *tension oscillante entre sensation reçue et signification demandée*, entre bruit et langage. Bien sûr, cette oscillation est vécue différemment pour différents arts et différentes œuvres : par exemple, il n'en va pas de même pour la danse et pour la littérature, mais, dans tous les cas, si l'être est face à l'œuvre reçue comme une œuvre - ce qui pose déjà problème -, il est pris par cette oscillation, parce que le propre de l'être humain est d'être un être qui, face à l'être du monde, est happé par cette oscillation entre sens et sens, sensation et signification, trace et tracé.

Mais cette approche sensible de l'œuvre n'est pas une. Elle peut avoir des modalités différentes. Elle peut aller de la *réception sensible apparemment totale* à la *création sensible et intellectuelle de nouvelles œuvres* : dans le premier cas, nous parlerons *d'approche accueillante*, dans le dernier cas, *d'approche créatrice*. Il y a bien sûr de nombreux intermédiaires entre ces deux limites.

L'approche sensible est d'abord accueillante : le sujet reçoit l'œuvre, il la goûte ou elle le dégoûte, il la fait sienne ou il la rejette. Cette approche peut se faire en public ou en privé ; dans tous les cas, c'est une aventure privée, même si elle est conditionnée par du social et de l'historique. Elle peut être passagère, comme lors d'un passage rapide face à une œuvre, ou cultivée, comme quand le sujet prend l'œuvre chez lui, par exemple, en achetant une photo ou une peinture, un CD ou un livre. C'est le premier degré de l'*aesthesis*. Cette approche est indispensable ; elle peut être vécue tout aussi bien pour elle-même que comme une première étape qui en appelle d'autres. Bien entendu, elle ne met *entre parenthèses ni l'activité de l'esprit, ni celle du langage* : le sensible pur n'existe pas ; le concept d'approche sensible a d'abord une valeur opératoire.

Elle peut être une continuation de l'approche accueillante ; elle ne la nie pas, elle la complète, elle la couronne. Elle enrichit à la fois cette approche, l'œuvre et le sujet qui accueille. Cette approche traduit, toutefois, un changement de point de vue et de posture face à l'œuvre : l'accueil devient création, la réception - à la limite passive - devient action. Un mouvement s'opère entre cette première et cette deuxième approche. Le sujet, en effet, réagit par la création ou du moins d'abord par l'autorisation à la création, puis par sa tentative. Même si cette tentative échoue, il y a eu quelque chose d'autre que le simple accueil : il y a eu mouvement, effort, travail de création ; le sujet a adopté une autre posture face à l'œuvre même si le résultat de ce mouvement est décevant. À la limite, l'accueil sensible se vit dans l'instant, même si cet instant se répète et s'enrichit ; pour être exact, il se vit dans l'histoire car le sujet a une histoire ; en revanche, la création assume parfaitement l'histoire, le passé et le présent, mais elle leur ajoute la transcendance du futur, le non-encore déjà là, le non-encore présent, le non-encore existant ; elle est *creatio non ex nihilo*. Cette création peut être double : soit par jeu combinatoire, soit par création d'œuvres nouvelles.

L'approche poétique.

Doit-on donner un statut à part à l'approche poétique ? N'est-ce qu'un simple cas particulier de l'approche créatrice ?

Il va de soi que l'approche poétique de René Char à partir d'un dessin de Picasso relève de l'approche créatrice. Mais qu'en est-il pour tous ces écrits non théoriques qui accompagnent des œuvres et qui n'ont visiblement ni la valeur ni la prétention d'être de la poésie au sens le plus valorisé du terme ? Pour résoudre cette question on peut reprendre les distinctions entre le sans-art et l'art puissance deux, entre l'art-fait et l'art-valeur : l'art-fait est une réalité sociologique et anthropologique qui désigne un type de production particulier ; mais, comme un fait n'est pas une valeur, l'art-fait n'est en rien le signe d'une valeur de cette production ; en revanche, l'art-valeur met en avant la création de chefs-d'œuvre artistiques. La distinction art-fait/art-valeur est certes difficile et périlleuse ; mais notre présent objectif n'est pas de juger ce qui est poésie-valeur et ce qui n'en est pas ; il consiste seulement à expliquer trois types d'approche d'une œuvre d'art. Aussi, de même qu'il y a une approche sensible d'une œuvre, il peut y en avoir une approche créatrice, poétique, l'aspect poétique étant ici d'abord un fait, avant de pouvoir peut-être être une valeur : notre jugement est donc un jugement de fait - c'est comme ceci et non comme cela - et non un jugement de valeur - c'est beau ou c'est bien.

L'approche poétique est cette approche par le langage dans laquelle le sujet n'est ni au niveau de la langue ou de la réflexion quotidiennes, ni à un niveau scientifique, théorique, analytique et conceptuel : le sujet utilise l'image, l'imaginaire et la métaphore, parfois la fiction, pour tenir une parole ou produire une écriture qui vibre au contact de l'œuvre. Nombreux sont les écrits de ce type qui accompagnent des œuvres et des expositions. Le mot « poétique » a ici des connotations bachelardiennes et pourrait prendre sens par rapport aux concepts d'image et d'imagination chers à Bachelard. Il va de soi que, dans sa réussite la plus grande, cette approche est poétique au sens de poésie-valeur et non simplement au sens de poésie-fait.

Mais pourquoi mettre en œuvre ce concept d'approche poétique ? D'abord pour rendre compte d'une réalité. Ensuite pour expliquer la fonction de cette réalité. En effet, le premier contact avec l'œuvre est sensible ; mais l'homme est un être parlant : il (se) parle ou (s')écrit face à l'œuvre. Cette parole-écriture est une manière d'accueillir l'œuvre et de réagir à elle. Comme les propos quotidiens semblent vains, comme les propositions théoriques semblent difficiles à produire et parfois inutiles, il s'offre cette possibilité d'une parole-écriture où l'image se substitue au concept : le texte évoque l'œuvre. Dans un premier temps, cette approche permet à son auteur ou au lecteur d'être plus près de l'œuvre, en tout cas de s'en approcher de façon spécifique et enrichissante, bref à la fois de faire autrement l'expérience de l'œuvre et de faire l'expérience de l'approche de l'œuvre. Alors, cette parole-écriture est prise non pas pour celle de quelqu'un qui prendrait la posture du poète, mais comme une servante poétique de l'œuvre, servante qui peut avoir une autonomie alors proportionnelle à son degré de liberté de création.

Si cette approche poétique doit être thématisée, c'est parce qu'elle a une spécificité capitale : elle repose sur la triple caractéristique de l'homme d'être à la fois un être du langage - ainsi donne-t-elle un usage particulier et remarquable du langage -, un être capable de création et un être pouvant accueillir à sa manière - et non de façon pavlovienne - une œuvre. C'est pourquoi, dans la série d'approches possibles d'une œuvre, elle a une fonction spécifique, que l'on soit celui qui écrit le texte ou celui qui le lit ; elle en est un moment décisif.

Bref la dimension poétique est une dimension possible, mieux souhaitable, du philosophique, et donc, bien sûr, de l'esthétique.

« Laissons les morts enterrer les morts ».

François Soulages
Professeur des universités, Paris VIII.

L'accusation poétique

> *À Alain Chareyre-Méjan qui, le premier,*
> *nous a fait entendre chez Platon*
> *le fracas et les mugissements du poète.*
>
> *Pour Jean-Paul Michel,*
> *puisqu'il y endosse le rôle de l'accusé.*

Si la philosophie n'est pas une arme supplémentaire de l'intelligence à côté du glaive savant et du bouclier religieux, mais l'épreuve que la pensée fait de l'être qui est là contre, au point de la laisser interdite : l'état poétique du verbe est l'épreuve philosophique même.

Si le lecteur s'inquiète de voir fondre d'emblée la frontière du poétique et du philosophique, il retrouvera à la fin de ce texte sa question de cadastre rendue à son origine catastrophique.

L'état poétique, qui est l'état primordial du langage, ne peut toutefois être abordé qu'en dernier. Nous, sujets communicants, ne sommes-nous pas en effet exilés du poétique ? Réciproquement, ce qui vient d'abord sont les états dérivés du langage. Et ce qui vient en premier, c'est le régime mathématique du langage.

Mathématique du langage, donc

Avant d'avoir le sens étroit de la discipline que nous connaissons, avec ses outils propres et ses objets spécifiques, la mathématique désigne le vaste ensemble des actions de l'esprit par lesquelles il éclaire tout ce qu'il touche. « Mathématique » caractérise un pouvoir, celui de saisir, au double sens, pratique et théorique, d'empoigner et de concevoir, bref de faire sien.

Ce régime mathématique du langage est biocentré et s'épuise à la conservation de soi. Vivre, pour le langage, comme pour tout vivant, c'est coloniser un environnement extérieur pour s'en faire un milieu adapté à ses besoins, et en premier lieu propice à son besoin impérieux de continuer de vivre. Ainsi, tout ce que le langage rencontre d'autre que lui se trouve d'emblée ou bien rejeté en dehors de son milieu, ou négligé comme dépourvu d'intérêt, ou bien assimilé par lui, c'est-à-dire rendu dicible. Ce pli biologique du langage le pousse à exercer son pouvoir pour se constituer un empire puis l'étendre de façon concentrique, et ignorer en conséquence l'indicible. C'est alors la fin de la poésie, la langue poétique n'existant qu'au contact de ce qui menace son existence. Le régime mathématique du langage repose ainsi sur sa fonction biologique. Tout étant dicible *a priori* dans ce régime mathématique du langage, rien ne peut y être poétique. Le mot ne rencontre plus devant lui que le miroir de l'objectivité. Il y a à cet égard, sinon une essence du moins un fonctionnement militaire du langage qui permet au pouvoir du mot de tenir la chose en joue. En baptisant la chose, le mot en fait son objet. En ce sens, tout mot est une catégorie, si l'on se souvient que la catégorie relève du langage commun, de la communication et plus précisément des propos que les citoyens échangent ou monnayent sur l'agora. Catégoriser c'est à la lettre parler comme sur l'agora, soumettre tout ce qui est dit à l'ordre du commun qui règne sur la place publique.

Pathétique du verbe ensuite

C'est là en général qu'on a l'habitude de faire intervenir la poésie comme remède à l'universelle communication. On charge le poète de substituer aux catégories les métaphores, au langage commun une langue inouïe, au mot tout fait un dire inédit. Du mathématique au poétique, le langage est censé délaisser l'universel abstrait pour décliner le singulier concret. L'on assigne alors au poète la tâche de rebaptiser la chose en suivant cette fois les traits uniques de son visage. La poésie signerait la revanche sublime de l'irremplaçable sur l'interchangeable. Dès lors la nature n'est plus une machine mais un temple.

Cette image de la poésie est cependant une représentation elle aussi commune et inessentielle. À travers sa bacchanale de métaphores, la poésie tente en vérité de sauver le langage du vide du cercle mathématique des objets pour l'ouvrir à la plénitude des choses. Le pouvoir des mots se retrouve lui-même placé comme de force sous la puissance de l'être. On dirait que le poète parle avec les mots que lui a donnés la chose. Ce n'est pas le nom mais le nommé en personne qui a l'initiative et arrache au poète ses paroles.

Tels sont les *Vers dorés* de Nerval qui assurent que

> Souvent dans l'être obscur habite un Dieu caché ;
> Et comme un œil naissant couvert par ses paupières,
> Un pur esprit s'accroît sous l'écorce des pierres !

Nerval dévoile ici l'état pathétique de la poésie qui commence là où cesse l'opposition du mot et de la chose puisqu'« à la matière même un verbe est attaché ». Comme le poète identifie la présence du mot à même la chose, il ne fait que redire ce que l'être même dit : « la nature est un temple où de vivants piliers laissent parfois sortir de confuses paroles». Le poète est le réceptacle de la voix de l'être, l'oracle de ses secrets. Que le sens de ces paroles reste obscur ne relativise pas leur réalité mais l'entérine au contraire : les vertiges de l'indécidable font les délices de l'oracle. Car cependant que le sens échappe, le poète éprouve la réalité du sens. Mieux encore, si l'être reste muet, le poète lui reconnaît le droit de garder pour lui son langage. Si l'être garde le silence c'est bien qu'il a quelque chose à dire. Avant de se faire l'oracle ou l'apôtre de l'être, le poète entend sa voix, fût-elle muette. Le mutisme de l'être prémunit contre son silence. Ainsi Baudelaire peut-il appeler sans danger « Beauté » « un amour éternel et muet ainsi que la matière ».

C'est déjà le coup de force du gazon de Platon dans le prologue du *Phèdre* :

> Comme la brise est agréable en ce lieu – quel charme ! quelle douceur ! C'est le chant léger de l'été, qui répond au chœur des cigales. Mais le plus exquis, c'est ce gazon : il couvre une pente douce, et permet, si l'on s'étend, d'avoir la tête parfaitement à l'aise.

Ce lit de verdure, sur lequel la brise ne souffle pas mais chante, est un piège où le philosophe attire la poésie pour la supprimer en se substituant à elle. On voit qu'il ne faut pas prendre à la lettre la légende colportée par Diogène Laërce selon laquelle Platon aurait renoncé à la poésie à l'occasion de sa rencontre avec Socrate. Plutôt qu'un renoncement pur et simple à la poésie, c'est un enrôlement de la poésie par la philosophie que la rencontre de Socrate provoque. La philosophie ne commence pas là où finit la poésie ; la philosophie naît en se substituant à la poésie. Ce qui veut dire que le philosophe ne laisse pas tomber la poésie mais l'investit au contraire, au point de prendre sa place. Plus précisément le philosophe singe le poète, et il le singe si bien qu'à la fin de l'opération mimétique, il n'y a plus d'un côté la philosophe et de l'autre le poète, il y a le philosophe-poète.

Qu'est-ce donc que ce lit de verdure où se déroule le *Phèdre* ? Ce n'est pas le lit idéel, l'Idée-type de lit. Ce n'est pas non plus une simple image de lit, un lit d'artiste, peint ou nommé. Et ce n'est pas non plus un lit d'artisan, fabriqué par la main de l'homme, le lit de bois de l'ébéniste.

Ce lit de verdure est réel sans être idéel, concret sans être fabriqué, poétique sans être imaginaire.

Le lit du *Phèdre* ainsi que son platane-parasol déjouent la hiérarchie ternaire de la République. Quel étage inconnu de l'échelle de l'être ce lit-là occupe-t-il donc ? Ce lit est le plus élégant (*kompsotaton*), le plus spirituel, le plus ironique[299] aussi. Le plus amusant est en effet que ce lit échappe d'autant mieux à la poésie qu'il la comble au-delà de son ambition mimétique la plus folle. À la différence du lit peint ou simplement chanté, on s'y couche pour de bon aussi bien qu'en un lit de bois. C'est un artefact qui ne doit rien à la main de l'homme. D'autant plus réel en cela. Voilà le prodige de ce gazon-lit d'être un artefact naturel. Il échappe par là à l'arbitraire de l'invention humaine, qu'elle soit technique ou artistique. Son être de lit descend tout droit de l'Idée sans être passé par le filtre technique de l'ébéniste ni par le miroir déformant de l'artiste. Sacré pied-de-nez de l'Idée de lit au faire humain qui lui met sous les yeux un lit tout fait, mieux fait qu'aucun des lits fabriqués ou représentés par l'homme !

La légende veut que Socrate implore Héphaïstos, ce maître de la forge, de venir brûler les tragédies de Platon pour lui permettre de devenir philosophe. On voit qu'en vérité Platon va moins faire comparaître la prétentieuse omniscience du poète devant le tribunal des savoir-faire techniques que confronter le poète comme le technicien à la technique ontologique de la nature. C'est la nature qui a fait de ce gazon un lit merveilleux, dont il revient au philosophe de chanter la présence chantante.

Le lieu où se trouve ce lit a comme de juste quelque chose de divin qui pousse la pensée du philosophe à l'enthousiasme. Et c'est ici précisément que Socrate reçoit le signal divin qui l'arrête, le *daïmon* qui l'emporte. De même que le lit de gazon n'est pas le résultat d'une action de l'homme, le *daïmon* du lieu vient frapper la pensée du philosophe. Dans le transport philosophique de la pensée,

---

[299] Platon, *Théétète*, 171a.

c'est le pensé qui a l'initiative. La pensée ne fait que recevoir le signal. C'est à sa sensibilité au signal émis qu'elle doit sa clairvoyance. La pensée n'hésite pas à s'avouer la patiente du sens. C'est que le sens seul ne saurait satisfaire la pensée du philosophe. Il ne suffit pas qu'un sens soit conçu par la pensée, il faut encore et surtout que ce sens ne soit pas donné par la pensée mais soit donné à la pensée. Il faut que le sens ne soit pas ce que la pensée donne à l'être mais ce que l'être donne à la pensée. Il faut, en un mot, que le sens soit reçu. Sa vérité est à cette condition. En philosophie la vérité ne peut être qu'indépendante de la pensée. Même chez Descartes le principe de l'insularité pensante reste adossé à l'extériorité divine originaire : si je doute c'est que Dieu existe. La passion du divin fonde rétrospectivement la vérité du je pense. Jamais le sujet n'aurait pu douter de lui s'il n'avait eu en lui l'idée d'un être parfait hors de lui. Les affres de l'intériorité reconduisaient au havre de l'extériorité.

Le philosophe sait qu'il ne peut faire l'économie de l'extériorité sans renoncer à la vérité. D'où ce *daïmon*, ce Dieu, ces Idées dont la violence s'abat sur la pensée. Il y a toute une pathétique de l'intelligible qui consiste à garantir l'indépendance pseudo ontologique du sens eu égard à la pensée. Au fond, la philosophie s'épuise à faire du sens une grêle qui crible la pensée.

La veille de sa rencontre avec Platon, Socrate l'avait vu en songe sous la forme d'un cygne sur ses genoux, prenant son envol. Le songe est justement cet épisode passif de la pensée qui commence quand cessent les jeux de construction de la pensée éveillée. Le vrai n'y est plus le produit de la pensée mais ce qui lui arrive à son insu. La pensée y pâtit du sens. Le philosophe se veut à la lettre un logopathe. La pensée philosophique commence lorsqu'elle tombe en arrêt, arrêtée par une voix, éblouie par une lumière, ravie par un sens. Les actes ultérieurs de la pensée ne sont que les effets d'une passion du logos.

Mais pour que le mouvement parte « du pensé et non pas du penseur[300] » comme dit Levinas, il faut

---

[300] Emmanuel Levinas, *Totalité et infini*, sect. I, B, 2.

préalablement que l'altérité de l'Autre se soit substituée à l'extériorité du dehors. En une sorte de lapsus final, Levinas confesse en quel sens *Totalité et infini* est un « essai sur l'extériorité » : « l'extériorité – ou si l'on préfère, l'altérité[301] ». On peut dès lors livrer sans crainte la pensée à l'extériorité puisque celle-ci se réduit à l'altérité d'un autre locuteur : « l'expérience absolue, l'expérience de ce qui à aucun titre n'est a priori – c'est la raison elle-même[302] ».

On n'est donc pas obligé de prendre le théâtre de Platon à la lettre. Sur la scène, les prétendants défilent et se défient devant Socrate. Cependant, sous l'arbitre-philosophe on peut suspecter un prétendant d'un genre simplement un peu plus retors. Au fond Platon ne fait dire qu'une chose à Socrate : le vrai poète, c'est moi ! On s'étonne parfois de l'enthousiasme revendiqué comme tel par Socrate. C'est parce qu'on reste pris dans la fausse opposition de l'actif et du passif, sans comprendre que l'essentiel se joue ailleurs, dans le dos d'une telle opposition. Socrate ne procède pas par dichotomie mais par substitution. Il suffit que ses passions soient des transports. Philosophie et poésie ont ainsi leur épisode pathétique. Le philosophe, comme le poète, se dit soufflé par le sens de l'être.

Pathématique enfin

Seulement le gazon de Platon, avec son parfum d'éternité, n'a plus l'odeur de l'herbe. C'est qu'il n'est pas simplement reçu mais offre « l'occasion de se livrer à la poésie, c'est-à-dire aux visions proprement imaginaires, auxquelles s'occupe l'esprit, tandis qu'il est continuellement tenu en éveil, par la diversité qui frappe son regard[303] ». La vision congédie le gazon. L'imagination « d'un feu de cheminée ou d'un ruisseau qui chante doucement »,

---

[301] *Ibid.*, Conclusions, 2.
[302] *Ibid.*, Sect. III, B, 8.
[303] Emmanuel Kant, *Critique de la faculté de juger*, § 22.

remarque encore Kant, suppose une rupture avec les choses. En ce sens l'*esprit* poétique tel que le définit Kant et dont le gazon du *Phèdre* est un produit, ne doit pas être confondu avec l'*état* poétique du langage.

Alors que le langage mathématique construit l'objet qu'il nomme, le verbe pathétique du poète ne se livre-t-il pas à l'accueil de l'autre, voire du tout-autre que ses mots ne font que répercuter ? Les lèvres du poète ne portent-elles pas la trace du « numineux[304] » qui est venu y inscrire sa lumière ? C'est là du moins « le leurre des mots », comme l'appelle Bonnefoy, qui fait que le poète se prend à la glu de ses propres images comme s'il s'était accroché au filet des choses. Mais ce n'est pas une ruse, qui supposerait le recul d'une stratégie délibérée qui fait ici défaut.

Ainsi, de l'objectivité mathématique à l'altérité pathétique, le langage a simplement changé d'intérieur. Il est passé du cercle monotone du concept à l'intériorité bariolée des sentiments. Du reste, qu'est-ce que l'objectivité sinon un produit de l'imagination elle-même, dont Kant rappelle qu'elle est la faculté d'« évoquer[305] », c'est-à-dire de représenter ce qui est absent. C'est justement cette fonction de l'imagination d'évoquer l'absence, de rappeler le révolu et de le reproduire, qui rend ses schèmes homogènes aux concepts en brisant l'adhésion passive de la sensibilité au donné immédiat. C'est aussi ce qui condamne les concepts comme les schèmes à n'avoir pas d'ancrage ontologique. Que le poète produise ses propres images comme autant de paroles reçues et non pas produites, ne change rien à leur nature imaginaire.

L'injonction de Théophile Gautier au poète soulève malgré soi l'inquiétude que « L'art » ne soit que pur *flatus vocis* :

---

[304] Cf. Rudolf Otto, *Le sacré*, cité par Levinas dans *Totalité et infini*, sect. I, B, 6 et sect. III, B, 1.
[305] Emmanuel Kant, *Critique de la raison pure*, première édition, Analytique des concepts, chap. II, sect. 3.

> Sculpte, lime, cisèle ;
> Que ton rêve flottant
> Se scelle
> Dans le bloc résistant !

Si le poète se dit le patient du sens c'est qu'il se rêve d'abord l'auteur de l'être. Aveu et fiction qui trahissent qu'il est depuis le début le patient de l'être : c'est parce qu'il accuse l'être, au sens d'un coup, que le poète doit à toutes forces se faire l'auteur du sens. Si le poète s'imagine floué par ses propres visions, c'est qu'il se sait cloué au dehors. C'est le fond apollinien de la poésie : le poème ne peut se rêver « un mur vivant dressé contre les assauts de la réalité[306] », comme dit Nietzsche, sans trahir à ses impacts la réalité des assauts. Sous sa pathétique de la trace, le poète indique à son corps défendant une pathématique de l'empreinte. L'obsession baudelairienne du déménagement ne signifie que superficiellement le désir de quitter un chez-soi pour un autre. Le déménagement rêve d'abord de conjurer l'horreur d'être ici, de briser le fait absolu d'y être, pour y bâtir un foyer. Car l'être n'est pas un foyer. Avant d'habiter le monde, le poète accuse l'être. Les mondes habitables où les rivières chantent et où « de vastes portiques » domestiquent les espaces infinis ne font qu'accuser le silence du dehors. Ce fragment d'Empédocle, qui restitue les premiers balbutiements du nouveau-né, est arrimé à l'être-là-contre : « j'ai pleuré et j'ai sangloté à la vue de cette demeure étrangère ». Ou, comme dit tout près de nous Jean-Paul Michel : « exposition désintéressée à l'innocence de ce qui est […] enregistrer l'irrécusable de l'expérience, d'abord[307] ».

Si la pathétique de l'altérité se pose en s'opposant à la mathématique de l'objectivité, c'est donc pour faire oublier la pathématique de l'extériorité qui la mine dans le même moment où elle la fonde. On en trouverait l'aveu involontaire dans la définition d'Aristote selon laquelle toute poésie est à l'origine une nécrologie. Une re-

---

[306] Friedrich Nietzsche, *La naissance de la tragédie*, § 8.
[307] Jean-Paul Michel, *Écrits sur la poésie*, Paris, Flammarion, 2013, p. 239.

présentation du mort, partant un assassinat du *nekros* par le *logos*. La poésie n'aurait d'autre origine que de rendre le cadavre présentable, et de permettre ainsi le processus théorique d'apprentissage en identifiant en toute chose le commun. La poésie fonderait la *mathesis* sur une praxis, en l'occurrence une thanatopraxie. Reste qu'Aristote adosse la poésie contre le cadavre. Mais « cadavre » est-il une catégorie possible ? Un cadavre se laisse-t-il catégoriser ?

En vérité, l'articulation impossible et nécessaire du heurt pathématique de l'être dans son silence d'avant le mot et de sa récupération pathétique par le sens, est déjà celle des deux figures du poète que Platon développe respectivement dans la *République* et dans *Ion*. Dans *Ion*, loin d'exclure le poète, Platon se l'approprie en l'enfermant à l'intérieur du cercle du dicible, condamnant l'esprit poétique à subir la violence du logos sans la penser. Socrate a l'air de se moquer du rapsode, transi par la Voix qui le happe, mais le risible est de pâtir du pensable sans y penser, « sans en avoir l'idée » [*medên eidôs*][308], écrit Platon. Le poète de *Ion* est un possédé. Ses *poiêmata* sont en réalité des *pathêmata* qui ne doivent rien au *poïein*, au faire. Ils ne sont pas faits mais reçus. Ce ne sont pas les poètes qui s'expriment ; le sens se dit « par leur bouche[309] ». Mais dans *La République* le poète affronte un tout autre danger, celui de la parole exposée à l'autrement que logos : « le hennissement des chevaux, le mugissement des taureaux, le bruit des rivières, le fracas de la mer, le tonnerre[310] ». Ici il n'y a pas de chant ni même de « murmure[311] » de la rivière mais bien un bruit inarticulé [*psophountas*], hors du sens et sans attribut humain, un « clapotis » comme traduit Robin, dont le poète est la chambre d'écho. L'accusation poétique surprend la parole en train d'accuser ce coup-là. Cette accusation proprement poétique n'a rien à voir avec l'ordre du jugement ni avec l'espace du tribunal. Il s'agit juste du coup que seul l'état

---

[308] Platon, *Ion*, 542a.
[309] *Ibid.*, 535b.
[310] Platon, *La République*, livre III, 396b.
[311] Contrairement à ce que la traduction de Baccou fait dire à Platon.

poétique accuse en amont des visions de l'esprit poétique. Il faut veiller à ne pas confondre l'accusation poétique avec sa contrefaçon pathétique où la parole feint d'être exposée lorsqu'elle ne fait que pâtir de soi. Faute de remonter jusqu'à l'accusation poétique, Jean-Luc Nancy[312] me semble manquer la substitution qu'opère Platon de la réception pathétique du sens à la réception pathématique de l'être. En d'autres termes, la substitution du sentiment (passion du sens) au patiment (accusation de l'être) que masque l'équivoque des *pathêmata*. Le leurre pathétique des mots à l'œuvre dans *Ion* consiste effectivement à recevoir le nommé comme s'il était donné, à « donner ce qui fut d'abord reçu des dieux », comme le dit bien Nancy. Le poète donne aux choses un sens comme si le sens ainsi donné n'était pas donné mais reçu. Le poète prétend non pas poétiser mais recueillir les métaphores tombées directement des choses et prendre en somme l'être lui-même pour écritoire. La transe de Ion est une ivresse du sens. Mais Nancy oublie le poète chassé de la République qui, lui, se trouve dans un état de catatonie verbale qui montre la parole démise. Homère ne rebaptise pas les choses, il les débaptise. Platon ne croit donc pas si bien dire lorsqu'il confond le poète en lui reprochant de ne rien savoir faire. Le dire poétique n'est pas un faire ni un refaire mais une défaite. Ou si l'on préfère, « un poème, au sens d'œuvre *faite de l'homme*, n'est pas créé de rien si l'auteur y prend la parole *à partir* du monde muet[313] ». Le mot poétique n'est pas une fenêtre découpé pour les besoins du sens et adapté à notre attente, c'est une lézarde par où le silence du dehors entre. La passion du sens qui transporte Ion indique dans sa fuite le patiment de l'être qui fait balbutier le poète de *La République*. Les visions pathétiques de Ion sont adossées aux balbutiements pathématiques d'Homère qui indiquent le dehors silencieux en échouant à l'enregistrer. « Les planches courbes » de Bonnefoy, qui

---

[312] Jean-Luc Nancy, *Le Partage des voix*, Paris, Galilée, 1982, pp. 55-82.
[313] Henri Maldiney, *Le legs des choses dans l'œuvre de Francis Ponge*, Paris, Cerf, 2012, p. 28.

laissent entrer ce contre quoi elles se heurtent, sont tombées de « La barque à la proue altérée » de Char, laquelle montre « l'intérieur cloisonné » lui-même fissuré. Mallarmé n'a pas seulement garanti ses Anecdotes ou Poème du reportage des *reporters* : « Creusant de ma face une fosse à mon rêve », ses *Divagations*, qui ne sont pas du tout des transports, l'ont fait tomber dans « l'entier oubli d'aller ».

C'est Platon lui-même dans le *Phèdre* qui classe les différents états (*pathêmata*)[314] du discours et de l'âme selon qu'ils pâtissent de l'intelligible ou de l'impensable. L'inscription platonicienne de la Beauté à l'intérieur du genre « éthique » vise à substituer le charme pathétique de l'autrement qu'être qui éblouit à la violence pathématique de l'être qui aveugle.

Le partage des voix que propose Ponge reprend directement celui qui se dégage de la confrontation du poète de *Ion* et du poète de *La République* :

> Il y a d'une part vous, hommes, avec vos civilisations, vos journaux, vos artistes, vos poètes, vos passions, sentiments, enfin tout le monde humain de plus en plus révoltant, invivable [...]
> Et d'autre part nous, le reste : les muets, la nature muette, les campagnes, les mers et tous les objets et les animaux et les végétaux. Pas mal de choses, on le voit.

Et l'auteur de poursuivre :

> C'est cette seconde partie parfaitement en dehors des hommes, qu'il est de ma raison d'être
> de représenter, à quoi je donne la voix.[315]

L'état poétique de la parole, ramené à sa racine, est la reddition de la poésie. Le poète ne prend pas la parole, il la

---

[314] Platon, *Phèdre*, 271b.
[315] Francis Ponge, « Proême capital » *in Nioque de l'Avant-Printemps*, Paris, Gallimard, 2004.

rend : ce n'est pas que les choses mêmes aient parlé les premières, mais qu'en poésie la parole se rend. Tout poème est ainsi une parole rendue : non pas comme on riposte à un coup mais comme on rend les armes. Ce n'est pas la réplique du mot à la chose, c'est la démission forcée du mot contre la chose. Avant que le poème se perde en « péripéties », il éclate en « perceptions », comme le rappelle Chamoiseau dans *L'empreinte à Crusoé*. La parole balbutie un écho avant d'articuler une réponse. Hugo a beau lancer ses « Paroles sur la dune » :

> J'appelle sans qu'on me réponde ;
> Ô vents ! ô flots ! ne suis-je aussi qu'un souffle, hélas !
> Hélas ! ne suis-je aussi qu'une onde ?

L'épisode de l'ermite au début des *Misérables* contient l'art poétique d'Hugo, qui est de se faire rouler dehors :

> Il habitait, à trois quarts d'heure de la ville, loin de tout hameau, loin de tout chemin, on ne sait quel repli d'un vallon très sauvage... Pas de voisins ; pas même de passants. Depuis qu'il demeurait dans ce vallon, le sentier qui y conduisait avait disparu sous l'herbe... Devant la porte, dans une vieille chaise à roulettes, fauteuil du paysan, il y avait un homme en cheveux blancs qui souriait au soleil.
> Je suis un peu médecin ; je sais de quelle façon la dernière heure vient. Hier je n'avais que les pieds froids ; aujourd'hui le froid a gagné les genoux ; maintenant je le sens qui monte jusqu'à la ceinture ; quand il sera au cœur, je m'arrêterai. Le soleil est beau, n'est-ce pas ? je me suis fait rouler dehors pour jeter un dernier coup d'œil sur les choses... J'aurais voulu aller jusqu'à l'aube. Mais je sais que j'en ai à peine pour trois heures. Il fera nuit. Au fait, qu'importe... Je mourrai à la belle étoile.

« Les sons émis par la voix (*tê phonê*) sont les symboles des états de l'âme (*pathêmata tês psuchês*) » : au début du *De interpretatione*, Aristote retrace la genèse du langage, en remontant de la parole à l'impression, et puis de l'impression à la chose. Les états (*pathêmata*) de la pensée ne sont déjà plus que « les images » des choses. Les mots étant les symboles de ces images, ils sont doublement éloignés des choses mêmes. Pour Aristote, cette genèse du mot décrit un mouvement, qui est d'élévation, à savoir le mouvement du sens. L'accusation poétique témoigne à l'inverse d'une rechute catastrophique du patiment contre la chose, dont les mots du poète restituent l'écho. Jean-Paul Michel définit la poésie ni par le *poieïn* démiurgique ni par la passion du sens, mais par un *paskeïn* ontologique : « rivaliser avec la minéralité des choses, échapper ainsi à l'humain en appelant sur soi les qualités les plus extérieures[316] ». Aussi le poème confine-t-il à une sobriété qui est une diète métaphorique radicale :

> Dans le dos la montagne,
> Et sous les yeux, la mer[317]

Le poète déclare aussi simplement : « Choses simplement choses, nous avons connu votre réalité la plus étrangère. Nous l'avons aimée[318] ». Qu'il y a-t-il au fond de plus intime au langage que la surface par laquelle il se trouve exposé au dehors ?

Tristan Corbière ne fait pas le portrait du poète en prince des nuées mais en crapaud tapi sous une pierre, muré dans son silence :

> – Il chante. – Horreur !! – Horreur pourquoi ?
> Vois-tu pas son œil de lumière…
> Non : il s'en va, froid, sous sa pierre.
> Bonsoir – ce crapaud-là c'est moi

Si le poète accuse la chose d'avant le mot, a fortiori faut-il accuser à notre tour les mots du poète. Mallarmé

---

[316] Jean-Paul Michel, « *Pour moi, dit-il, hélas, j'écris avec des* ciseaux », Bordeaux, William Blake and Co, 2005, p. 81.
[317] Jean-Paul Michel, *Écrits sur la poésie*, op. cit., p. 192.
[318] Jean-Paul Michel, *Je ne voudrais rien qui mente, dans un livre*, Paris, Flammarion, 2010, p. 177.

devine ainsi que Verlaine a « à quelque profondeur et par un trait direct, subi Arthur Rimbaud». Jean-Paul Michel lit « Hölderlin comme on reçoit de coups » : « le texte-Hölderlin entier se désespère de ce qu'y soient dits, sans perte, "le fleuve, là", "les Alpes argentées", bourrées d'être ; qu'il se brise à cela[319] ». À l'art poétique correspond donc un art de la lecture, ou mieux encore de l'écoute poétique du poème : accusation de l'accusation. Tout le miel poétique du monde ne réussit qu'à nous faire avaler de force l'imbuvable silence de l'être.

Le différend

Comme promis, revenons pour finir sur la question de la frontière entre philosophie et poésie. « Le différend [*diaphora*] est ancien entre la philosophie et la poésie », constate Platon dans *La République*[320]. Avant de signifier le différend, *diaphora* désigne la différence entre les espèces à l'intérieur d'un même genre. Pour qu'il y ait désaccord, ne faut-il pas qu'il y ait un genre originel commun ? Diogène Laërce a donc tort de présenter Socrate comme si la poésie lui était étrangère. Car il occulte ainsi l'irréductible primauté du poétique sur le philosophique. La pensée ne vise le régime philosophique qu'à partir d'un fond poétique immémorial. Un philosophe n'en a jamais fini avec l'état poétique de sa pensée. Un philosophe se reconnaît en effet à l'épisode poétique indépassable qui lui a donné naissance. C'est la leçon inaugurale du *Poème* de Parménide : « Reçois » est l'éternel incipit poétique de toute philosophie. Comment entendre la philosophie de Kant sans en mesurer la radicalité poétique ? Le concept de phénomène repose sur « l'indication » ontologique de la chose. Nos représentations sont adossées contre « quelque chose de complètement

---

[319] Jean-Paul Michel, « Je lis Hölderlin come on reçoit des coups »., in *L'invention du lecteur,* Bordeaux, William Blake and Co, 1999.
[320] Platon, *La République*, livre X, 607b.

hétérogène[321] » au monde de la représentation. Il faut avoir l'oreille poétique pour entendre Kant lorsqu'il écrit dans *Critique de la raison pure* que « la connaissance de l'*existence* de l'objet consiste précisément en ce que cet objet est placé en soi *hors de la pensée*[322] ». Le synthétique ne désigne-t-il pas chez Kant cette contrainte pour la pensée de devoir « sortir du concept », selon la formule récurrente de la *Critique* ? Comme me le fait remarquer le philosophe Guillaume Badoual dont on peut lire le texte dans le présent volume[323], « dans une perspective quasi-grammaticale, l'accusatif est au fond le cas de la préséance du réel sur le sujet : quelque chose est là avant nous et en un sens nous regarde ». Et comment entendre la nouménalisation kantienne ultérieure de l'en-soi sans la comprendre comme une récupération morale du dehors de la pensée ? De même, la réduction hégélienne de l'en-soi de l'être à l'en-dedans de l'Idée ne peut s'entendre que comme hantise de l'accusation poétique.

C'est précisément parce qu'il a épuisé ces recours du pathétique que Camus se situe « à l'extrémité d'une philosophie de la non-signification du monde. Elle décrit parce qu'elle échoue [...] Pour ma part, poursuit-il dans cette lettre à Ponge du 27 janvier 1943, je rêve d'une Philosophie du Minéral, ou de Prolégomènes à une métaphysique de l'arbre, ou à un Essai sur les attributs de la Chose [...] Sisyphe devient alors rocher lui-même ».

Les inepties pseudo-philosophiques des adeptes modernes de l'analyse tiennent à l'inverse à une surdité poétique. On épistémologise aveuglément la pensée et ses représentations sans entendre derrière les trompettes du sacrosaint rigoureux un certain « fameux son creux». Pour se faire une idée de l'abîme qui exile la misère analytique

---

[321] Emmanuel Kant, *Prolégomènes à toute métaphysique future*, § 57.
[322] Emmanuel Kant, *Critique de la raison pure*, Dialectique transcendantale, livre II, chap. III, sect. 7.
[323] G. Badoual, « Ce qui se passe dans la rue ». Il y montre que la poésie affranchit la grammaire de la « légalité » de la logique qui repose sur le primat des substantifs, pour l'ouvrir à ce qu'il appelle une « loyauté » verbale, non subjective de la langue.

actuelle des rives de la philosophie, qui est synthétique de naissance, pas besoin de convoquer Nietzsche ou Heidegger. Il suffit d'écouter un philosophe des sciences : du moment qu'il est philosophe, ses concepts et ses principes, ses analyses et ses déductions reposent nécessairement en silence sur la sensibilité poétique de sa pensée. Savons-nous encore entendre la poésie de la philosophie de Bachelard ?

> Quoi ! s'associer simplement à la nuit envahissante, égaler lentement les ténèbres de son être aux ténèbres de la nuit, apprendre à ignorer, à s'ignorer ? […]
> Ne voir que ce qui est noir, ne parler qu'au silence, être une nuit dans la nuit, s'exercer à ne plus penser devant un monde qui ne pense pas, c'est pourtant la méditation cosmique de la nuit apaisée[324]

Et l'auteur de poursuivre :

> Qu'importent les mille messages d'une nature en fête. Pour moi, cette nuit-ci est vide et muette.
> Il n'y a là aucune déclaration sur la nature insensible, indifférente, puisqu'on n'avait pas de sentiments à confier[325].

Voilà donc où nous reconduit un différend né extra muros, à la lisière de l'agora, à l'ombre d'un platane. Les pieds dans l'eau, allongé sur un gazon terriblement équivoque, le philosophe d'avant la différence de la philosophie et de la poésie aura éprouvé qu'il y a gazon et gazon parce qu'il y a poésie et poésie. Il n'y a pas de philosophie ni de poésie qui ne soient pas toujours déjà reprises par l'envers plombé de l'Alchimie du verbe qui s'épuise en vain à poétiser le gazon :

> Que pouvais-je boire dans cette jeune Oise,
> – Ormeaux sans voix, gazon sans fleurs, ciel couvert ![326]

---

[324] Gaston Bachelard, « Fragment d'un journal de l'homme », in *Mélanges d'esthétique et de science de l'art offerts à Étienne Souriau*, Saint-Genouph, Librairie Nizet, 1952.
[325] *Idem.*

L'accusation poétique qui balbutie l'apoésie de l'être est la vérité apoétique de toute poésie. L'apoésie est ainsi l'origine poétique commune de la poésie et de la philosophie.

Guillaume Pigeard de Gurbert
Agrégé de philosophie,
professeur des classes préparatoires, Limoges.

---

[326] Arthur Rimbaud, « Alchimie du verbe ».

« Ce qui se passe dans la rue »

> *The simple rose is the garden*
> T.S Eliott.

Quand Alain Chareyre-Méjan m'a envoyé pour la première fois l'argument de ces journées, le déclic, ce déclic qu'en anticipant j'appellerai poétique car il nous incite tout à coup à lui répondre, simplement en nous mettant au travail – s'est produit en lisant l'expression qui figurait en sous-titre : « *la poésie comme manière de vivre* ».

Je me contenterai de réfléchir assez librement à cette expression qui m'a paru, comme à d'autres ici présents, digne d'être méditée. Je prendrai appui sur un certain nombre de choses dites par des poètes, mais sans perdre de vue l'idée *philosophique* d'une convergence essentielle entre la poésie entendue au sens strict et ce que peut être, s'agissant de l'être humain, une *manière* de vivre.

Comme beaucoup de gens qui ne sont pas poètes, mais pour qui la poésie compte, j'ai été très tôt saisi par l'évidence que la vocation poétique engageait, plus que toute autre, la vie tout entière. Il m'est arrivé de côtoyer quelques poètes. Chaque fois que je pense à eux, me revient à l'esprit un propos de Pasternak – Pasternak dont un des recueils de vers a pour titre *Ma sœur la vie*. Il dit de Maïakovski (dans *Sauf-conduit*) :

Il était tout entier dans sa manifestation. Il y avait chez lui de l'exprimé et du définitif en aussi grande quantité qu'il y en a peu chez la majorité des gens, qui sortent rarement du brouillard des intentions confuses et des projets avortés[327].

Mais je pense aussi à ce que Rilke a vu chez Rodin, qui a bouleversé son propre rapport à la poésie : une manière immédiatement visible d'être tout entier au travail (en un sens sans doute moins spectaculaire mais plus radical que ce que décrit Pasternak), à chaque instant de la vie, de sorte que la vie n'est plus que travail poétique, passion, tout entière à l'œuvre, de *manifester*.

Il faut cependant être prudent, et ne pas chercher à identifier ici une sorte de « manière d'être poétique ». Cela reviendrait à interpréter le propos de Pasternak dans un sens romantique – il n'est pas sûr, à vrai dire, que Maïakovski, à la différence de Rodin, en soit totalement indemne. L'idée même d'une « manière d'être poétique » m'est toujours apparue comme ridiculement inapte à exprimer ce qui est en jeu ici : elle laisserait entendre qu'à la manière d'être commune, prosaïque (comme on dit très significativement pour désigner ce qu'il y a de plus ordinaire dans l'existence quotidienne) viendrait se rajouter quelque chose de *poétique*. Il est plus difficile de dénoncer la pauvreté intellectuelle de ce lieu commun que de s'en libérer vraiment. C'est pourquoi je me propose de partir d'un petit dialogue, dans le livre d'A. Machado, *Juan de Mairena*, dialogue qui possède à cet égard une vertu *lustrale*. Mairena est dans sa classe de rhétorique et interroge un élève.

- Señor Martínez, allez au tableau et écrivez : « les événements consuétudinaires qui se déroulent sur la voie publique ».
L'élève écrit ce qu'on lui dicte.
Mairena demande : - Pourriez-vous mettre ceci en langage poétique ?

---

[327] Boris Pasternak, *Sauf-conduit*, trad. fr ; Michel Aucouturier, in : *Œuvres*, Paris, Gallimard, Bibliothèque de la Pléiade, 1990.

L'élève écrit : « Ce qui se passe dans la rue »
- Ça n'est pas mal[328].

Ce serait faire injure à ce livre plein d'ironie, au meilleur sens du terme, qu'est *Juan de Mairena*, que de croire que Machado nous dit simplement : ce qui se passe dans la rue est *aussi* poétique que la poésie, autrement dit qu'il verse dans un lieu commun (la « poésie du quotidien ») inverse du précédent. Ce qui est poétique, ici, c'est, dit-il clairement, le *langage*. Le langage poétique est opposé, en l'occurrence, à la langue bureaucratique. Claude Hagège fait quelque part la remarque que le propre de celle-ci, comme la « langue de bois » qui en est la forme outrée, est de multiplier les substantifs et d'être pauvre en verbes. Or, dans la réponse de l'élève, le substantif est réduit à un point d'appui minimal, le pronom neutre « *lo* », « ce », porté par la forme verbale *pasa* (en français, la forme réfléchie – un réfléchi qu'il faut peut-être s'essayer à penser de manière non *subjective* : ce qui *se passe*), forme verbale qui ouvre littéralement le libre espace de la rue, où tout peut à chaque instant arriver.

Peut-on parler, et en quel sens, d'une dimension verbale de la poésie ? Je le ferai d'abord pour marquer l'écart entre la manière dont parle la poésie et la représentation du langage dont nous sommes toujours en grande partie les héritiers, qui accompagne l'apparition et la fixation, dans la philosophie grecque, de la *logique* : représentation qui assigne toute parole, en tant qu'elle « rend manifeste », dit Aristote (dans la *Rhétorique*[329]), à la forme de *l'énoncé*. L'articulation du nom et du verbe, articulation par laquelle quelque chose se dit, y est entendue, de façon toujours plus unilatérale, à partir du substantif, de l'*hypokeïmenon*, du sujet compris comme ce *sur* quoi porte l'énoncé. Lorsque le verbe n'est plus qu'information disant ce qui arrive au sujet logique et

---

[328] Antonio Machado, *Juan de Mairena*, Madrid, Alianza editorial, 1995.
[329] Aristote, *Rhétorique*, III, 1404 b.

grammatical, il devient équivalent d'écrire (mais c'est une *parole* impossible) non plus « l'homme guérit », mais « l'homme est guérissant » (Aristote, *Métaphysique*). Le verbe se réduit au « est » – la copule logique.

Dans *Être et temps*, Heidegger parle d'une libération de la grammaire vis-à-vis de la logique[330], comme d'une tâche aujourd'hui capitale. Dans la *Lettre sur l'humanisme*, il parle plus précisément d'une « libération du langage des liens de la grammaire en vue d'une articulation plus originelle de ses éléments[331] ». Cette tâche ne consiste pas à s'affranchir de la grammaire mais à retrouver le chemin d'une *loyauté* plus haute dans notre rapport à la langue que la *légalité* imposée à la grammaire par la logique de l'énoncé.

Là où prédomine l'aspect verbal, comme c'est le cas de façon presque un peu forcée dans le « lo que pasa » de *Juan de Mairena* (mais n'oublions pas que c'est un exercice scolaire !), le temps vient au premier plan. Et il y a bien en effet une relation évidente entre verbe (*Zeitwort*, disent les Allemands) et temps. Dans un chapitre du *Peri hermèneias*, Aristote dit du verbe qu'il « *prosèmaineï ton paronta khronon*[332] », « signifie le temps présent » – présent qui ne se confond pas avec ce qu'il évoque d'ailleurs de façon directe dans le même chapitre sous le terme de « *nun* », le *maintenant* distinct des moments passés et à venir.

Or, quand la parole est conçue à partir du substantif, le temps est ramené à la succession de ce qu'accuse le sujet entendu dans le sens classique – logique et ontologique : ce dont on parle, le sujet de l'énonciation et le substrat permanent. Ce que j'appelle la dimension verbale de la poésie est à l'opposé – même si parler ici d'opposition n'est peut-être pas de saison – la possibilité que le temps vienne jouer bien plus librement que dans son assignation à

---

[330] Martin Heidegger, *Sein und Zeit*, Tübingen, Max Niemeyer Verlag, 1984, p. 165. (*Être et temps*, trad. fr. F. Vezin, Paris, Gallimard, NRF, 1986, p. 212.)

[331] *Lettre sur l'humanisme*, in : *Wegmarken* (Gesamtausgabe Bd 9) Frankfurt am Main, Klostermann, 1996, p. 314. (tr. fr. in : *Questions*, III, Paris, Gallimard, 1966, p. 75).

[332] Aristote, *De l'interprétation*, 16b 6.

la succession des maintenants. Là où résonne la dimension verbale de la parole, *le temps lui-même change de visage.*

Comment ? C'est justement la poésie qui nous l'enseigne. Machado dit ironiquement : *lo que pasa en la calle.* Ironiquement, parce sous un aspect tout à fait prosaïque, c'est une métaphore du lieu où nous transporte la poésie : le lieu où *cela se passe, où cela arrive.*

Mais (c'est la piste que je suivrai maintenant) il se peut que *toute* métaphore, aussi longtemps du moins qu'elle ne retombe pas dans le lieu commun, nous mette au cœur de la singularité poétique, cette singularité que j'essaie d'approcher à titre provisoire en parlant de « dimension verbale ». Autrement dit, qu'elle ait à voir avec cet autre visage du temps.

On peut en faire l'expérience, par exemple en lisant un très vieux poème, un fragment de Sappho :

> ἐτίναξε ταῖς
> ρένας ὡς ἄνεμος κατ'ὄρος δρύσιν ἐμπεσών
> «…il a secoué le / cœur comme le vent qui vient de la montagne tombe dans les chênes ».

Je ferai d'abord une remarque : la traduction de Reinach (dans l'édition des Belles-lettres) dont je reprends l'essentiel ici, dit : « *Éros* a secoué *mon* cœur…[333] ». Le sujet (« Éros ») est conjecturé, sans doute à bon droit. Mais tel que nous le lisons, le fragment dit seulement : ἐτίναξε, il a secoué, ou même, ça a secoué, non pas mon cœur, mais, dit le texte, *le* cœur, ou encore, la poitrine, les entrailles – ce lieu de notre corps qui est touché quand quelque chose nous arrive.

Dans cette impersonnalité rigoureuse, le vers de Sappho dit de manière merveilleusement simple comment l'émotion amoureuse a lieu dans le cœur humain. Il le dit à travers une comparaison. Je me souviens de l'interdit prononcé par Char envers toute forme de comparaison explicite en poésie. Mais dans le vers de Sappho la

---

[333] Sapho, Livre II, Fragment 44, *in* : *Sapho Alcée*, Fragments, trad. fr. Th. Reinach, Les Belles-Lettres, 2003, p. 228.

métaphore n'est pas ressemblance d'une chose préalablement donnée par rapport à une autre, ou d'une réalité extérieure et d'un état intérieur. Elle n'a rien à voir avec la similitude, avec l'équivalence. Mais avec la mise en résonance de deux réalités – le vent qui, un jour d'été orageux dans la montagne méditerranéenne, vient brusquement secouer les chênes, et l'émotion du cœur – *à partir de leur commune mouvementation* : de leur événement.

Phénoménologiquement parlant, la métaphore arrache la chose à sa représentation ordinaire pour la transporter, *via* l'image, dans cette manière bien à elle d'apparaître, qui étonnamment ne se révèle qu'à la faveur ce déplacement qui la fait voir à partir d'autre chose. Elle la fait voir dans, et à partir de ce que j'ai appelé son *événement*.

Peut-on donner à cette remarque une portée plus générale ? Une poétesse russe contemporaine, Olga Sedakóva, réfléchissant dans son *Éloge de la poésie* (1991) à l'emploi le plus banal du mot poétique, remarque qu'il répond au sentiment, d'une « événementialité qui imprègne profondément les choses[334] ».

Cette événementialité, ce sont les choses *dites à partir de leur apparition*, de la tournure et de la rythmique unique par lesquelles elles sont chaque fois présentes. Le temps doit ici être saisi, en amont de toute représentation d'une succession, comme l'événement même et le rythme de cette apparition qui, nous arrivant, nous rend nous-mêmes *instamment présents* (je dirais presque corps et âme). De cet événement, l'éclair est l'image : parce que nous ne pouvons l'apercevoir que dans cet infime décalage qui à la fois signe la possibilité de l'accueillir, et l'impossibilité définitive de coïncider avec lui.

Mais cet événement (cette *émotion* du temps véritable), nous nous le représentons toujours trop pauvrement, comme la survenue de ce qui, posé en face, extérieur, viendrait nous toucher (philosophiquement

---

[334] Olga Sedakova, *Éloge de la poésie*, traduit du russe par G. Capogna Bardet, Lausanne, Éditions L'Age d'Homme, 2001, p. 95.

parlant : selon le mode d'être de l'*objet*). Alors que c'est toujours la survenue d'un *tout*, dont nous-mêmes nous sommes *partie prenante*.

Or ce tout est précisément ce à partir de quoi les choses se répondent dans la métaphore. C'est ce que dit encore Sedakóva dans le même essai :

> Dans la comparaison et la métaphore, il n'y a pas seulement les deux termes visibles, il y en a un troisième, plus important que ces deux-là : l'élément commun de leur parenté. C'est-à-dire ce tout lui-même, dont la réalité se révèle dans de miraculeuses métamorphoses.[335]

L'élément commun est le *tout* ; et ce tout ne se ramène pas à la somme de ses éléments. Il ne révèle sa réalité qu'en de « miraculeuses métamorphoses », c'est-à-dire comme temps – non pas le temps successif, mais celui dont parle Sophocle dans son *Ajax*, le « grand temps, innombrable, qui occulte ce qui est manifeste et révèle ce qui est occulté[336] », le temps comme inépuisable métamorphose.

Le tout, au sens où l'entend Sedakóva, c'est quand les choses, entrant mutuellement dans des rapports toujours renouvelés et se donnant ainsi l'une à l'autre l'espace de leur commune apparition, en un rythme chaque fois singulier, *forment monde*.

La poésie dit ce qui se passe quand les choses ont lieu à partir de cette déflagration tout à la fois intime et étrange où se rythme, de façon chaque fois singulière et entière, l'événement du *monde* à travers nous, à travers notre sentiment – terme qu'il faut entendre ici non affectivement (et c'est ce que fait encore Montaigne, qui parle de *sentement*), ou Matisse : en amont de la bifurcation entre le sens et le sentir. Dans le vers de Sappho, l'espace même du sentiment est *mondial*, le monde est résonance des choses dans le sentiment. Aucun des deux n'est premier, *chacun n'est que traversé et porté par l'autre*.

---

[335] Olga Sedakova, *op. cit.* p. 31.
[336] Sophocle, *Ajax*, v. 670 sq.

Cet élément commun (au sens du *xunon* d'Héraclite, plus que du *koinon* platonicien) parce que mondial, la parole poétique en est la *re*création. Marina Tsvétaéva dit dans une lettre (à Pasternak): « le mot est le fond de la chose en nous. Nommer, c'est chosifier, et non immatérialiser[337] ».

Ce que j'ai appelé la dimension verbale de la poésie (qui ne se réduit pas à la prédominance syntaxique du verbe, loin s'en faut), et que réalise aussi la métaphore, est cet état de fluidité où le mot n'est pas ce qui désigne la chose, mais où il fait résonner à travers nous (à travers notre mémoire d'êtres doués de parole) la constellation de rapports, l'espace mondial où la chose est tout entière rassemblée dans son événementialité. Dans *l'Entretien sur Dante* Mandelstam dit :

> Le moindre mot est une gerbe de sens. Quand nous disons « soleil », c'est un immense voyage que nous accomplissons. La poésie se distingue du langage automatique en ce qu'elle nous éveille et nous secoue à demi-mot. Parler, c'est être toujours en route.[338]

Remarque : on peut définir la poésie contemporaine, justement dans sa méfiance marquée à l'égard de la métaphore trop visible, comme cette poésie où la forme du monde n'est plus donnée d'avance, où n'est plus donné le tout dans quoi le poème puise sa source et son autorité de parole. Donc cette poésie où le poème est chaque fois tentative (qui en garde quelque chose de précaire) de n'être plus que cet événement du monde, de sorte que *plus rien ne vient en soutenir le jeu*. Dominique Fourcade disait cela avec beaucoup d'élégance dans un entretien à France-Culture, il y a peu :

> Mon écriture développe une capacité à ne pas refuser le monde, à mettre sur un même plan différents stades de

---

[337] Marina Tsvétaéva, Boris Pasternak, *Correspondance 1922-1936*, trad. fr. E. Amoursky et L. Jurgenson, Paris, Éditions des Syrtes, 2005, p. 235.
[338] Mandelstam, *Entretien sur Dante*, trad. fr. L. Martinez, Lausanne, Éditions L'Age d'Homme, 1977, p. 24.

l'existant [...] le sentiment qui en résulte quand on écrit et puis qu'on lit, c'est que tout arrive en même temps.[339]

Tout arrive en même temps : non pas au sens d'une simple simultanéité, mais dans une présence mutuelle (une *contemporanéité*) de toutes choses à partir du tout qu'elles forment chaque fois singulièrement.

Ce tout est monde : autrement dit, il faut le comprendre non comme totalité, mais comme *entièreté*. Entièreté recréée et révélée par la langue, la densité du verbe poétique. Sedakova dit encore : « Nulle part le monde n'est plus achevé que dans la strophe[340] ». La strophe poétique (*strophè* est le tour effectué par le chœur, qui délimite l'espace du drame tragique) est la parole se condensant, *s'amenuisant* jusqu'à n'être plus que le lieu où les choses résonnent à partir de leur entièreté. Elle est la parole « ramenée à son rythme essentiel » (c'est la formule de Mallarmé dans sa lettre à Léo d'Orfer)[341].

S'amenuiser, se condenser : c'est sans doute cette *économie* de la parole poétique que Machado évoquait ironiquement dans son petit dialogue. À condition d'entendre ici économie au vrai sens du terme, c'est-à-dire de façon diamétralement opposée à ce que ce mot a fini par désigner aujourd'hui exclusivement : le règne de l'équivalence de toute chose, en tant qu'elle peut être produite en quantité. L'économie au sens moderne est exactement la dimension où la totalité règne sans plus aucun rapport à l'entièreté. Elle est ce que Cummings appelle « l'univers mesurable du faire » (il parle ailleurs de « non-mondes »), à quoi il oppose l'« incommensurable maison de l'être[342] ». Maison – ou royaume, dit-il aussi – incommensurable, parce que rien n'y est mesurable à partir d'une loi d'équivalence valable pour les éléments d'une

---

[339] Émission « Pas la peine de crier », 10 mars 2014.
[340] Olga Sedakova, *op. cit.*
[341] Stéphane Mallarmé, Lettre à Léo d'Orfer du 27 juin 1884, *in* : *Correspondance. Lettres sur la poésie*, Paris, Gallimard, Folio, 1995, p. 572.
[342] Edward Estlin Cummings, *Six inconférences*, trad. fr. Jacques Demarcq, Sauve, Clémence hiver éditeur, 2000, p. 31.

totalité indéterminée ; parce que tout y forme une entièreté qui a sa *loi* propre. Loi qu'il faut découvrir chaque fois à nouveau : découvrir comment un certain ensemble s'entr'appartient et consonne, de sorte que chaque élément, par son rapport aux autres, se trouve porté « à son maximum de rayonnement et de densité », selon une formule de Matisse[343]. Telle est la *loyauté* poétique.

Il est alors possible – en revenant par là à notre point de départ – de comprendre comment, chez un être humain, une manière de vivre, (autrement dit la manière dont il se maintient face à ce qui sans cesse a lieu) peut avoir, en un certain sens, quelque chose de poétique. Je dis : *en un certain sens*. Mais ce sens est au fond le sens premier, celui qu'entend Platon dans le *Banquet* – *est poétique tout ce qui fait venir à être*[344].

Cherchant une image qui montre ce que disent ces mots, me vient à l'esprit la façon dont joue Thelonius Monk, par exemple *Something in blue*. Une manière d'être toute entière à l'écoute de ce qui se dicte à lui et qui pourtant arrive de manière non préméditée. Une manière d'être entièrement concentrée, mais non accaparée.

En parlant de *concentration*, c'est d'abord un mouvement vers le centre qu'on voit (qu'on *voit*, littéralement, en l'entendant) : mouvement de se retirer hors de tout ce qui, autour, peut distraire (précisément : de la totalité indéterminée), et se *rassembler*. Mais, dans un deuxième temps, il faut comprendre que ce autour de quoi ce retrait se rassemble ne peut être imaginé comme un point, mais comme un espace ouvert. Ou, pour dire les choses dans un rapport dynamique : le mouvement de se rassembler se convertit immédiatement en un mouvement *qui ouvre*.

Or ce mouvement qui ouvre entretient un rapport étroit avec l'improvisation, qui est littéralement la faculté de

---

[343] Henri Matisse, *Écrits et propos sur l'art*, texte établi et notes par D. Fourcade, Paris, Hermann, 1972, p. 71.
[344] Platon, *Banquet*, 205b.

rester ouvert à l'imprévisible, de se maintenir pleinement libre pour répondre à ce qui, à chaque instant, *se passe* de façon à la fois évidente et merveilleusement – j'allais dire *terriblement* – inattendue.

Ce mouvement est présent partout où quelqu'un, dans sa manière de vivre, est capable (y compris dans les choses les plus petites) de répondre à ce qui se passe, de *l'accueillir* en lui donnant toute sa mesure, ce qui demande de ne pas le brusquer ni d'en figer la mouvance singulière – ce qui est difficile et forme pour ainsi dire un *art*, tant est atavique notre tendance à figer ce maintien en posture, ou plus communément en habitude. Alors apparaît, de façon évidemment fugace, ce qui dans tout geste et manière d'être humaine consone avec la poésie: le don d'accorder à ce que nous vivons (à ce qui nous fait vivre, à tous les sens du terme) la liberté, sans cesse à renouveler, de faire monde.

Ce don peut prendre toutes sortes de formes. Je dirais simplement pour finir qu'à l'opposé de tout appel à une « fonction » ou à un « geste » poétique, il n'est jamais aussi émouvant que quand il sait demeurer tacite.

Guillaume Badoual
Agrégé de philosophie,
professeur des classes préparatoires,
Lycée Descartes de Rabat, Maroc

L'*Iliade* de Homère sur la table de Thoreau

> *Mais maintenant nous ne sommes qu'une populace.*
> *L'homme n'éprouve plus*
> *de crainte respectueuse à l'égard d'autrui [...]*
> *mais il s'en va au loin*
> *mendier un verre d'eau à l'urne d'un autre.*
> *C'est seuls que nous devons aller.*
> Ralph Waldo Emerson[1]

C'est à l'âge de vingt-huit ans que Henry David Thoreau décida de mener une existence retirée aux abords de l'étang de Walden. Au cours des deux années qui suivirent, il se consacra principalement à l'écriture dans la rédaction d'un journal. Au fil des pages, il y expose sa vie simple de tous les jours ainsi que les raisons qui l'ont conduit à emménager dans une cabane de pin sur les rives de l'étang. Ces notes rassemblées sous forme de chapitres seront publiées pour la première fois en 1854 sous le titre orignal : « *Walden ; ou, la vie dans les bois* ». Contrairement à l'indication apportée par le sous-titre (lequel fut supprimé à l'initiative de l'auteur lors de la réédition de l'ouvrage peu de temps avant sa mort), Thoreau n'entendait pas vivre reclus et isolé dans les bois, sans aucun contact avec le monde extérieur. Ce temps d'éloignement, pris pour lui-même, ne relève pas d'un horizon indépassable. Car la démarche de

---

[1] Ralph Waldo Emerson, *La Confiance en soi*, Paris, Payot, 2000, p. 110.

Thoreau ne tient pas seulement d'une quête spirituelle – suggérant une aspiration mystique tournée vers un idéal à refonder – mais étend sa portée à un enseignement de la condition humaine auprès de la nature.

Il habite une cabane qu'il a construit lui-même, sommairement aménagée mais comportant un lit, quelques meubles dont un bureau, ainsi qu'un poêle inséré dans l'âtre aux briques rouges. Ces éléments de confort empruntés au monde civilisé font écho au choix de l'emplacement du logis, à portée de marche de son village natal d'où il peut entendre « le bruit de quelque chariot de voyageur là-bas sur la grand-route » ainsi que « le roulement des wagons de chemin de fer qui transportent les voyageurs de Boston à la campagne[345] ». Thoreau se tient à la lisière de soi et de cette nature sauvage par ce choix de vie solitaire et ces ouvertures soigneusement découpées où s'infiltrent l'écriture, les tâches ménagères, la compagnie discrète du monde des hommes. La forme du journal comme genre littéraire ne satisfait pas entièrement à la description de l'œuvre de Thoreau. Bien que la narration suive les changements des saisons, que les pensées exprimées par l'auteur s'agrègent au contact de son environnement immédiat, *Walden* dépasse la posture contemplative du récit et tisse un maillage étroit avec le pamphlet. En effet, Thoreau ne se pose pas en rupture définitive avec ses concitoyens : il est le praticien de sa propre vie (« je suis simplement ce que je suis » écrira-t-il) et entend développer par sa posture anticonformiste une méthode pédagogique, celle de l'auto-instruction[346]. L'expérience temporaire de l'autosuffisance dans sa cabane sur les rives de l'étang de Walden ne répond en aucune façon à la volonté définitive de s'extraire des codes de la société – tel un ermite – mais participe directement de la philosophie transcendantaliste. Cette pensée qui s'ancre dans l'étude de la nature pour se transposer aux sciences

---

[345] Henry David Thoreau, *Walden ou la vie dans les bois*, tr. Louis Fabulet (1922), Paris, Gallimard, 2008, pp. 112-124.
[346] Henry David Thoreau fonde en 1838 avec son frère John, une école privée dans la maison familiale de Concord privilégiant discussions et questions aux cours magistraux.

humaines, trouve sa résonance dans *Walden* et son manifeste chez Ralph Waldo Emerson en 1836 :

> Pourquoi ne pourrions-nous pas nous aussi entretenir une relation originale avec l'univers ? Pourquoi n'aurions-nous pas une poésie et une philosophie puisées en nous-mêmes et non dans la tradition.[347]

Elle est le reflet d'un mode de vie amérindien qui précède les massacres de la colonisation et entretient un profond respect avec la Terre – Mère :

> Le vieux Lakota était un sage. Il savait que le cœur de l'homme éloigné de la nature devient dur. Il savait que l'oubli du respect dû à tout ce qui pousse et à ce qui vit amène également à ne plus respecter l'homme.[348]

C'est précisément à partir de cette intuition – partagée sans réserve par Thoreau – que *Walden* déborde du simple cadre narratif pour insuffler la désobéissance face aux institutions religieuses et politiques. Car pour Thoreau, la réalisation de l'homme passe par la reconquête permanente de ses moyens d'émancipation, dans l'expérience directe et sans cesse renouvelée de la nature sauvage. La défiance face à un ordre établi et autoritaire n'est donc pas une fin en soi, mais une nécessité engendrée par ce processus de l'individu sur lui-même afin de promouvoir ses capacités d'invention et d'imagination. Telle est la conviction profonde de Thoreau à laquelle il donnera le nom de Lois supérieures (lorsque Emerson parle de Sur-Âme, *Over-Soul*) où communient l'homme et la Nature :

> Cet esprit, c'est-à-dire l'Être Suprême, n'édifie pas la nature autour de nous, mais lui donne naissance à travers nous.[349]

---

[347] Ralph Waldo Emerson, *La Nature*, Paris, Allia, 2009, p. 7.
[348] Standing Bear, chef Lakota, in T.C Mcluhan, *Pieds nus sur la terre sacrée*, Paris, Denoël, 2004, p. 14.
[349] Ralph Waldo Emerson, *op. cit.*, p. 76.

Cette approche en apparence confuse et mystique nous donne en réalité des outils concrets et puissants pour interroger un état poétique de l'expérience. Car si Emerson a été le théoricien du transcendantalisme, Thoreau en aura été le praticien. Dès les premières pages de *Walden*, Thoreau n'envisage pas de limiter sa démarche à des considérations strictement théoriques, mais il ne se soustrait pas non plus à la profondeur d'une réflexion philosophique :

> Être philosophe ne consiste pas simplement à avoir de subtiles pensées, ni même à fonder une école, mais à chérir assez la sagesse pour mener une vie conforme à ses préceptes, une vie de simplicité, d'indépendance, de magnanimité, et de confiance. Cela consiste à résoudre quelques-uns des problèmes de la vie, non pas en théorie seulement, mais en pratique.[350]

Depuis sa cabane, la forêt colporte les bribes de l'activité humaine par les routes et le chemin de fer. Ces échos lointains, ces rappels à la civilisation, s'estompent dans l'épaisseur des bois. Au contact de l'environnement sauvage qui l'entoure, Thoreau rapproche ces fragments issus de l'agitation des hommes de l'expérience naturaliste. Dans le chapitre intitulé « *Bruits* », il écrit :

> Le sifflet de la locomotive pénètre dans mes bois été comme hiver, faisant croire au cri d'une buse en train de planer sur quelque cour de ferme.[351]

Au premier abord, il semblerait que cette posture ambivalente qui s'ancre dans deux univers distincts – que Thoreau tend à faire coïncider – serait des plus précaires pour défricher les contours d'un état poétique de l'expérience. En effet, nous serions probablement enclins à suggérer cet état sous les traits de l'extase, un état d'exception à strictement parler, à la faveur de certaines circonstances poreuses et subjectives. Si l'émotion

---

[350] Henry David Thoreau, *op. cit.*, p. 18.
[351] *Ibid.*, p. 115.

enveloppante à la lecture d'un poème ou face à un paysage parle en nous d'une « voix sourde, qui n'est pas celle de tous les jours, qui est plus embarrassée, plus hésitante et néanmoins plus forte[352] », elle s'efface peu à peu dans l'empreinte vive et éphémère qu'elle laisse, où le jugement se trouve provisoirement suspendu. Le recours à la pensée de Thoreau et ses enracinements dans la vie quotidienne se dresse contre une *pose poétique* qui consisterait à s'intercaler entre les choses et leurs significations ; laissant ainsi un vide conceptuel, un espace intermédiaire où l'existence serait laissée à elle-même sans que finalement, nous ne puissions en dire davantage. Car à l'encontre de ce « laisser-être » sur lequel la réflexion semble n'avoir aucune prise réellement féconde, les écrits autobiographiques de Thoreau installent la poésie comme manière de vivre. Cette attitude originale qui trouve sa forme la plus aboutie dans *Walden* et sa filiation dans la philosophie amérindienne, va engendrer plusieurs conséquences majeures pour circonscrire un état poétique de l'expérience et en premier lieu, une analyse septique de la causalité.

Car si de tels entrelacs poétiques adviennent, comment pourrions-nous les rattacher à la pensée commune qui veut soumettre toute impression à un protocole expérimental, et ce afin d'en extraire le lien causal ? Autrement dit, il s'agirait-là d'une entreprise destructrice et impersonnelle qui vise à dépouiller l'affect de ses sources ; en termes cliniques à dissocier le contenu manifeste de la sensation de son contenu latent. Suivant la tentative d'isoler le sentiment induit que les *choses sont ce qu'elles sont, pour elles-mêmes et en elles-mêmes*, et cela lorsque nous sommes pris dans l'étau de la contemplation, la réponse au *comment* de cette opération est impossible à formuler pour la pensée kantienne :

> On peut ajouter à cela que la représentation de quelque chose de permanent dans l'existence n'est point identique à la représentation permanente ; car la représentation peut

---

[352] Philippe Jaccottet, *La Promenade sous les arbres*, Paris, La Bibliothèque des arts, 1996, p. 96.

être très inconstante et très variable comme toutes nos représentations [...] une chose extérieure et dont l'existence est nécessairement comprise dans la détermination de la mienne propre, et ne forme avec elle qu'une seule expérience qui n'aurait pas même lieu intérieurement [...] Le comment ? Il n'est pas plus explicable que le comment nous pensons dans le temps en général l'immuable.[353]

L'analyse de Kant qui s'attache à la capacité de l'homme à se saisir de l'aspect immanent de toutes choses, rencontre une disposition poétique idéale dans le retrait à soi-même ; et cela pour s'affranchir des déterminations de l'objet et exister au contact *direct* du monde. Si la connaissance qui germe de l'expérience poétique s'approche d'une *intrusion brutale dans le réel*, elle n'est pas en mesure toutefois de nous abstraire totalement dans la saisie de la *chose pour elle-même*. C'est incontestablement une pensée extrême qui trouve refuge dans un absolu. Quand bien même celle-ci serait renvoyée en miroir à un sentiment d'existence amplifiée, qui s'étendrait aux ramifications de notre sensibilité, elle se heurterait à la même impossibilité. Telle la notion de *Dasein* chez Heidegger (traduite par « réalité-humaine », elle pose en continuité l'homme avec son appréhension de l'être dans sa totalité) qui tend à se réaliser pleinement dans la mort[354]. Car c'est dans la mort, dans cet état d'immanence à soi-même, que l'individu rompt ses relations avec d'autres êtres-là. Le *Dasein* est alors renvoyé à sa possibilité « absolument propre et inconditionnelle [...] en même temps la plus extrême[355] ».

Suivant l'impact que l'expérience poétique provoque en nous, celle-ci est décrite de telle façon qu'elle appartiendrait simultanément à ces deux pôles : s'agissant à la fois de l'accès *direct* à la chose, court-circuitant ainsi le

---

[353] Emmanuel Kant, *La Critique de la raison pure*, Paris, Librairie de Ladrange, 1835, p. 320.
[354] « Avec la mort, la réalité-humaine est elle-même immanente à soi-même dans son pouvoir-être *le plus propre* » in Martin Heidegger, *Qu'est-ce que la métaphysique ?*, Paris, Gallimard, 1951, p. 140.
[355] *Idem*.

filtre de la signification et du langage, elle participerait aussi du sentiment amplifié de notre existence propre, de notre « être-au-monde ». En effet, c'est dans cette contradiction apparente que Philippe Jaccottet formule ce qu'il pense entrevoir de l'expérience poétique :

> Je ne vis guère que mon sentiment d'avoir vécu, certains jours, mieux, c'est-à-dire plus pleinement, plus intensément, plus réellement que d'autres ; et je découvris peu à peu que ces jours, ou ces instants, chez moi, étaient liés [...] à la poésie.[356]

L'auteur poursuit :

> Il y avait dans cette expression quelque chose qui la rendait plus particulièrement apte à s'appliquer aux couches profondes de notre vie, sinon à adhérer au centre même du réel.[357]

L'analyse du sentiment poétique se dresse face à un véritable défi qui la place devant une *double impossibilité*, comme si cette disposition à exister pleinement précipitait toute saisie par la pensée dans l'insuffisance du langage. En effet, que ce sentiment soit pris dans un raisonnement qui cherche à en établir le *comment* ou qu'il soit décrit en des termes indépassables (tels que la mort ou le réel), la pensée produit en dernier lieu une redondance, autrement dit, elle se transforme en une pensée tautologique : on parlera par exemple, de « présence redoublée », de « réenchantement », de « l'expérience de l'expérience »... D'une certaine manière, on peut dire alors que la poésie répond au sentiment poétique. Cette reformulation permanente et rigoureuse d'une image ou d'un sentiment n'est pas sans rappeler la fonction première que l'on attribuait à la poésie dans l'antiquité grecque, s'agissant de sa relation à la mémoire[358].

---

[356] Philippe Jaccottet, *op. cit.*, pp. 14-15.
[357] *Idem*.
[358] « Le statut religieux de la mémoire, son culte dans les milieux d'aèdes, son importance dans la pensée poétique ne peuvent se comprendre si l'on néglige que, du XIIe au IXe siècle, la civilisation grecque fut fondée

Dans la Grèce archaïque, il faut bien comprendre que l'importance accordée à la mémoire dans l'expression poétique ne visait pas seulement à l'enracinement de faits historiques ou mythiques, mais plus encore à investir la parole chantée d'une efficacité magique :

> Par sa mémoire, le poète accède directement, dans une vision personnelle, aux événements qu'il évoque ; il a le privilège d'entrer en contact avec l'autre monde.[359]

Ainsi, la mémoire divinisée chez les Grecs se présente de manière radicalement différente de la conception moderne que l'on en a, à savoir une reconstitution chronologique des faits du passé. *L'Iliade* et *L'Odyssée* qui sont l'aboutissement de la poésie orale grecque, soutiennent la puissance de la parole chantée qui « institue par sa vertu propre un monde symbolico-religieux qui est le réel même[360] ». Le fait que nous soyons amenés, dans le langage, à reformuler inlassablement le sentiment poétique, peut-il tenir de cette fonction archaïque de la mémoire qui confère au verbe son efficacité symbolique ? N'y a-t-il pas dans ces répétitions, la volonté de provoquer à nouveau l'avènement de l'expérience poétique ? Notre mémoire ne devient-elle pas alors réminiscence ? Cette remarque se combine à une technique employée dans le monde ancien où la répétition dans un poème cherchait à obtenir un effet incantatoire, lequel comporte un caractère magique. Une étude du Poème de Parménide – dans lequel il ne cesse de se répéter – pourrait suggérer une maladresse, une forme de naïveté de la part de son auteur, alors que la répétition est pour lui « une manière de créer le voyage, de produire l'état qui le rend possible[361] ». Car en répétant un mot plusieurs fois, le poète

---

non sur l'écriture mais sur les traditions orales » in Marcel Detienne, *Les Maîtres de Vérité dans la Grèce archaïque*, Paris, Livre de poche, 2006, p. 65.
[359] *Ibid.*, p. 67.
[360] *Idem*.
[361] Peter Kingsley, *Dans les antres de la sagesse*, Paris, Les belles lettres, 2007, p. 116.

se persuade à la fois violemment du sens qu'il renferme et le fait advenir en même temps dans sa forme brute, c'est-à-dire dans sa sonorité. L'univers sonore enveloppe alors la pensée et charge la scène ainsi décrite et chantée d'une puissance d'évocation. Au vu de l'héritage de la pensée antique, ce qui serait à considérer de prime abord comme une faute d'expression, une redondance du concept de l'« être » ou celui de l'« existence », relèverait d'une aspiration plus ou moins consciente visant à reproduire l'état qui rend possible l'expérience poétique. Combien de fois n'a-t-on pas cherché à se rendormir afin de poursuivre un rêve à jamais perdu et inachevé ? Tel le monde du rêve se dissipant au réveil, on tente d'en saisir avec anxiété les dernières effluves comme ces mots redoublés renfermant la promesse d'un état poétique de l'existence.

Sans parvenir toutefois à dessiner avec exactitude les contours d'un sentiment poétique, celui-ci s'enracine pourtant dans l'expérience. La formule qu'emploie Emerson résume le conflit intérieur qui s'empare de l'homme lorsqu'il est projeté dans les méandres de la contemplation :

> Debout sur le sol nu, la tête baignée par l'air joyeux […] Je deviens une pupille transparente ; je ne suis rien, je vois tout ; les courants de l'Être universel circulent à travers moi.[362]

La corporéité de l'individu se dissout totalement dans la sensation pure, il est traversé par la beauté du monde extérieur. Dès lors, la substance du sentiment poétique *confondue* à son accession à la pensée, se détache peu à peu de l'immédiateté du souffle et délivre un enseignement. Tel est le ressort ultime d'un état poétique de l'expérience, celui de vivre selon une intuition fondamentale impliquant une conduite, une discipline. Ainsi, faire le choix de la poésie comme **manière de vivre** affecte non seulement une porosité d'esprit, une sympathie à l'égard de la nature, mais irradie fatalement nos actes et notre comportement. Car

---

[362] Ralph Waldo Emerson, *op. cit.*, p. 14.

même si la transfiguration que l'élan poétique fait subir aux objets matériels semble dotée d'une aura exceptionnelle, elle ne transcende pas pour autant la valeur : elle agit exactement à l'opposé en étalonnant la valeur de la vie. Il apparaît alors que ce lien entre l'esprit et la matière n'est pas le fruit de notre imagination, mais qu'en lui repose l'intuition que tous les hommes peuvent le connaître. Quand à l'appui de la réflexion nous prenons le temps d'examiner ce sentiment avec soin, le sage, lui, se demande si à tout autre moment il n'est pas aveugle et sourd :

> De telles choses peuvent-elles exister
> Et nous accabler comme un nuage d'été
> Sans nous frapper du plus grand étonnement ?[363]

Qu'une chose vienne à nous frapper d'étonnement alors qu'elle ne comporte aucun trait remarquable (de part sa rareté ou son aspect extraordinaire) interroge notre disposition à percevoir l'environnement familier et quotidien qui nous entoure. Lorsque Descartes considère l'*admiration* (l'étonnement) dans une « subite surprise de l'âme », il accorde un statut très particulier à cette passion dans le sens où aucun changement physiologique significatif ne l'accompagne – tel que l'accélération du rythme cardiaque. Selon lui, la raison est contenue dans le fait que « n'ayant pas le bien ni le mal pour objet, mais seulement la connaissance de la chose qu'on admire, cette passion n'a point de rapport avec le cœur et le sang [...] mais seulement avec le cerveau, où sont les organes des sens[364] ». Cette sensation ouvre un espace dans lequel l'homme semblerait transiter seulement, il ne peut s'y tenir durablement. Le sentiment poétique conduit à une soudaine lucidité, un étonnement de l'être sur lui-même au contact des choses extérieures. D'une certaine façon, nous serions amenés à partager l'immanence du monde : dispensé de la volonté humaine, ce dernier agit

---

[363] *Ibid.* p. 41.
[364] René Descartes, *Les passions de l'âme*, Paris, Flammarion, 1998, art. 70 et 71.

comme un point fixe, « son ordre serein nous demeure inviolable[365] ».

Cependant, tout en nous éprouvant comme faisant *partie* de la nature, cet ancrage poétique de l'existence nous installe dans la différence, car vivre consiste à être jeté dans la différence. Mais à mesure que nous accentuons cette séparation en exigeant de la nature qu'elle se conforme à notre doctrine, le « contraste entre nous et notre demeure se fait plus évident[366] ». Sans toutefois nous abandonner entièrement au pouvoir suspensif de l'étonnement, une sorte de réveil doit alors briser ce stade d'équilibre en nous ramenant à un niveau relatif de conscience. C'est dans la prise en compte de la différence, aussi ténue soit-elle, que le Bouddhisme Zen place l'expérience du *satori* – qui n'est ni un état de dissociation, ni de transe :

> C'est un niveau qui se situe à la frontière du conscient et de l'inconscient. Ce niveau atteint, la marée de l'inconscient envahit la conscience ordinaire. C'est l'instant où l'esprit fini se réalise enraciné dans l'infini.[367]

Il s'agit-là d'une philosophie en creux qui n'est pas cet « instinct tyrannique lui-même, la volonté de puissance sous sa forme la plus spirituelle, l'ambition de "créer le monde", d'instituer la cause première[368] », mais à l'inverse celle-ci s'applique à détacher chaque objet de toute relation personnelle et à l'envisager dans sa suffisance à lui-même. Il n'est pas étonnant que l'on retrouve chez Thoreau une profonde affinité pour la philosophie indienne[369], cet état d'esprit où toutes les activités mentales travaillent sur un autre mode plus joyeux et plus apaisant. Dans la perspective du Bouddhisme Zen, la tonalité de la vie sera transformée

---

[365] Ralph Waldo Emerson, *op. cit.*, p. 77.
[366] *Ibidem*.
[367] Daisetz Teitaro Suzuki, *Bouddhisme Zen et psychanalyse*, Paris, PUF, 2009, p. 53.
[368] Friedrich Nietzsche, *Par-delà bien et mal*, Paris, Gallimard, 2007, pp. 27-28.
[369] « Il était séant que je vécusse de riz, principalement, moi qui tant aimais la philosophie de l'Inde » in Henry David Thoreau, *op. cit.*, p. 61.

car il y a dans la possession du Zen un « pouvoir de rajeunissement[370] » dont semble hériter la pensée de Thoreau. L'état poétique de l'expérience se mesure et se comprend à la lumière de cette intuition fondamentale, lorsque je me projette isolé au contact du monde libérant ainsi l'objet des déformations causées par ma crainte, mon avidité, mon empressement à le soumettre à ma volonté. Aucune illumination ne peut résoudre l'ultime problème posé par l'existence, celui de la vie et de la mort, et c'est dans l'intuition qui accompagne le sentiment poétique que nous puisons la force de nous engager dans cette voie indépassable pour l'intellect. Elle exprime la suffisance du monde laissé à lui-même et nous invite à l'éprouver intensément, cette pénétration requiert l'effort de notre être tout entier et ne peut faire l'économie d'un mode de vie :

> Je gagnai les bois parce que je voulais vivre suivant mûre réflexion, n'affronter que les actes essentiels de la vie, et voir si je ne pourrais apprendre ce qu'elle avait à enseigner, non pas, quand je viendrais à mourir, découvrir que je n'avais pas vécu.[371]

La mort se dresse alors devant Thoreau non plus comme une angoisse insurmontable, mais simplement comme un fait de l'existence. Son engagement, sa conduite, sont un acte de résistance[372] porté par la conviction que l'homme doit d'abord trouver une assise, un ancrage solide dans le réel. Ainsi, ce qui s'offre à nous comme étant successivement vie et mort ne peut entamer les fondations de notre être : « Vie ou mort, ce que nous demandons, c'est la réalité[373] ». Il n'est certainement pas de plus forte affirmation poétique que celle de Thoreau[374] lorsque se

---

[370] Erich Fromm, *Bouddhisme Zen et psychanalyse*, Paris, PUF, 2009, p. 129.
[371] Henry David Thoreau, *op. cit.*, p. 90.
[372] « Ne nous laissons pas renverser et engloutir dans ce terrible rapide, ce gouffre, qu'on appelle un dîner, situé dans les bancs de sable méridiens. Résistez à ce danger et vous voilà sauf » in *Ibid.* p. 96.
[373] *Ibid.*, p. 97.
[374] « Si vous vous tenez debout devant le fait, l'affrontant face à face,

confrontant au monde, celui de la nature sauvage, il accueille la permanence des choses qui précèdent et succéderont à son existence dans sa vulnérabilité, qu'il tient alors comme l'authentique réalisation de soi. Cette acceptation pleine et entière fait écho aux mots de Rinzai Gigen : « Aussi loin que je regarde, il n'y a rien que je veuille rejeter[375] » et agit à la manière d'une libération. À strictement parler, nous ne nous libérons jamais complètement de la menace que la mort constitue car lorsque celle-ci advient, cela signifie l'anéantissement de notre être. Même installés dans une posture résolue à tout, sans illusion aucune, nous continuons d'exister dans des possibilités dispersées, ce que résume Heidegger :

> La perte de tout espoir, par exemple, n'arrache pas la réalité-humaine à ses possibilités, elle est simplement une manière d'être spéciale envers ces mêmes possibilités.[376]

Autrement dit, notre être est toujours déterminé par une *anticipation de soi-même*. La posture poétique qui consisterait à exister au contact direct du monde aurait un effet comparable à celui engendré par la mort, en ce sens que plus aucune possibilité ne s'offrirait à nous. En effet, une telle immanence à soi-même abolirait nécessairement la différence et deviendrait ainsi « ce qui ne-réalise-plus de présence-réelle[377] », comme exposé en quelque sorte au regard gorgonéen. La réalité-humaine ne peut s'exprimer autrement que dans son caractère *inachevé* et *incomplet*, c'està-dire dans une existence différée avec soi-même et le monde. Cette totalité qui lui fait défaut, si elle l'acquiert, devient pour elle la perte pure et simple de l'être-dans-lemonde. Alors qu'une saisie *totale* de la réalité-humaine semble clairement impossible, l'acception authentique de la

---

vous verrez le soleil luire sur ses deux surfaces à l'instar d'un cimeterre, et sentirez son doux tranchant vous diviser à travers le cœur et la moelle, sur quoi conclurez heureusement à votre mortelle carrière », *Ibidem*.
[375] Daisetz Teitaro Suzuki, *op. cit.*, p. 41.
[376] Martin Heidegger, *op. cit.*, p. 116.
[377] *Idem*.

mort n'accomplit pas de posture présomptueuse ou fataliste mais tend au contraire à considérer l'existence dans son devenir. Car même si la mort s'appréhende seulement à l'instant où elle advient, nous pouvons sentir qu'elle n'est pas une composante séparée de la vie mais qu'elle participe de l'existence elle-même, dans le sursis permanent qu'elle accorde. Ce qu'illustre parfaitement le propos d'Heiddeger lorsqu'il évoque le fruit renfermant ses différents états de maturité :

> Le Pas-encore est déjà inclus dans son être propre, et cela nullement comme une détermination quelconque, mais comme un élément constitutif.[378]

À noter que l'on rencontre chez Charles de Bovelles une étonnante proximité dans son « *Livre du néant* » publié en 1511, lorsqu'il écrit :

> Tout ce qui chaque jour vient à maturité dans la suite des générations était dès le commencement ébauché et caché dans l'ombre de la matière.[379]

Dès l'instant où la mort n'est plus perçue comme une surdétermination de l'existence, un changement radical accompagne la conduite de la vie. Le caractère inconditionnel de la mort renvoie à un esseulement absolu de soi-même qu'il nous faut affronter. C'est à l'aune de cette possibilité la plus extrême et en même temps *totale*, où la réalité-humaine se renonce à elle-même dans la mort, que nous comprenons enfin que l'existence est illimitée, que nous ne faisons plus face à des possibilités disséminées au hasard mais que nous pouvons les soumettre à un choix et à une compréhension authentiques. La mort acquiert un pouvoir vivifiant confirmant ainsi que l'existence pleine et entière n'est jamais atteinte, et que celle-ci se construit perpétuellement dans l'inachèvement et l'ouverture :

---

[378] *Ibid.*, p. 129.
[379] Charles De Bovelles, *Le livre du néant*, Paris, Vrin, 2014, p. 54.

La réalité-humaine, par l'élan de son anticipation, se préserve de retomber en arrière de soi-même.[380]

Dans la mort, une autre ressemblance se fait jour avec le sentiment poétique, à savoir qu'il est impossible de suppléer quelqu'un dans l'acte de finir ou dans celui de ressentir. Encore une fois, c'est là un acte qui isole autant qu'il renforce le fait que la mort ou le ressenti sont essentiellement et toujours *miens*. C'est dans cette lucidité où la mort nous revendique en tant qu'individu esseulé, que Thoreau accueille le décès de son frère John :

> Mais la mort n'en est pas moins belle quand on la voit comme une loi et non comme un accident – Elle est aussi ordinaire que la vie [...] de quelle proportion de cette vie si sereine et vivante peut-on dire qu'elle est vraiment en vie ?[381]

La manière dont Thoreau comprend la mort – dans un rapprochement significatif avec la pensée d'Heidegger – s'associe inévitablement à son mode d'être, lorsqu'il décide de vivre retiré dans les bois aux abords de l'étang de Walden. Libre pour sa propre mort, Thoreau réalise son existence dans « l'authenticité ». Ainsi, il ne craint plus que ses décisions se fragmentent ou se dispersent parmi les nombreuses possibilités qui s'offrent à lui, car son existence orientée vers sa fin est unifiée, récapitulée. Ce cheminement de pensée qui le conduit à s'éveiller à une lucidité solaire, s'articule dans son projet d'acquérir une ferme, à cette époque de la vie où « nous avons coutume de regarder tout endroit comme le site possible d'une maison[382] ». Lorsque Thoreau s'approche au plus près de cette possession effective, le propriétaire revient sur sa décision et souhaite racheter son bien. Le fermier offrant dix dollars pour se dégager de sa parole, s'enferme en réalité dans le carcan de

---

[380] Martin Heidegger, *op. cit.*, p. 129.
[381] Henry David Thoreau, *Correspondance*, Paris, Éditions du Sandre, 2009, p. 45.
[382] Henry David Thoreau, *Walden ou la vie dans les bois*, Paris, Gallimard, 2008, p. 81.

la propriété[383] lorsque par cet acte, Thoreau, lui, jouit de la liberté :

> Je découvris par là que j'avais été riche sans nul dommage pour ma pauvreté. Mais je conversai avec le paysage, et depuis ai annuellement emporté sans brouette ce qu'il rapportait.[384]

Alors que l'homme trahit sa faiblesse en cherchant en dehors de lui-même et partout ailleurs ce qui lui fait défaut, il devient fort et capable de l'emporter quand il regarde vers sa fin. Notre besoin de consolation éprouve sans cesse notre manque de confiance en soi, notre demeure s'écroule lorsque nous venons à mourir sans être parvenus à raccrocher la substance de la vie. La mort comme fin dernière de toute possibilité expose l'existence à sa *plus grande indétermination* et il nous faut tenter de vivre, car aucune connaissance véritable ne précède l'expérience :

> Ce qu'il me fallait, c'était vivre abondamment, sucer toute la moelle de la vie, vivre assez résolument, assez en Spartiate, pour mettre en déroute tout ce qui n'était pas la vie.[385]

Consciemment et délibérément, Thoreau voyage dans la direction de sa propre mort et puise dans son isolement au contact de la nature sauvage, un enseignement en tout point identique à celui issu de la pratique de l'incubation[386] dans la Grèce antique : *mourir avant de mourir.*

---

[383] « Mais l'homme cultivé qui éprouve un respect tout neuf pour sa nature a bientôt honte de sa propriété » in Ralph Waldo Emerson, *La Confiance en soi*, Paris, Payot, 2000, p. 125
[384] Henry David Thoreau, *op. cit.*, p. 82.
[385] *Ibid.*, p. 90.
[386] « Incuber, c'est être étendu quelque part de tout son long [...] Là, ils s'étendaient par terre dans un espace clos. C'était souvent une grotte. Ou bien ils s'endormaient et avaient un rêve, ou bien ils entraient dans un état, ni sommeil ni veille, et ils pouvaient avoir une vision. Parfois, le rêve ou la vision les mettaient en présence du dieu, de la déesse » in Peter Kingsley, *op. cit.*, p. 54.

Thoreau emporta quelques livres dans sa cabane, pour la plupart des livres faciles de voyage dont la lecture entrecoupait le travail de la terre. Cependant, un ouvrage qu'il savait difficile à lire du fait de l'incessant labeur de ses mains, resta posé sur sa table :

> J'ai gardé l'Iliade d'Homère sur ma table tout l'été, quoique je l'ai feuilletée seulement de temps à autre [...] Toutefois je me soutenais par la perspective de telle lecture dans l'avenir.[387]

Bien qu'il fût incapable depuis sa retraite dans les bois de se consacrer à l'étude de ce texte ancien, le simple contact avec *l'Iliade* – qu'il emporta avec lui telle une relique – assurait d'une certaine manière le passage vers un état nouveau :

> Lorsque le golfe est franchi, lorsqu'on s'élance vers le but [...] l'âme devient (et) cela dégrade à jamais le passé, transforme toutes les richesses en pauvreté.[388]

L'Iliade et *l'Odysée* d'Homère renferment le condensé de la poésie orale dans la Grèce antique et dressent de véritables catalogues dans lesquels le pouvoir de se remémorer se double d'un effet incantatoire, où le poète soude la réalité à un monde symbolique et religieux. Thoreau savait la portée magique de *l'Iliade* contenue dans sa puissance de transfiguration, capable de façonner le réel dans l'aura d'actes mythiques et héroïques. Cette force de conversion s'exerce et s'étend chez Thoreau en profondeur, jusqu'à submerger son mode de vie qui côtoie les objets les plus modestes d'un quotidien dépouillé. C'est ainsi que le pouvoir de *l'Iliade* se transfère de proche en proche et rayonne dans une pensée qui enveloppe le monde à son contact :

---

[387] Henry David Thoreau, *op. cit.*, p. 100.
[388] Ralph Waldo Emerson, *op. cit.*, p. 108.

> En ce temps où mes mains étaient fort occupées je ne lus guère, mais les moindres bouts de papier traînant par terre, ma poignée ou ma nappe, me procuraient tout autant de plaisir, en fait remplissaient le même but que l'*Iliade*.[389]

Les choses manifestes, qui possèdent une corporéité, peuvent susciter le sentiment d'exister en dehors de nous, et cela parce que nous les imaginons comme permanentes. Bien que nous soyons à jamais séparés du monde extérieur, que ce dernier soit entièrement replié dans son immanence la plus *propre* et la plus *absolue*, nous nous méprenons en transformant l'impression sensorielle que nous en avons en quelque chose de permanent, existant en dehors de nous. Ces sensations à chaque fois différentes et renouvelées, et ce pour un *même* objet, ne témoignent d'aucune permanence, d'aucun état concret et objectif des choses autour de nous. Dans son exploration du monde magique, Ernesto de Martino ne cherche pas à éluder le problème des pouvoirs magiques quand ceux-ci sont le plus souvent « négligés et camouflés avec une paresse mentale si étrangement tenace qu'elle constitue elle-même un problème[390] ». Parce que la science expérimentale de la nature s'est constituée dans un idéal épuré des projections humaines, elle est en mesure de traiter uniquement des phénomènes donnés. Mais la sympathie qu'entretient un état poétique de l'expérience avec tout ce qu'il touche – à l'appui d'une conviction, d'un objet rituel dont la *force* circonscrit un *milieu* privilégié – se caractérise par le fait de se trouver « encore immédiatement inclus(e) dans la sphère de la décision humaine[391] ». Telle la puissance de *l'Iliade* désignant le monde issu de la projection du poète non seulement dans la pure croyance, mais bien dans la réalité. C'est ainsi que la capacité de Thoreau à façonner le réel dans un élan poétique emporte la catégorie du jugement elle-même, et pas uniquement le sujet du jugement.

---

[389] Henry David Thoreau, *op. cit.*, p. 46.
[390] Ernesto De Martino, *Le monde magique*, Paris, Les Empêcheurs de Penser en Rond , 1999, p. 13.
[391] *Ibid.*, p. 67.

Thoreau convoque la réalité dans une appréhension vive, dressée par un esprit neuf qui suscite dans sa vie éthique et imaginative des effets concrets :

> Lorsque j'étais assis porte et fenêtre ouvertes, me causait tout autant d'émotion que l'eût pu faire nulle trompette qui jamais chanta la renommée. C'était le requiem d'Homère : lui-même une Iliade et Odyssée dans l'air […] Il y avait là quelque chose de cosmique : un avis constant jusqu'à plus ample informé, de l'éternelle vigueur et fertilité du monde.[392]

C'est dans une note absolument épique, dans laquelle Thoreau rappelle qu'Alexandre portait précieusement *l'Iliade* avec lui au cours de ses expéditions, qu'il postule d'un flux continu entre les êtres. Le mot poétique existe non plus uniquement sous la forme d'une *résistance* qui orienterait la pensée vers un chemin inhabituel et incertain, mais il éclot alors dans une identité entre le *sens* et la *force* ou pour le dire autrement, dans l'efficacité concrète des signes ou des images, c'est-à-dire dans un pouvoir symbolique :

> Un mot écrit est la plus choisie des reliques […] Il peut se traduire en toutes langues, et non seulement se lire mais s'exhaler en réalité de toutes les lèvres humaines ; – non seulement se représenter sur la toile ou dans le marbre, mais se tailler à même le souffle, oui, de la vie.[393]

Clément Bodet
Photographe, doctorant en esthétique,
Aix-Marseille, Collège International de Philosophie

---

[392] Henry David Thoreau, *op. cit.*, p. 88.
[393] *Ibid.*, p. 102.

La vie artiste

En choisissant de réfléchir sur la dimension poétique de l'existence, j'interrogerai, en toute candeur, la possibilité d'une équivalence entre la « vie bonne » et la « vie artiste », entre l'éthique et l'esthétique. La vie artiste peut-elle constituer un modèle d'*ethôs* ou au contraire n'est-elle pas, lovée dans son irréfragable individualité, ce qui ne peut jamais constituer un modèle ?

J'emprunte, pour commencer à délimiter et préciser ce que serait une vie artiste ou poétique, ces quelques mots à James Laugenbach dans son ouvrage *Résistance à la poésie* (mais je précise que l'auteur à qui je fais référence s'attache plutôt à déceler ce qui en nous résiste à la poésie) :

> La poésie n'attend de nous aucune justification ; elle nous demande d'exister[394]

Exister suffirait à entendre la poésie ? On peut renverser la proposition et noter que ne faire qu'exister relève peut-être déjà d'une attitude poétique, mais à condition de préciser qu'il ne s'agirait pas d'ajouter quelque chose à l'existence, plutôt, à l'inverse, de revenir à la singularité de notre existence, à la singularité de ce que c'est qu'exister. À l'image de « l'économie poétique » d'un Robert Filliou, la poésie deviendrait existence, manière de vivre, ou

---

[394] James Longenbach, *Résistance à la poésie*, Éditions de Corlevour, Collection Essais, 2013.

encore manière de « flouter » la frontière séparant l'art et la vie.

La résistance artiste

On peut repérer une première conjonction entre l'éthique et le poétique : d'abord simplement parce qu'il s'agit nécessairement d'une forme de résistance à la banalisation, au conformisme ou à la tyrannie de l'opinion. Il me semble, de ce point de vue, que toutes les grandes pensées de l'individualité ont nécessairement rencontré cette équivalence de l'existence et du poétique. Par exemple, lorsque Bergson remarque dans des passages restés très célèbres du *Rire* que si nous pouvions exprimer fidèlement toutes les nuances de notre individualité, « nous serions tous poètes », il ne fait que réitérer cette équivalence du poétique et de l'existence. Dans le monisme exigeant de Bergson, exister véritablement, c'est-à-dire individuellement, équivaudrait à une poésie continuée (silencieuse toutefois puisqu'inarticulée). La poésie, arme de précision, relève bien chez Bergson, d'une résistance au sein de la langue, au langage lui-même, dans sa tendance inévitable à la généralisation. Préciser les choses poétiquement c'est toujours résister au langage, mais cela implique aussi et d'abord de résister en existant individuellement. Il y a d'ailleurs un rapport inversement proportionnel chez Bergson, entre cette précision ontologique de la poésie et de la métaphysique et la « distraction sociale ». Ainsi, lorsque Bergson affirme que « nous sommes réellement dans tout ce que nous percevons[395] », il ne « poétise » pas, mais il décrit précisément ce qui se passe lorsqu'au lieu de *regarder* le monde, nous ne faisons que le *voir*, autrement dit, lorsque nous nous contentons d'exister. Ne faire qu'exister revenant ici à laisser descendre le monde dans la perception. Curieux monisme si l'on y songe où le sujet s'individualise en augmentant la profondeur de champ de la perception, bref,

---

[395] Henri Bergson, *Les deux sources de la morale et de la religion*, Paris, PUF, 2013.

où l'individuation exige une forme d'asubjectivation, en tout cas de dessaisissement de soi.

Toutefois, au-delà de cette résistance poétique à toute forme linguistique générique, je voudrais dans un premier temps, envisager la résistance poétique comme l'affirmation existentielle de l'individualité. Moins d'un passage ou d'un glissement du poétique vers le politique, il s'agirait davantage de montrer quelques implications directement politiques de cette résistance poétique. On pourrait formuler l'une d'elles dans le paradoxe suivant : l'attention à notre propre manière d'être, à notre existence individuée a nécessairement un prolongement éthique et politique. Ainsi, pour renverser de manière désinvolte l'injonction célèbre que Sartre adresse à l'écrivain dans un texte de 1948 : si le poète n'est « ni Vestale, ni Ariel[396] », je crois néanmoins qu'il y a une force de contestation propre à ce que j'appellerais une « vie poétique » même si elle peut apparaître comme la figure inversée de l'engagement sartrien.

C'est pour moi le sens de la réponse que Foucault adresse à ses étudiants qui le pressent de dévoiler sa morale : pourquoi l'éthique ne serait-elle pas avant tout le soin esthétique apporté à sa propre existence ?

> Ce qui m'étonne, c'est le fait que dans notre société l'art est devenu quelque chose qui n'est en rapport qu'avec les objets et non pas avec les individus ou avec la vie. Mais la vie de tout individu ne pourrait-elle pas être une œuvre d'art?[397]

Évidemment, en associant l'art et l'éthique, la question ouverte par Foucault engendre un certain nombre de problèmes.

Si l'on envisage le terme d'*ethos* dans ses deux significations majeures c'est-à-dire la manière d'être individuelle, le caractère, mais aussi, sur le versant rhétorique, le style (de l'orateur par exemple), la question

---
[396] Jean-Paul Sartre, *Situations, II*, Paris, Gallimard, 2012.
[397] Michel Foucault, « À propos de la généalogie de l'éthique : aperçu du travail en cours », in *Dits et écrits*, tome IV, Gallimard, 1994, p. 392.

devient : suffit-il de construire individuellement son existence, de lui donner un style, un caractère pour en faire une « vie bonne » ?

Cette promotion éthique d'une « vie artiste » ne retombe-t-elle pas dans les pièges souvent dénoncés de la pose existentielle de l'esthète ?

Ce problème surgit au cœur même de la modernité et il en est même l'origine. Dans son texte écrit en 1859, *Le public moderne et la photographie*, Baudelaire fustige les « sottises de la multitude » qui confond, dans son aveuglement grégaire, l'art et la technique et se laisse endormir par les « miracles » de la technique moderne. La poésie devient ainsi pour Baudelaire le seul facteur de résistance au progrès. Ce qui peut sembler contradictoire avec les thèses célèbres développées dans *Le peintre de la vie moderne* : l'artiste moderne n'épouse-t-il pas le style, le mouvement et jusqu'à la vitesse de son époque? Oui, mais à la condition de s'en extraire poétiquement pour la mieux saisir. Plus précisément, la vie du peintre moderne, immanente et séparée, s'érige en rempart contre la trivialité de l'homme-foule moderne, tout en éternisant la beauté fugace de l'époque.

Il me semble que cette ambiguïté de la place de l'artiste, coincé entre le philistinisme ambiant et son désir de sécession a été clairement analysée par Hannah Arendt au chapitre 6 de sa *Crise de la culture*[398].

La société étant d'emblée pensée par Arendt comme une invention moderne, l'artiste lui est naturellement opposé. Pour autant, cette résistance est assez vaine puisque l'artiste ne peut pas grand chose contre la forme soumise de ce philistinisme cultivé qui démonétise définitivement la valeur de la *cultura animi*, transmise par la vie artiste, pour en faire un élément de distinction sociale. Qu'il soit *barbare* ou *cultivé*, le philistinisme étoufferait inéluctablement la vie artiste.

---

[398] Hannah Arendt, *La crise de la culture*, Paris, Gallimard, Folio essais, 1972.

Mais ce que je retiens avant tout des analyses de Hannah Arendt, c'est l'idée – réaffirmée continûment chez elle- que l'artiste est, dans une société de masse où art et loisir tendent à se confondre, le « dernier individu ». Au fond, il est le dernier à demeurer dans un *poein* singulier et individuel.

Toutefois, entre la figure baudelairienne du poète dandy et l'artiste résistant à l'engloutissement dans le loisir de masse chez Arendt, y a-t-il encore place pour une vie artiste ?

L'existence poétique

Peut-on aller jusqu'à affirmer que toute revendication de l'existence comme choix individuel, comme création singulière, relèverait nécessairement d'une forme de résistance poétique ?

C'est en tout cas, me semble-t-il l'un des sens du célèbre roman d'Italo Calvino, *Le baron perché*, où l'auteur dessine avec son héros, une forme pure de résistance poétique, car loin d'en faire une figure de révolte solipsiste, il choisit d'en faire un « homme complet » :

> Pour être vraiment avec les autres, la seule voie est d'en être séparé [...] C'est la vocation du poète, de l'explorateur, du révolutionnaire. Le « perché » par vocation intérieure [...] c'est l'homme complet.[399]

Ce n'est pas la révolte individuelle qui fonde ici le soi, c'est le soi qui fonde le non. À l'image de l'entêtement placide du Bartleby de Melville, la vie perchée du baron ne suscite pas seulement l'incompréhension, mais aussi la curiosité et l'intérêt...

On peut faire de cette figure une lecture parfaitement utilitariste en s'appuyant sur les analyses conduites par John Stuart Mill sur l'excentricité, dans *De la liberté*[400], qui, à mes

---

[399] Italo Calvino, *Le baron perché*, Paris, Gallimard, Folio, 2012.
[400] John Stuart Mill, *De la liberté*, Paris, Gallimard, Folio, 1990.

yeux restent parfaitement efficaces. Mill, logiquement, ira, dans sa défense du choix individuel de vie, jusqu'à faire de l'excentricité, un marqueur fondamental de la vie démocratique. Non seulement, il est toujours bon de laisser le maximum de champ aux choses contraires à l'usage (on ne sait jamais…), mais en outre, c'est la meilleure façon de ne pas céder au dangereux culte du héros. C'est même tout le contraire : ce n'est pas la valeur supposée d'une existence individuelle qui la promeut en modèle, c'est simplement le fait qu'elle soit individuelle qui en fait la valeur. Bref, rien de plus démocratique que de choisir sa vie :

> Il suffit d'avoir une dose suffisante de sens commun et d'expérience pour tracer le plan de vie le meilleur, non pas parce qu'il est le meilleur en soi, mais parce qu'il est personnel.[401]

C'est cette attitude active envers soi-même, cette façon d'inventer sa vie, de (se) créer que Foucault isole dans sa relecture singulière des éthiques antiques. Sans revenir sur la distinction qu'il élabore dans les éthiques du souci de soi, je retiendrais au moins ce clivage essentiel : l'orientation socratique, se *connaître* soi-même, l'orientation *cynique*, se *créer* soi-même. Dans le premier cas, on cherche par un discours oblique (l'ironie socratique par exemple) la vérité sur soi. Dans le second, on vit la vérité et l'ironie laisse place à la *parrêsia*, au franc-parler. Le dire vrai deviendrait alors un acte risqué, solitaire et subversif :

> Je crois donc que cette idée de la vie artiste, œuvre d'art elle-même, est une manière de reprendre, sous un autre jour, avec une autre forme bien sûr, ce principe cynique de la vie comme manifestation de rupture scandaleuse, par où la vérité se fait jour, se manifeste et prend corps.[402]

---

[401] *Ibid.*, p. 165.
[402] Michel Foucault, *Le courage de la vérité. Le gouvernement de soi et des autres. II*, Paris, Seuil, 2009, p. 173.

En cherchant à vérifier si non seulement une vie artiste est possible, mais si elle pourrait fournir le modèle viable d'une résistance poétique radicale, on voit bien qu'on peut être tenté de la situer dans une vie excentrique, « perchée » ou dans une vie cynique. Au fond, peut-être des vies invivables pour soi et les autres…

Pourtant, cela nous enseigne au moins deux choses : l'affirmation tangible de l'individualité n'est pas forcément un isolement et la réappropriation de l'individualité de l'existence peut conduire au perfectionnement de l'autonomie et de la confiance en soi susceptible de fournir les fondements d'une « vie bonne ».

Il est évident que cette forme de résistance individuelle prête le flanc à de nombreuses critiques. L'idée foucaldienne selon laquelle la Révolution est d'abord un style d'existence a d'emblée était rangée du côté des accessoires d'esthète. Pour autant, ce qui n'a pas été suffisamment vu c'est que cette esthétique de l'existence est loin d'être une élégante pirouette. C'est sa dimension esthétique qui lui permet justement d'être un moyen valable de résistance contre les impératifs sociaux d'utilité et d'efficacité, c'est en ce sens que Foucault peut déclarer lors d'un entretien en 1984 :

> On pourrait envisager la Révolution non pas simplement comme un projet politique, mais comme un style, un mode d'existence avec son esthétique, son ascétisme, ses formes particulières de rapport à soi et aux autres.[403]

Cette curieuse alliance de la résistance individuelle et de l'émancipation collective sous l'égide d'une vie poétique, trouve l'une de ses origines dans la pensée transcendantaliste de Ralph Waldo Emerson et de Henry David Thoreau ; héritage actif que recueillera John Dewey dans son esthétique pragmatiste.

Je n'évoquerais ici que les deux notions centrales des pensées d'Emerson et de Thoreau : la *Self-Reliance* et

---

[403] Michel Foucault, « À propos de la généalogie de l'éthique : aperçu du travail en cours », in *Dits et écrits*, tome IV, Gallimard, 1994.

l'*expérience*. Ces deux notions, ni concepts ni préceptes, dessinent pourtant les contours d'une vie indistinctement poétique et démocratique. Emerson prône par exemple, dans ses conférences, une forme de solitude partagée qui est bien esthétique et existentielle. Les pages célèbres du prédicateur de Concord sur la *confiance en soi* relèvent à n'en pas douter d'une forme radicale de *parrêsia* :

> Ne nous courbons plus jamais pour nous excuser. Un grand homme vient dîner chez moi, par exemple. Je ne chercherai pas à lui plaire ; je souhaiterai plutôt qu'il ait envie de me plaire». [...] Je serai d'abord vrai (Confiance et autonomie).[404]

Il s'agit bien d'une résistance poético-existentielle capable de dissoudre les clivages conformistes aliénants séparant à tort l'art et l'ordinaire, l'individu et la société, la pensée et la vie. C'est en ce sens qu'il faut comprendre cette volonté – qui s'avérera cruciale dans les néo-avant-gardes américaines- de repoétiser l'ordinaire : il ne s'agit pas d'ajouter quelque chose à l'ordinaire ou de transfigurer le banal, mais de le voir tel qu'il est. Ce glissement de la poésie et de l'expérience sera pleinement consommé chez Thoreau, et par exemple dans ce passage de *Walden* :

> Les meilleurs vers ne sont autre chose que ceci : un homme qui a vraiment vu, entendu ou senti ce qu'il y a de plus ordinaire dans l'expérience.[405]

La poésie ne sublime pas l'existence, elle la rencontre dans l'expérience simultanément la plus individuelle et la plus commune, la plus digne d'être communiquée parce que la plus individuelle.

Illustration, toujours chez Thoreau :

---

[404] Ralph Waldo Emerson, *Essais de philosophie américaine*, Paris, Édition Charpentier, 1851.
[405] Henry David Thoreau, *Walden ou la vie dans les bois*, Paris, Gallimard, 1990.

> Je retourne à l'humidité de l'air, et l'odeur abondante des fleurs de trèfle blanc épaissit les cellules de mon corps, pendant que mes mains renouvellent l'expérience de la fraîcheur de l'ombre des feuilles ombrelles d'une courge.[406]

Il ne s'agit pas d'une expérience poétique ou poétisée, mais bien d'*une* expérience, bref, le contraire même d'une projection de l'ego dans le monde. C'est bien en ce sens que John Dewey dans *L'art comme expérience* nous invite à repenser l'expérience esthétique :

> L'expérience lorsqu'elle atteint le degré auquel elle est véritablement expérience, est une forme de vitalité plus intense. Au lieu de signifier l'enfermement dans nos propres sentiments et sensations, elle signifie un commerce actif et alerte avec le monde.[407]

C'est parce qu'elle est holiste, continue que l'expérience ordinaire est déjà esthétique, ce qui du même coup rend inutile la distinction de l'esthétique et de l'artistique, de la réception et de la création. C'est ainsi par exemple que Dewey imagine dans *L'art comme expérience* la situation suivante : on trouve un objet dans la nature que l'on pense façonné par l'homme, on s'extasiera devant l'art consommé avec lequel l'objet aura été patiemment ouvragé et on placera cet objet dans un musée des arts premiers. Mais l'on s'aperçoit après étude que l'objet en question n'est en fait que le résultat des effets contingents de la nature et non l'œuvre de l'homme. Cela ne démontre-t-il pas la fragilité même de l'expérience esthétique ? Sa subjectivité pour le moins douteuse ? Non. On placera simplement l'objet dans un musée d'histoire naturelle… La réception esthétique n'a nullement été leurrée ici, cela prouve simplement que l'on ne peut séparer l'esthétique et l'artistique, que l'art ne peut être coupé de l'expérience.

---

[406] *Ibidem*.
[407] John Dewey, *L'art comme expérience*, Paris, Gallimard, Folio Essai, 2010, p. 54.

L'œuvre se dissout nécessairement dans la vie. L'illusion était de la croire séparée...

C'est précisément ce qu'Allan Kaprow réalisera à partir de sa lecture de Dewey, comme le rappelle Jeff Kelley dans son introduction aux écrits de l'inventeur du *happening* :

> Si un thème central parcourt les Essais de Kaprow, c'est bien que l'art est une expérience participative. En définissant l'expérience comme participation, Kaprow a poussé la philosophie de Dewey dans un contexte expérimental d'interactions où les conséquences sont imprévisibles.[408]

Là où Dewey luttait théoriquement contre la séparation de l'art et de la vie, de l'art et de l'expérience, Kaprow invente l'artiste en général, l'artiste sans médium qui de ses premiers environnements aux happenings, n'est jamais coupé de son milieu, de la vie immédiate. Enfin, un art où l'expérimentation remplace la création. Il s'agit simultanément d'ouvrir l'art à l'expérience et de « performer » la vie :

> Les happenings sont un art d'activité, exigeant que création et réalisation, œuvre d'art et connaisseur, œuvre d'art et vie soient inséparables.[409]

Ainsi, la vie artiste est la vie même lorsqu'elle retrouve l'unité de l'expérience, elle est l'art même –un art dé-défini- lorsqu'il replace au centre de son *poëien* l'individualité d'une expérience unifiée se révélant digne d'être partagée. Un art « semblable à la vie » qui n'a besoin pour agir que de « situations » au sens où l'entend Guy Debord en 1960 :

> La situation est une production au sens artistique qui rompt radicalement avec des œuvres durables. Elle est

---

[408] Jeff Kelley, *Childsplay – The art of Allan Kaprow*, University of California Press, 2007.
[409] Allan Kaprow, 1966.

inséparable de sa consommation immédiate, comme valeur d'usage essentiellement étrangère à une conservation sous forme de marchandise.[410]

C'est enfin, selon moi, ce qu'aperçoit finement Stanley Cavell dans son analyse du cinéma à l'aune du perfectionnisme moral : le film nous montre des existences qui nous rendent meilleurs, non pas parce qu'elles sont des modèles, mais simplement parce qu'elles sont des « caractères », c'est-à-dire des individualités qui ne font que l'expérience de l'exister.

Charles Floren
Agrégé de philosophie,
chargé de cours, Aix-Marseille.

---

[410] Guy Debord, « Théorie des moments et constructions des situations » in *Internationale Situationniste*, #4, Paris, Librairie Arthème Fayard, 1997, pp. 118-119.

Table des matières

Avant-propos 5

L'autre sens du sens (A. Chareyre-Méjan) 9

La mélodie des choses (L. Iacovo) 21

La poésie comme ruissellement (B. Salignon) 31

Kisses (J. Kirch) 35

Dimension poétique en trois actes (M. Vigroux) 49

Fin du jeu dans le champ du visible (M. Duc) 65

Le désordre et la raison (M. Grizard) 77

Poétique de l'image cinématographique (A. Roullé) 83

De l'inscription à l'absence (L. Pons) 97

Poétique de l'intense (C. Aubertin) 115

L'arme du silex poétique (É. Toussaint) 139

Poétique des confins (Y. Schemoul) 151

La (dis)qualification de "poétique" (F. Soulages) 167

L'accusation poétique (G. Pigeard de Gurbert) 185

« Ce qui se passe dans la rue » (G. Badoual) 203

*L'*Iliade *de Homère sur la table de Thoreau* (C. Bodet) ... 215

La vie artiste (C. Floren) 235

Suite des livres publiés dans la

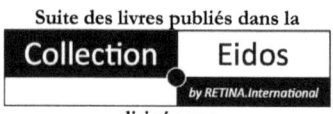

dirigée par
François Soulages & Michel Costantini

... suite de la Série RETINA

64 Stéphane Kalla Karim, *Les frontières du corps & de l'espace. Newton*
65 Marc Veyrat, *Never Mind, De l'information comme matériau artistique, 2*
66 Vladimir Mitz, *La transgression des frontières du corps. La chirurgie esthétique*
67 Bernard Salignon, *Frontières du réel. Où l'espace espace*
68 Dominique Chateau, *L'art du fragment. Frontières apparentes & frontières souterraines*
69 Pierre Kœst, *Aux frontières de l'Humain. Essai sur le transhumanisme*
70 Aniko Adam, *Du vague des frontières. Espaces, littératures & langues*
71 Gabriel Baudrand, *Mathématiques & frontières*
72 Sandrine Le Corre, *Frontières & arts. De l'opacité à la fraternité*
73 Philippe Boisnard, *Frontières du visage (analogique-numérique)*
74 Aniko Adam, Aniko Radvanszky & François Soulages (dir.), *L'homme qui rêve*
75 F. Soulages & A. Erbetta (dir.), *Frontières & mémoires, arts & archives*
76 François Soulages (dir.), *Malraux, le passeur de frontières*
77 Alain Milon & Shu-Ling Tsai, *Figures de l'homme. Au croisement des différences*
78 C. Bodet, A. Chareyre-Méjan & L. Iacovo, *Dimension poétique*

Série Photographie

2 François Soulages (dir.), *Photographie & contemporain*
8 Catherine Couanet, *Sexualités & Photographie*
9 Panayotis Papadimitropoulos, *Le sujet photographique*
10 Anne-Lise Large, *La brûlure du visible. Photographie & écriture*
15 Michel Jamet, *Photos manquées*
16 Michel Jamet, *Photos réussies*
19 Marc Tamisier, *Sur la photographie contemporaine*
20 Marc Tamisier, *Texte, art et photographie. La théorisation de la photographie*
21 François Soulages & Julien Verhaeghe (dir.), *Photographie, médias & capitalisme*
22 Franck Leblanc, *L'image numérisée du visage*
23 Hortense Soichet, *Photographie & mobilité*
24 Benjamin Deroche, *Paysages transitoires. Photographie & urbanité*
25 Philippe Bazin, *Face à faces*
26 Philippe Bazin, *Photographies & Photographes*
27 Christiane Vollaire (dir.), *Ecrits sur images. Sur Philippe Bazin*
32 Catherine Rebois, *De l'expérience en art à la re-connaissance*
33 Catherine Rebois, *De l'expérience à l'identité photographique*
34 Benoit Blanchard, *Art contemporain, le paradoxe de la photographie*
45 Marcel Fortini, *L'esthétique des ruines dans la photographie de guerre*
47 Caroline Blanvillain, *Photographie et schizophrénie*
53 Rosane de Andrade, *Photographie & exotisme. Regards sur le corps brésilien*
54 Raquel Fonseca, *Portrait & photogénie. Photographie & chirurgie esthétique*
59 Zoé Forget, *Le corps hors norme dans la photographie contemporaine*

Série Artiste

50 Marc Giloux, *Anon. Le sujet improbable, notations, etc.*
52 Alain Snyers, *Le récit d'une œuvre 1975-2015*

Hors Série

4 Michel Costantini (dir.), *Sémiotique du beau*
29 Michel Costantini (dir.), *La sémiotique visuelle : nouveaux paradigmes*

Série Groupe E.I.D.O.S.
1 Michel Costantini (dir.), *Ecce Femina*
5 Groupe EIDOS, *L'image réfléchie. Sémiotique et marketing*
6 Michel Costantini (dir.), *L'Afrique, le sens. Représentations, configurations, défigurations*
7 Pascal Sanson & Michel Costantini (dir.), *Le paysage urbain*
28 M. Tamisier & M. Costantini (dir.), *Opinion, Information, Rumeur, Propagande*
46 Michel Costantini (dir.), *Sémiotique des frontières, art & littérature*

créée & dirigée par
François Soulages

1. Alejandro Erbetta, *Frontières & mémoires*
2. Gilles Picarel, *Les frontières de l'extériorité*
3. Alejandro Erbetta, *Aux frontières de l'oubli*
4. Bernard Kœst, *J'aurais temps aimé ! Aux frontières d'Argenton*
5. Éric Bonnet, *Frontières, limbes & milieux*
6. Gilles Picarel, *Affleurement*

Cette collection de livres d'images - visuelles & littéraires - s'interroge sur les *rapports image/écrit*. En une centaine de pages, l'*image-écrit* forme un tout énigmatique.

Images écraniques, numériques, filmiques, images vidéo, photos, dessins, peintures, gravures, graffitis, etc… En couleur ou/et en noir et blanc. Comme le créateur le décide.

Et les *écrits* - philosophique, scientifique, théorique, littéraire, poétique, etc... - jouent toujours avec ces images, de même que les images travaillent toujours avec ces écrits. Comme le créateur le désire.

Car ces livres sont des créations, et leurs auteurs des créateurs. Ce ne sont donc jamais des recueils d'images ou d'écrits, encore moins des agrégats d'images et d'écrits, mais des *œuvres* faites avec des images et des mots. Et ce, dans la logique de RETINA.International - Recherches Esthétiques & Théorétiques sur les Images Nouvelles & Anciennes.

Publié avec le concours de
RETINA•International
Recherches Esthétiques & Théorétiques sur les Images Nouvelles & Anciennes

Poésie

aux éditions L'Harmattan

Dernières parutions

JE NE MOURRAI PAS AVANT LE PRINTEMPS
Abdelghani Fennane
Au-delà de l'évocation funèbre de la mort, c'est la juvénilité triomphale, la vigueur de la vie, dont le printemps est la métaphore, qui est ici chantée. En incarnant le cycle de la nature, le poème se veut aussi le fruit d'une lente maturation. Evoquant le silence, la nuit, l'absence, la blessure... ce recueil se veut d'abord un hymne à l'écriture et à son insoluble paradoxe. Car le don du chant qui libère la parole et exalte la vie lui-même nous captive et enferme, jalousement.
(Coll. Poètes des cinq continents, 10 euros, 60 p., juillet 2012)
ISBN : 978-2-296-96257-6

JE FAIS RÉSONNER LE ROULEAU-TOMBEAU-TAMBOUR DE MES MOTS ZÉLÉS !
Alain Robinet
«Du poète Alain Robinet, on peut aussi dire qu'il fait des listes. La liste, chez lui, ne vise pas les choses, mais les mots, ou, pour le dire autrement, la langue. La liste n'est pas alors la matière d'une poésie qui viserait à dire le monde, mais le support qu'il va s'agir de travailler. Point de départ du travail poétique, elle est une page, ambiguë, qu'il va s'agir non plus de remplir, mais de mettre en mouvement.»
Guilhem FABRE
(Coll. Levée d'ancre, 22,5 euros, 176 p., juillet 2012)
ISBN : 978-2-296-96767-0

LE CHANT DES ANGES
Xavier Lainé
Le poète se fait lecteur de ces signes invisibles, de ces infimes fragrances qui se déclinent en subtils parfums, où apparaissent les anges. Ils sont partout, dans ce halo lumineux d'amour et de bonheurs à peine éclos, évanescents, tissés dans la fulgurance des rencontres. Xavier Lainé voyage dans l'univers de l'indicible, tente de le traduire en mots qui flottent à la surface des pages, ouvrant à peine la bouche.
(Coll. Accent tonique - Poésie, 10 euros, 60 p., juillet 2012)
ISBN : 978-2-296-96573-7

POÈMES À LA NUIT
Patrick Aimé Durantou
Les poèmes de cette oeuvre poétique biparthite constituent un long poème dont il convient d'en apprécier la trame. L'auteur conjoint dans cette dramaturgie créatrice le lyrisme à la musicalité des vers toujours présente que l'eurythmie pourvoit au texte. Ceci contribue à parfaire toute la richesse du sens comme à la vertu archétypale de l'expression que le poète ne cesse d'explorer.
(12 euros, 90 p., juillet 2012)
ISBN : 978-2-296-99455-3

LE PETIT NÉGLIGEABLE
Magali Le Piouff
Le Petit Négligeable met en scène des maximes qui prennent racine dans un univers poétique avec humour-humanité. Elles se déchiffrent par permutations de leur centre de gravité en toute liberté. Elles sont aussi suspendues sur un fil en équilibre. Et à leur chute, elles se retrouvent entre ciel et terre.
(11 euros, 76 p., juillet 2012)
ISBN : 978-2-296-96270-5

DONNER LA MAIN À CHAQUE INSTANT DU JOUR
Marité
La méchanceté ne fait partie ni du vocabulaire ni de la vie de l'auteur. Mais ô combien sont présents l'émerveillement et la confiance. Ses poèmes naissent toujours des émotions éprouvées dans ces moments particuliers de joie, de doute, tristesse ou bonheur. «Utopie», qui clôt ce recueil, symbolise son idéal de relation entre les êtres humains.
(Coll. Vivre et l'Ecrire, 16,5 euros, 158 p., juillet 2012)
ISBN : 978-2-296-99403-4

LES CHANTS DE PARISE
Thérèse Bernis
«Comme une poule qui aurait / perdu une plume, dix plumes, / puis une aile entière et enfin / toutes les plumes se seraient envolées / sans qu'on sache pourquoi. / Je ne veux pas mourir sans avoir / exprimé ma rage de vivre, / raconté mes amours, mes luttes. / Je ne peux pas les garder / pour moi seule.»
(Coll. Poètes des cinq continents, 10,5 euros, 74 p., juin 2012)
ISBN : 978-2-296-96381-8

OGO
Arnaud Delcorte – Préface de Toussaint Kafarhire Murhula
Il n'y aucune parole « humaine » qui ne soit la demeure de l'esprit. Il n'y a pas d'appel qui ne dérange nos certitudes. Pour le reconnaître, il suffit de lire Ogo comme on lit un mythe, comme on tâtonne en religion ou comme on questionne en philosophie. Ogo dit de l'homme le déracinement, l'enracinement, et le dépassement. Ogo dit que toute expérience est unique ; qu'elle est manque de terroir. Il dit l'inquiétude métaphysique et non pas la fiction d'une culture ou d'une époque. T. K. Murhula
(Coll. Poètes des cinq continents, 14 euros, 130 p., juin 2012)
ISBN : 978-2-296-96094-7

HORS TEMAZCAL
Michel Cassir
Préface d'Hervé Bauer
L'écriture trace son cercle magique autour des choses. Elles viennent s'y disposer en une constellation qui oriente nos plus beaux égarements. (...) Car Michel Cassir s'aventure dans l'imaginaire et rêve le réel. Fidèle en cela au mot d'ordre surréaliste : «Dormir les yeux ouverts, agir les yeux fermés». Toutefois, ce n'est pas seulement dans cette communication du rêve et de la réalité que la poésie de Michel Cassir s'apparente au surréalisme mais aussi dans ce qu'on pourrait appeler un instinct magnétique de l'image... Extrait de la préface d'Hervé Bauer
(12 euros, 98 p., juin 2012)
ISBN : 978-2-296-96755-7

SOURCES
Atelier poésie jeunesse
Sous la coordination de Danièle Corre
Emerveillée par le pouvoir créateur des enfants, Danièle Corre accompagne leur écriture depuis 25 ans, le temps d'en faire des hommes et des femmes que la poésie émeut et dont elle reçoit des témoignages revigorants, tous évoquant le temps gagné dans la connaissance de soi. Ce recueil est une sélection des poèmes écrits pendant deux années scolaires, regroupant des textes d'élèves dont elle suit la progression depuis la classe de sixième, en un atelier hebdomadaire d'une heure.
(Coll. Accent tonique - Poésie, 10 euros, 62 p., juin 2012)
ISBN : 978-2-296-99251-1

COEURS ÉBOUILLANTÉS - NUPLIKYTOM SIRDIM
Dix-sept poètes lituaniennes contemporaines
Coordonné par Nicole Barriere, Diana Sakalauskaité
La réunion de textes poétiques d'auteures lituaniennes autour du parcours de ces femmes de différentes générations, le regard qu'elles portent sur l'humain, leurs espoirs, leur dignité et leur courage sont autant de témoignages à travers leur poésie, peu commune en France. Ce recueil de poèmes bilingue est le fruit de ce travail minutieux de compréhension réciproque pour offrir une aire commune d'échanges et de partages à travers l'imaginaire de chaque poète lituanienne.
(Coll. Accent tonique - Poésie, 22 euros, 260 p., juin 2012)
ISBN : 978-2-296-99114-9

RIMBAUD L'AFRICAIN, DISEUR DE SILENCE
Chehem Watta
Préface de Claude Jeancolas
«Le livre de Chehem Watta ne vise pas la démonstration, ni l'exégèse, il est poème, cantique d'amour à Rimbaud, à la corne d'Afrique et à l'union des deux, reconnaissance et prière. Un livre exigeant. Il réclame qu'on fasse silence, qu'on taise toutes les rumeurs prosaïques de notre quotidien, qu'on se rende disponible.» Extrait de la préface de Claude JEANCOLAS
(25,5 euros, 256 p., juin 2012)
ISBN : 978-2-296-99180-4

TRANSPARENCES DURES & EXHIBIT
Françoise Geier
La confrontation d'un poéte avec le quotidien n'est pas un exercice sans danger et nécessite autant d'attention que d'empathie. C'est ce qu'a compris Françoise Geier qui, à une observation subtile source d'inspiration, mêle humour et malice, mais sans exagération. André Mathieu, poéte-journaliste
(Coll. Accent tonique - Poésie, 10 euros, 62 p., juin 2012)
ISBN : 978-2-296-96546-1

LES SONNETS DE WILLIAM SHAKESPEARE
Présentation, traduction et commentaires - avec CD
Jacques Lardoux
Les célèbres Sonnets furent publiés une première fois à Londres en 1609. Les critiques s'accordent sur leur rôle charnière non seulement dans l'oeuvre de Shakespeare, mais aussi dans l'évolution esthétique du temps. Les sonnets au beau jeune homme blond constituent les deux tiers de l'ouvrage, le dernier tiers est consacré aux sonnets à la dame brune, et ce ne sont pas les moins originaux.
(Coll. Littérature classique textes et commentaires, 18,5 euros, 118 p., juin 2012)
ISBN : 978-2-296-56997-3

LES ÉDIFICES
Jean-Christophe FILIOL
En l'an deux avant notre ère, Mslaj fait trembler la terre du Nord-Est de la Crête. Les chemins pourtant brisés, le Fils des pierres et Médoussa vont se croiser. Ils construisent et reconstruisent, en Sisyphe heureux, sans conscience de l'après, sans se voir monter l'édifice et sans peurs.
(Coll. Levée d'ancre, 10 euros, 58 p., juin 2012)
ISBN : 978-2-296-96760-1

BUKOWSKI N'EN A JAMAIS PARLÉ
Poèmes libres
Gave Sam
Elle jongle inexorablement / Avec ses balles / Alors que le soir tombe / L'une au-dessus de la tête / L'autre autour du coeur / La dernière entre les jambes / elle jongle inexorablement / Avec ses balles / Alors que le jour se lève / La première est la liberté / La deuxième est l'amour / La troisième est l'homme
(13,5 euros, 120 p., juin 2012)
ISBN : 978-2-296-99053-1

L'Harmattan Italia
Via Degli Artisti 15; 10124 Torino
harmattan.italia@gmail.com

L'Harmattan Hongrie
Könyvesbolt ; Kossuth L. u. 14-16
1053 Budapest

L'Harmattan Kinshasa
185, avenue Nyangwe
Commune de Lingwala
Kinshasa, R.D. Congo
(00243) 998697603 ou (00243) 999229662

L'Harmattan Congo
67, av. E. P. Lumumba
Bât. – Congo Pharmacie (Bib. Nat.)
BP2874 Brazzaville
harmattan.congo@yahoo.fr

L'Harmattan Guinée
Almamya Rue KA 028, en face
du restaurant Le Cèdre
OKB agency BP 3470 Conakry
(00224) 657 20 85 08 / 664 28 91 96
harmattanguinee@yahoo.fr

L'Harmattan Mali
Rue 73, Porte 536, Niamakoro,
Cité Unicef, Bamako
Tél. 00 (223) 20205724 / +(223) 76378082
poudiougopaul@yahoo.fr
pp.harmattan@gmail.com

L'Harmattan Cameroun
BP 11486
Face à la SNI, immeuble Don Bosco
Yaoundé
(00237) 99 76 61 66
harmattancam@yahoo.fr

L'Harmattan Côte d'Ivoire
Résidence Karl / cité des arts
Abidjan-Cocody 03 BP 1588 Abidjan 03
(00225) 05 77 87 31
etien_nda@yahoo.fr

L'Harmattan Burkina
Penou Achille Some
Ouagadougou
(+226) 70 26 88 27

L'Harmattan Sénégal
10 VDN en face Mermoz, après le pont de Fann
BP 45034 Dakar Fann
33 825 98 58 / 33 860 9858
senharmattan@gmail.com / senlibraire@gmail.com
www.harmattansenegal.com

L'Harmattan Bénin
ISOR-BENIN
01 BP 359 COTONOU-RP
Quartier Gbèdjromèdé,
Rue Agbélenco, Lot 1247 I
Tél : 00 229 21 32 53 79
christian_dablaka123@yahoo.fr

667753 - Août 2016
Achevé d'imprimer par